L'UTOPIE

Dans la même collection

L'Âme, textes choisis et présentés par Élie During.
L'Amour, textes choisis et présentés par Éric Blondel.
Le Citoyen, textes choisis et présentés par Marie Gaille.
Le Désir, textes choisis et présentés par David Rabouin.
L'État, textes choisis et présentés par Atila Özer.
L'Histoire, textes choisis et présentés par Nicolas Piqué.
L'Identité, textes choisis et présentés par Stéphane Ferret.
Le Langage, textes choisis et présentés par Pascal Ludwig.
Le Libéralisme, textes choisis et présentés par Mikaël Garandeau.
La Matière, textes choisis et présentés par Arnaud Macé.
La Métaphysique, textes choisis et présentés par Élie During.
La Nature, textes choisis et présentés par Frank Burbage.
Le Nihilisme, textes choisis et présentés par Vladimir Biaggi.
La Paix, textes choisis et présentés par Mai Lequan.
Le Pouvoir, textes choisis et présentés par Céline Spector.
Le Scepticisme, textes choisis et présentés par Thomas Bénatouïl.
La Sensation, textes choisis et présentés par Carlos Tinoco.

L'UTOPIE

INTRODUCTION

CHOIX DE TEXTES

COMMENTAIRES

VADE-MECUM

ET BIBLIOGRAPHIE

par

Frédéric Rouvillois

CORPUS

GF Flammarion

ISBN : 2-08-073029-0

SOMMAIRE

INTRODUCTION

Approches

Définir l'utopie

Qu'est-ce que l'utopie ? Préalable à toute réflexion pertinente sur le sujet, comme à toute tentative d'en faire l'histoire, ce problème de définition s'avère pourtant, de l'aveu général, aussi épineux qu'irrésolu. À l'origine de cette difficulté, on rencontre un phénomène, d'ailleurs assez classique, d'éclatement du sens, accentué par la banalisation du terme et par son détournement polémique.

La manifestation la plus visible de cette désagrégation est sans doute l'émergence, autour des années 1840, de l'acception « vulgaire » du mot et de ses dérivés : l'utopie comme « idéal politique ou social séduisant, mais irréalisable, dans lequel on ne tient pas compte des faits réels, de la nature de l'homme et des conditions de la vie » (A. Lalande, *Vocabulaire technique et critique de la philosophie*, PUF, Quadrige, 1993, p. 1179). Ce sens s'étant encore appauvri par la suite en perdant sa détermination politique, l'utopie n'est plus, suivant cette version, qu'un rêve impossible, un synonyme de chimère.

Cette acception désormais dominante n'est d'ailleurs pas sans intérêt : elle pourra passionner le psychanalyste, le sociologue, voire l'historien des idées, qui y reconnaîtra le reflet caricatural du sens originel. Sur un plan philosophique, en revanche, elle manque de densité et de rigueur : si, en n'importe quel domaine, tout ce qui paraît *pratiquement* irréalisable peut être qualifié d'utopique, alors tout est utopie, et le mot ne veut plus rien dire. D'autant qu'en ce cas, est « utopique » ce qui a été *jugé tel*, quelle que soit la véracité de ce jugement : à l'insignifiance du concept s'ajoute ainsi une dimension subjective, et le fait qu'il sera aussi aléatoire, variable et incertain que l'opinion ou l'humeur sur laquelle il repose. Ce qui est utopique pour quelqu'un ne le sera pas pour son voisin, ni peut-être pour lui-même une heure après. Impossible par conséquent de développer une réflexion – ou d'établir une anthologie – sur une base aussi peu consistante.

Pour d'autres raisons, il en va de même du sens employé pour la première fois par Marx et Engels dans le *Manifeste du parti communiste* (1848). Dans ce texte, ceux-ci évoquent et dénoncent un socialisme « utopique », jugé incapable, par son arriération, de percevoir le caractère essentiel de la lutte des classes et des conditions matérielles de l'émancipation prolétarienne ; et qui, par idéalisme, tente de plaquer sur la réalité sociale mouvante « une organisation [...] fabriquée de toutes pièces » (*Manifeste du parti communiste*, trad. L. Lafargue, Éditions sociales, 1972, p. 111).

Comme dans l'acception « vulgaire », dont le sens marxiste est vraisemblablement issu, l'adjectif « utopique » caractérise une prédominance de l'imagination et du sentiment, le mépris des réalités objectives et l'oubli de l'histoire. Dans cette seconde version, il est en revanche plus nettement péjoratif : Fourier, Owen, Cabet, ignorant le « matérialisme historique », « continuent à rêver la réalisation expérimentale de leurs utopies sociales, établissement de phalanstères isolés, création de colonies de l'intérieur, fondation d'une petite Icarie, édition in-douze de la *Nouvelle Jérusalem* ; et pour la construction de tous ces châteaux en Espagne, ils se voient forcés de faire appel au cœur et à la caisse des philanthropes bourgeois. Peu à peu, ils tombent dans la catégorie des socialistes réactionnaires ou conservateurs » (*Ibid.*, p. 113). L'ironie amusée sous-jacente à l'acception vulgaire a fait place à une accusation plus précise, et plus grave – où se marque le sens polémique de la désignation. Par ce terme, Marx n'entend pas caractériser une certaine philosophie, mais discréditer ses adversaires au sein de la « Ligue des Justes », afin d'y assurer la prépondérance de son propre courant, le « socialisme scientifique ». Aussi cette acception, liée à la pratique plus encore qu'à la pensée marxiste, n'a-t-elle, malgré son importance historique, que peu d'intérêt en ce qui nous concerne. Elle a plutôt contribué à accentuer l'effet de brouillage : d'abord, parce que ceux qu'elle désigne comme « utopistes » vont s'avérer effectivement relever de la pensée utopique au sens propre. Ensuite, du fait de l'ambiguïté plus qu'à demi avouée du marxisme à l'égard de l'utopie, dont il se présente comme l'antithèse, mais aussi comme le successeur, reposant, suivant le mot d'Engels, « sur les épaules de Saint-Simon, de Fourier et d'Owen » (Préface [1870] à *La Guerre des paysans*, cité in *Marx-Engels, utopisme et communauté de l'avenir*, F. Maspero, 1976, p. 8) : ce qui laisse supposer que, même pour lui, il y a « autre chose », à côté ou en dessous du sens péjoratif...

Ce sont, du reste, ces continuités cachées que certains penseurs « postmarxistes » vont tenter de mettre en lumière, en proposant de nouvelles définitions du mot « utopie ».

À cet égard, l'idée la plus novatrice et la plus influente est sans doute celle avancée, en 1929, par Karl Mannheim (*Idéologie et utopie*), qui définit l'utopie par l'*opposition* qu'elle manifeste dans son désaccord radical avec l'« état de réalité » dans lequel elle est apparue. Plus précisément, Mannheim va qualifier d'utopie tout état d'esprit en opposition avec « l'ordre social réellement existant et pratiqué », tendant à « ébranler partiellement ou totalement [cet] ordre de choses » (*Ibid.*, p. 124 et 125). L'utopie se situerait dans un rapport dialectique avec l'ordre existant : la « topie », comme Mannheim appelle celui-ci, suscitant la formulation de l'utopie, qui, à son tour, va entraîner sa transformation ou y contribuer. Ainsi, contrairement à l'idéologie, acceptation conservatrice des valeurs dominantes, l'utopie serait-elle l'un des moteurs du mouvement historique, « le matériel explosif » (*Ibid.*, p. 135) aux mains de « couches sociales définies luttant pour la suprématie » (*Ibid.*, p. 149). Des « chimères qui prennent une fonction révolutionnaire » (*Ibid.*, p. 126) : cette définition enthousiaste permet à Mannheim de réconcilier marxisme et utopie. Pour autant, elle ne constitue pas une réponse concluante à la question qui nous occupe, de quelque manière qu'on l'interprète.

Soit, en effet, on prend cette définition à la lettre, et on observe alors que, pour Mannheim, le caractère « utopique » d'une construction intellectuelle est lié à son efficacité *concrète*, constatée *a posteriori* : il ne s'agira d'une utopie que « dans la mesure où » elle réussira « par une activité contraire, à transformer la réalité historique en une autre, mieux en accord avec [ses] propres conceptions » (*Ibid.*, p. 130). Une théorie n'est pas utopique *en soi*, en raison de ce qu'elle énonce, elle le *devient*, pour un moment, en fonction de son environnement et de son aptitude à le modifier : ce qui conduit Mannheim à juger tels le conservatisme antilibéral du XIXe siècle, aussi bien que le libéralisme progressiste du siècle précédent – mais non l'œuvre éponyme de Thomas More. Si certains ont pu s'en étonner, c'est parce qu'ils négligeaient le caractère expressément « arbitraire » de cette définition. Pour Mannheim, celle-ci n'a de fonction explicative qu'à l'intérieur de son propre système, de sa sociologie de l'évolution : elle ne prétend nullement rendre compte d'un type de représentation mentale déterminée, ni décrire l'histoire d'un courant de pensée particulier.

Mais il y a une autre manière de lire Mannheim : en s'attachant, non plus à la lettre de sa définition, mais à son idée générale, l'utopie comme *révolte créatrice*. C'est d'ailleurs essentiellement sur ce mode dérivé qu'elle sera reprise.

Pourtant, même si elle répond mieux à notre questionnement sur l'essence de l'utopie, et bien qu'elle ouvre des pistes qui se révéleront fructueuses, cette approche est encore loin d'être satisfaisante : à la fois, parce qu'elle s'avère exagérément étroite, incapable d'englober la diversité du « genre utopique » (on y reviendra), et, à l'inverse, parce qu'elle paraît trop large pour fournir un *critère* pertinent, susceptible de distinguer ce qui est utopique de ce qui ne l'est pas. Il serait absurde de qualifier d'utopie n'importe quel écrit politiquement contestataire – sauf, là encore, à priver le concept de toute signification précise et spécifique.

Les diverses définitions évoquées jusqu'ici ne se révèlent donc pas susceptibles d'éclairer notre recherche de manière significative. La raison en est simple : quelles que soient leurs orientations, les unes comme les autres consistent à récupérer le terme utopie, puis à le détourner dans un but particulier (dépréciatif ou explicatif). D'où la nécessité de procéder à la démarche inverse, qui consiste à remonter aux sources (du terme en question), au lieu de se demander comment on les a utilisées...

À l'origine du substantif, utopie, il y a un nom propre, provenant du titre d'un petit livre publié en 1516 par l'humaniste anglais Thomas More : *De optimo Reipublicæ statu, deque nova insula Utopia. Utopia*, l'*Utopie*, est une île lointaine, dont un voyageur qui l'a visitée, Raphaël Hythlodée, décrit à l'auteur la merveilleuse ordonnance et la parfaite félicité...

Au cours des années, des siècles qui suivent, cet ouvrage connaît un immense succès : lu, traduit dès le XVIe siècle dans la plupart des langues européennes, il va inspirer des dizaines d'épigones qui vont en reprendre, sinon la structure, du moins l'*idée* fondamentale. Ainsi se constitue, autour du livre de More, un ensemble de textes d'autant plus cohérent, que leurs auteurs tiennent souvent à afficher leur filiation avec l'inventeur du genre, et leur parenté avec ses successeurs, soucieux apparemment de montrer qu'ils appartiennent à une même famille de pensée. C'est à partir de ce groupe, idéologiquement homogène, qui se réclame de l'utopie, que l'on pourra essayer d'en mieux cerner le sens – avant d'aboutir à une définition et à un critère.

Sur ce point, l'œuvre de More suggère d'abord, par le biais d'un jeu de mots figurant dans les premières pages de l'édition originale, une double piste : *Utopia* ou *Eutopia* ? S'agit-il, pour l'essentiel, de décrire le « lieu qui n'est pas » (*u-topia*), de se livrer, comme l'écrivait Raymond Ruyer, à « un exercice mental sur les possibles latéraux »

(*L'Utopie et les utopies*, p. 9) ? Ou s'agit-il au contraire d'évoquer le « lieu du Bien » (*Eu-topia*), la Cité idéale, faisant ressortir par contraste l'imperfection de l'ordre existant ? Bref, où se situe le centre de gravité, du côté du songe ou du politique ?

C'est vers la première hypothèse que penche, au XVIIIe siècle, le *Dictionnaire de Trévoux*, fidèle en ceci à la tradition catholique qui fut toujours soucieuse de dédouaner saint Thomas More du message révolutionnaire figurant dans son livre. L'hypertrophie caricaturale de cet aspect est également à l'origine de l'acception « vulgaire » qui, ne retenant de l'utopie que son irréalité, en est venue à l'assimiler à l'irréalisme, à confondre le rejet du réel et l'incapacité d'en tenir compte. Pourtant, il est douteux que cette dimension imaginaire ait été, pour More comme pour ses successeurs, autre chose qu'un accessoire : un décor, et peut-être une précaution, afin de ne point paraître proposer trop ouvertement une alternative politique. Le discours utopique n'exclut en effet jamais, fût-ce implicitement, que le système décrit soit réalisable, ailleurs ou plus tard ; au contraire, il se caractérise par l'ambiguïté permanente qu'il entretient entre rêve et projet, entre le « Je souhaite » et le « J'espère » qui concluent le texte de More : et peut-être même n'a-t-il de sens que dans la mesure où il laisse cette porte entrouverte...

Quoi qu'il en soit, ce serait déformer la pensée utopique que de vouloir faire de cet aspect son point central et son *critère* : d'autant qu'un tel critère serait inopérant, n'étant, d'évidence, ni *suffisant* (puisque alors, tout projet, toute hypothèse, tout roman relèveraient de l'utopie) ni *nécessaire* (sauf à cantonner l'utopie dans l'ordre mental, à l'exclusion de toute mise en œuvre).

Dans le titre original, *utopia*, le « non-lieu », la part du rêve, n'est qu'un toponyme ironique ; le principal est ailleurs, dans les mots qui précèdent : « *De optimo Reipublicæ statu* », ce qu'en 1780, une version française, fidèle au sens plus qu'à la lettre, traduira par *Tableau du meilleur gouvernement possible* (trad. T. Rousseau, A. Jombert, 1780). Autre indice concordant : dans l'utopie la plus populaire du siècle des Lumières, *L'Histoire des Sévarambes*, l'auteur, Denis Vairas, évoque « l'*Eutopie* de T. Morus » (Introduction, p. XI).

Interprétations significatives de la manière dont on a compris l'œuvre de More, et de celle dont on entend le mot qui en dérive : en 1795, le nom commun fait son entrée officielle dans le *Dictionnaire* de l'Académie française, qui le définit comme « un plan de gouvernement imaginaire où tout est parfaitement réglé pour le bonheur commun ».

L'essentiel tient au *contenu*, à ce qu'avancent les utopistes, et non à la manière dont ils le font : le contenu, c'est-à-dire l'idée d'une perfection ayant pour objet premier la cité, l'ordre politique, et pour facteur déterminant une organisation établie par la volonté, la décision et l'agir humain. C'est, il faut y insister, l'ensemble qui importe : à la fois le *résultat,* la perfection politique, et le *moyen*, l'effort constructif de l'homme, unique artisan de son propre accomplissement. Dissociés, ces éléments relèvent de perspectives et de traditions autonomes, étrangères à notre propos ; combinés, en revanche, ils constituent l'essence même de l'utopie, ce qui fait son originalité en même temps que son importance dans l'histoire de la pensée occidentale.

Avant d'aller plus au fond, on peut noter également que cette définition est la seule à permettre la détermination d'un « corpus » idéologiquement cohérent – embrassant dans des frontières précises, au-delà des utopies « explicites », une masse considérable d'œuvres ou de systèmes défendant, sous des formes différentes, un même idéal de perfection absolue.

Délimiter : les utopies

La notion de perfection a d'abord l'avantage de réunir l'ensemble des écrits directement issus du « schème » originel – ce à quoi ne parvient aucune autre définition. Pour se limiter aux plus classiques, on observe, par exemple, que l'identification de l'utopie à la révolte conduit à exclure les utopies « conformistes », où l'élément contestataire fait place au désir d'améliorer, de parfaire ce qui existe déjà : autrement dit, à abandonner des textes aussi exemplaires que *La Nouvelle Atlantide* (1623) de Francis Bacon. De même, l'assimilation utopie/communisme, élaborée abusivement à partir de Platon et de More, aboutit à décimer cet ensemble indiscutable, où figurent des œuvres très attachées au maintien de la propriété privée...

En fait, révolte et communisme ne sauraient faire office de principes unificateurs, dans la mesure où ils ne sont que des *conséquences* logiques particulières d'une *certaine manière* de concevoir la perfection politique. Constat qui permet d'avancer d'un pas : si la notion de perfection peut servir de dénominateur commun à des systèmes en apparence si dissemblables, c'est en raison de sa souplesse. Chacun entend la perfection à sa façon... C'est d'ailleurs pourquoi on a contesté son aptitude à constituer une définition pertinente : la notion manquerait de clarté et de stabilité ; elle est susceptible de varier à l'infini, sans qu'il existe une perfection *objective*, commune à toutes les utopies. Le fait même est indéniable, mais indifférent. Peu importe que les utopistes aient chacun leur propre idée de la perfection politique : le point significatif, et ce qui les réunit par-delà leurs divergences, c'est qu'ils conçoivent tous des systèmes où elle est réalisée, et où elle l'est par l'homme, pour son propre avantage. Tout est là.

Mais la notion de perfection, reliant entre elles toutes les utopies « explicites », conduit ensuite à dépasser ce « premier cercle », et à constater que l'« utopisme » est beaucoup plus étendu qu'il n'y paraît d'abord, irriguant une large part de la pensée occidentale ; inversement, elle permet aussi d'établir des frontières précises, conservant à la pensée utopique son homogénéité et sa spécificité...

Dans un premier mouvement, cette définition tend à élargir le corpus utopique, en révélant le caractère contestable de certaines discriminations.

Parmi ces dernières, la plus classique est celle qui insiste sur l'importance décisive du cadre narratif, considérant qu'il n'y a pas d'utopie en l'absence de celui-ci. À vrai dire, une telle position peut se justifier dans une perspective strictement littéraire, dans la mesure où elle conditionne la possibilité d'établir un « objet » cohérent sur un plan formel, et susceptible d'être étudié en tant que tel. En revanche, au regard de l'utopie comme fait historique et comme « état d'esprit », cette démarche paraît aussi arbitraire que réductrice, conduisant à sacrifier délibérément le fond à la forme au prix de coupures aberrantes (au sein de l'œuvre d'un même auteur) ou de contradictions insurmontables (comment évacuer Fourier, qui n'a écrit que des Traités... ?). En fait, l'« utopie narrative » n'est jamais qu'un sous-ensemble, l'élément le plus visible d'un courant qui s'étend bien au-delà, dans toutes les directions : rêve d'une perfection conquise, l'utopie peut prendre n'importe quel visage, elle peut s'insinuer partout, dans les Traités politiques ou philosophiques, les projets de constitution, les poèmes et les chansons, aussi bien que dans des récits de voyages ou des romans initiatiques. Tout ce que l'on concédera à cet égard, c'est que certains textes ne sont que *partiellement* utopiques, quand d'autres le sont entièrement. Mais ici encore, cela n'a d'incidence que sur le plan de la forme : la part utopique du texte en question n'en sera pas pour autant moins intéressante, au fond...

Dans le même sens, il semble inopportun d'opposer les *utopies*, projetant la perfection décrite dans un « ailleurs », et les *uchronies*, qui la situent « ici », mais dans un autre temps, généralement à venir. Distinction discutable, car fragile : en l'occurrence, l'espace et le temps sont symboliquement équivalents, dotés d'une même valeur et d'une même fonction. C'est pourquoi la plupart des uchronies, se déroulant en des lieux mythiques, sont aussi des utopies ; c'est pourquoi, réciproquement, « toutes les utopies sont des uchronies » (J. Servier, *Histoire de l'utopie*, p. 324), dans la mesure où, recélant une visée didactique ou révolutionnaire, elles projettent leurs espoirs dans l'avenir. De façon générale, les unes comme les autres supposent d'ailleurs une même vision du temps, linéaire et progressif, sans laquelle elles ne pourraient concevoir ce qui les réunit : une cité inaltérablement parfaite, née de la volonté et du travail des hommes.

Enfin, si paradoxal que cela puisse paraître, il semble inévitable d'intégrer à cet ensemble les œuvres, de plus en plus nombreuses depuis le début du XXe siècle, qui prennent l'exact contre-pied de la pensée utopique. De ces « contre-utopies » (les œuvres de Zamiatine, Huxley, Orwell, etc.), on pourrait dire qu'elles ne sont pas le contraire des utopies, mais des utopies en sens contraire, reprenant fidèlement le schéma et les thèmes de l'utopie pour démontrer que chacun de ses bienfaits, poussé au bout de sa logique, finit par se retourner contre l'homme, par menacer ce qui constitue proprement son humanité. Là encore, l'idée de perfection demeure centrale, mais son signe s'inverse, et qui voulait faire l'ange en est réduit à faire la bête. Ainsi, bien qu'elles lui soient radicalement hostiles, ces œuvres paraissent-elles indissociables de la pensée utopique – comme la marque de son succès, en même temps que de sa faillite... On peut noter enfin, pour clore le parallèle, que ces images en négatif de l'utopie échappent parfois, tout comme cette dernière, au cadre narratif ou romanesque ; et souligner, d'autre part, que la majorité d'entre elles relève de l'uchronie : la perspective apocalyptique d'une réalisation prochaine du cauchemar qu'elles s'attachent à détailler constituant l'un des éléments décisifs de leur efficacité démonstrative. Où l'on retrouve, du reste, ce que l'on observait déjà à propos de l'utopie : que m'importerait, au fond, un enfer (ou un éden) où je serais sûr de ne jamais entrer ?

Si un premier mouvement conduisait à étendre le champ de l'utopie, un second pousse à le circonscrire. Nombreux sont en effet les genres, formellement « voisins » mais essentiellement étrangers, qu'il importe de distinguer de l'utopie si l'on veut éviter d'en altérer la consistance idéologique.

Parmi ces faux-semblants, on peut citer les innombrables « pays de cocagne », « pays des merveilles » et contes de fées, où règnent l'abondance et le bonheur. S'agit-il pour autant d'utopies ? La réponse est négative, en raison, d'abord, de la perspective adoptée, individuelle, et non point collective : il n'y a pas en l'espèce accomplissement politique, mais satisfaction des désirs, des appétits d'un seul. En outre, cette satiété égoïste n'est pas le résultat d'un *travail* conscient sur la nature, mais d'une *transgression* de celle-ci, d'une métamorphose magique de ses lois. Aussi le pays de cocagne est-il, contrairement à l'utopie, le lieu de l'illusion pure, d'un impossible revendiqué et définitif, en deçà de tout projet comme de toute espérance : nul ne pouvant croire qu'un jour les saucissons voleront et que le vin tombera du ciel... La remarque vaut d'ailleurs pour les contes fantastiques, et pour ces cocagnes modernes que sont les romans de science-fiction – à cette nuance près qu'il peut y avoir « de l'utopie » dans la science-fiction, parfois à fortes doses (Olaf Stapledon, Philip K. Dick, Ray Bradbury, etc.), de même qu'il arrive que fantastique ou science-fiction (définis comme transgression des lois physiques) se glissent dans l'utopie (de Foigny, Bulwer-Lytton). Tout le problème sera alors de déterminer dans quelles proportions, et quel est l'élément prédominant...

Sur un autre mode, il importe également de distinguer l'utopie des « arcadies », rêves nostalgiques mais sans illusions d'un passé présocial, anomique et frugal. Dans ce cadre, ni l'*effort* prométhéen, consubstantiel de l'utopie, ni la thématique optimiste qu'il suppose ne trouvent place : et l'Âge d'or tel que le conçoit la pensée antique, comme un *retour* à une nature maternelle et bienveillante, apparaît en définitive à l'exact opposé de l'utopisme moderne.

Il faut enfin se défier de textes qui, « déguisés » en utopies dont ils reprennent certains traits conventionnels, ressortissent en réalité de la satire sociale ou morale, ou de la dissertation philosophique, économique, voire religieuse. La « forme utopique » (voyage et description d'une cité « différente ») a souvent été utilisée, surtout depuis le siècle des Lumières, comme un masque ou un prétexte, en dehors de toute « visée » proprement utopique. Ce qui montre, une fois encore, l'inutilité des critères formels, et la nécessité de ne s'attacher qu'à l'essence de l'utopie – qu'il s'agisse d'en établir les frontières ou d'en discerner les *caractères*.

Figures

C'est en effet à une démarche analytique qu'il importe maintenant de se livrer : tenter d'établir, par-delà les variations qui affectent la notion de « perfection », quels sont les traits communs qui, liés à ce principe, caractérisent la pensée utopique. Et à ce propos, on observe que ceux-ci peuvent s'y rattacher aussi bien en *aval*, comme des conséquences, qu'en *amont*, comme des « présupposés » sans lesquels il ne serait pas concevable.

Présupposés

Car on ne peut imaginer cette « perfection construite » qui forme le centre de la pensée utopique, sans postuler une certaine vision de l'homme, de sa situation dans la nature et dans l'histoire. Le plus curieux, c'est que sur ces trois plans, se retrouve l'*ambiguïté* qui marquait déjà l'œuvre de Thomas More, et qui s'avère décidément indissociable de l'utopie – au point que certains ont cru pouvoir y déceler l'expression d'une mentalité schizophrène...

Dans sa façon de concevoir la nature humaine, l'utopie manifeste un pessimisme de surface, qui vire bientôt à l'optimisme radical.

De lui-même – dans les premiers temps de sa vie comme au début de son histoire collective –, l'être humain est mauvais, submergé par ses passions et ses désirs égoïstes. S'il n'était pas ainsi, l'« état de nature » eût été un « Âge d'or », et il y fût demeuré, dans une bienheureuse quiétude. Mais telle n'est point l'image que donnent, pleins de bruit et de fureur, ces temps obscurs qui précèdent l'avènement de l'utopie. C'est parce que l'homme est marqué par le mal que son aventure est tragique et criminelle ; et c'est précisément ce qui va légitimer la rédemption utopique : si l'homme était spontanément bon, l'utopie serait inutile et dérisoire. Mais il ne l'est point.

En fait, l'utopie reproduit partiellement le schéma chrétien, péché/rédemption/salut ; mais si elle en reprend l'idée, elle le récuse en tant que tel. Pour l'utopie, la méchanceté n'est pas la conséquence de la Faute, du péché d'Adam (ni d'un quelconque acte passé) ; surtout, elle refuse d'y voir quelque chose d'*irrémédiable* à moins du secours extérieur et incontrôlable de la grâce divine : théologiquement, l'utopie n'est qu'un avatar du pélagianisme. Ce qu'elle affirme (ou du moins ce qu'elle suppose), c'est que la méchanceté de l'homme, tout comme celle de l'enfant, n'est naturelle, qu'au sens où elle est *instinctive* : nullement insurmontable...

Ignorant, cruel et perfide, l'enfant symbolise à cet égard l'humanité en général : c'est pourquoi toutes les utopies s'acharnent à le redresser dès son plus jeune âge, généralement en l'enlevant à sa famille. Dans l'utopie, au pays des enfants pervers et des sages vieillards, l'*éducation* prend ainsi une importance politique de tout premier plan. Sans elle, tout retombe dans la barbarie ; grâce à elle, en revanche, l'homme peut opérer sa propre rédemption, il peut, sans secours divin ni baguette magique, devenir l'« Homme nouveau » qui convient à la Cité parfaite...

Toutefois, même s'il accède à un degré supérieur, l'homme ne change pas de nature, il demeure corruptible et capable de pécher. C'est pourquoi l'éducation doit être permanente : d'où la nécessité de l'inscrire dans l'environnement quotidien par la statuaire, l'architecture monumentale, la forme, la couleur, l'image et le son. De là, également, le souci de laisser le moins possible l'individu *isolé* : l'utopie, hostile à toute sphère privée, n'a confiance que dans le groupe, où les particuliers, soucieux de ne pas déplaire à l'opinion générale, apprendront à dominer leurs égoïsmes et à respecter les lois. La perfection est à portée de main, mais elle exige un effort incessant et un contrôle de chaque instant. Le regard de *Big Brother* est inhérent à l'anthropologie utopique.

Quelles qu'en soient les ambiguïtés ou les contreparties, l'utopie est foncièrement anthropocentrique, situant l'homme au-dessus d'une nature qu'il n'imite que pour mieux la dominer.

Le rapport de l'utopie à la nature paraît assez complexe. Ce qui frappe d'abord, c'est sa prétention à conformer l'ordre social à un ordre naturel. Qu'il s'agisse du langage, qui se veut transparent à l'être des choses signifiées, du droit ou d'un urbanisme conçu sur le modèle du cosmos, la perfection utopique se calque sur la nature : fidélité supposée garantir la légitimité de ses lois, assurer leur stabilité et promettre, à terme, l'universalité de leur empire.

Cependant, cette « imitation » n'a rien d'une soumission aveugle. Elle résulte d'une décision rationnelle (on choisit d'imiter, afin de réaliser tel objectif), puis d'un acte technique : on va transposer la règle naturelle et, ce faisant, y substituer une règle humaine, un artifice de contenu équivalent. Au fond, l'utopie ne se tourne vers la nature, que parce que cette attitude s'avère utile à son projet : perspective où se dévoile son rapport essentiel à celle-ci, qui se veut un rapport de *domination*.

« Rendre l'homme comme maître et possesseur de la nature » : le programme de Descartes (*Discours de la méthode*, éd. J. Chevalier, CLF, 1927, p. 81) était déjà, longtemps avant qu'il le formule, celui de l'utopie. Se soumettre la nature par le savoir – ce qui la suppose connaissable et mesurable, obéissant à des lois fixes et à des causalités simples –, puis par la technique, qui en la transformant va permettre de l'utiliser, de l'ouvrir enfin aux besoins et aux désirs de son maître. Cette vision figure déjà, sur un mode allégorique, dans l'œuvre de Thomas More, qui relate qu'*Utopus*, le fondateur de la Cité parfaite, commença par faire détruire l'isthme qui la reliait au continent, changeant ainsi l'utopie en une *île* protégée des contaminations extérieures. Après More, on la retrouvera, aussi nette et encore plus explicite, chez la plupart de ses successeurs, de Francis Bacon à Fourier ou aux disciples de Saint-Simon, qui entreprendront de creuser le canal de Suez et d'irriguer le Sahara. La nature n'est là que pour servir d'instrument au triomphe de l'humain : tout ce qui en elle lui fait obstacle – déserts, forêts, marais ou montagnes – doit donc être extirpé, comme une inadmissible survivance du mal et de l'absurde.

À cette même ambition se rattachent le goût des utopistes pour la symétrie et leur passion pour l'urbanisme, comme manifestation éclatante de la puissance humaine. Ou encore, sur un autre plan, leur intérêt constant pour l'eugénisme, la fascination qu'exerce sur eux le rêve de l'immortalité corporelle. À chaque fois il s'agit, pour l'utopie, moins de nier la nature, que de la plier, de la remodeler à l'envi, pour la plus grande gloire de l'Homme-Dieu.

Celui-ci est donc le bénéficiaire exclusif, mais aussi l'unique artisan de cette maîtrise de la nature. Il n'*est* (et n'a) tout, que parce qu'il *fait* tout : d'où l'importance cruciale du *travail* dans les systèmes utopiques. Celui-ci n'y est plus, en effet, le châtiment divin de la Faute, le signe de la malédiction et de la déchéance, mais le moyen privilégié dont dispose l'humain pour s'affranchir de la nature en (se) la soumettant. Le travail est pour celui qui l'effectue le moyen de devenir pleinement lui-même et de construire un cadre à sa mesure. De là, la quasi-sacralisation dont il fait l'objet dans les innombrables utopies où l'« amour du travail » est décrit à la fois comme un dogme et comme une évidence.

Sur un plan concret, l'organisation de ce travail obéit aux principes qui gouvernent la cité : collectif, bien sûr, obligatoire, certes – puisque l'oisif renoncerait, en même temps qu'à son statut social, à ce qui fonde son humanité –, mais aussi unanimement, et joyeusement, consenti. À quoi s'ajoute le fait qu'il est toujours d'une durée limitée ; en utopie, pas la peine de travailler longtemps pour produire de quoi couvrir, et bien au-delà, les besoins du groupe : détail significatif, qui vise à dénoncer l'inanité de ce qui se passe *ailleurs*, mais surtout à rappeler qu'*ici*, la domination sur la nature et le royaume de l'homme sont déjà pratiquement accomplis...

Tous ces thèmes, sur lesquels repose le projet utopique – le travail sur l'homme par l'éducation et par la loi, le travail de l'homme sur la nature –, supposent à leur tour une certaine conception du temps, où cet effort polymorphe soit susceptible de se déployer.

D'emblée, l'utopisme s'avère inconciliable avec une vision pessimiste du temps : l'idée même de la construction d'un système parfait (impliquant, entre autres, une amélioration radicale par rapport au stade précédent) n'est pas concevable dans le cadre d'une histoire assimilée à une *décadence*, et postulant donc la supériorité nécessaire du passé sur le présent. Mais il en va de même des théories cycliques, qui conçoivent l'aventure humaine sur le modèle de la vie organique, succession ininterrompue, inexorable, de phases de croissance et de déclin, de naissance et de mort. Suivant cette perspective, en effet, la fondation de la cité idéale ne saurait être – à l'image de la rédemption christique – le « commencement absolu » qu'elle prétend incarner. Le travail créateur ne serait plus conquête de l'absolu, mais épreuve dérisoire d'un nouveau Sisyphe, incapable de comprendre que la perfection qu'il vise n'est qu'un leurre, une illusion condamnée avant même que d'être atteinte...

La seule conception du temps compatible avec l'utopie est *linéaire* : le temps comme écoulement neutre, prévisible et mesurable, pareil à celui de l'horloge et donc susceptible d'être maîtrisé, dominé par l'intelligence humaine – laquelle se trouve dès lors susceptible d'en prévenir les atteintes, sans crainte d'être surprise sur les brusques incurvations du cycle ou les pentes glissantes du déclin.

Un temps qui, en un sens, paraît échapper à l'histoire et à ses vicissitudes. C'est ce que constate Gulliver lors de son ultime voyage : « Il y a peu d'événements notoires chez un peuple si bien uni, naturellement porté à une vie vertueuse, entièrement gouverné par la raison, et sans aucun contact avec les autres nations : les données de leur histoire se conservent donc sans que leur mémoire en soit accablée » (Swift, *Œuvres*, p. 283). C'est parce qu'ils sont heureux que les utopiens n'ont point d'histoire, mais c'est aussi parce qu'ils en sont dépourvus qu'ils sont heureux. Parce que leur temps ressemble, en définitive, à leur image de la nature : soumis à la raison, docile à l'agir humain, et tel qu'on puisse y construire et y perpétuer indéfiniment la Cité parfaite.

Formes

Une fois énumérés les présupposés anthropologiques et métaphysiques de l'utopie, il devient possible, cette fois-ci *en aval* de l'idée de perfection, d'en distinguer les traits les plus notables : sa structure, ses règles et ses fins...

Le temps de l'utopie, on l'a noté, n'est point le temps de la vie, mais celui de la machine, de l'horloge. Cette idée se retrouve dans la façon dont l'utopie est conçue et organisée, dès l'origine, mais de plus en plus clairement à partir du XVIIe siècle, sur un modèle mécanique – ce qui l'oppose expressément aux conceptions traditionnelles de l'État et de la société, qui renvoyaient à l'image du corps (tête/membres) ou de la famille (père/enfants). Ces modèles classiques impliquaient, en même temps qu'une soumission de principe à la nature, la possibilité de « maladies », de conflits, de passions ou de déséquilibres, incompatibles avec le rêve d'une perfection. La machine, au contraire, échappe à tous ces travers – mieux, elle s'avère en totale harmonie avec les tenants et les aboutissants de la pensée utopique.

D'abord, bien sûr, parce qu'elle est *fabriquée* par l'homme : à la fois résultat d'un effort rationnel et moyen, pour son créateur, d'étendre indéfiniment sa puissance, de démultiplier sa force de travail. Elle est, observait J. Ellul, « la technique à l'état pur » (*La Technique ou l'enjeu du siècle*, Armand Colin, 1954, p. 2), le symbole le plus fort de l'empire humain sur la nature. D'autre part, la machine, du fait de son caractère artificiel, paraît susceptible d'atteindre la perfection : il suffira pour cela de la construire, puis de la régler de façon adéquate. C'est donc sous cette forme, dotée tout au long des temps modernes d'un immense prestige, que l'on va concevoir l'utopie : comme une mécanique au fonctionnement et aux résultats entièrement fiables, c'est-à-dire conformes à l'intention de son concepteur. Et c'est dans cette perspective que l'on peut rapprocher deux thèmes récurrents du discours utopique, l'*insularité* et l'*égalité*.

L'insularité, au sens large, est une constante du genre : si l'utopie n'est pas forcément une *île*, comme chez More, elle se trouve généralement « isolée », distinctement séparée du reste du monde. Mais il ne faut pas y voir un désir de solitude ni une nostalgie des petits espaces familiers. Comme le rappellent *La Terre australe* (1676) de de Foigny et ses cent quarante-quatre millions d'âmes, ou l'immense *Nouvelle Atlantide*, l'isolement utopique n'existe que vis-à-vis de l'*extérieur* : constat qui éclaire du reste la fonction de l'insularité, qui est de manifester à la fois la clôture et l'autonomie de la Cité. La clôture, c'est-à-dire, la volonté de protéger la machine parfaite d'un « environnement » lourd de périls, mais aussi, symboliquement, de figurer son imperméabilité aux atteintes du temps, qui, comme la mer, ne fait que battre ses murailles sans y pénétrer. L'autonomie : pareille à une machine préservée de l'usure et animée d'un mouvement perpétuel, l'utopie n'a besoin de personne, sinon d'elle-même, pour fonctionner indéfiniment, suivant les règles stables qui l'organisent. Cependant, l'insularité n'est que relative : l'utopie se veut hors d'atteinte et sans dépendance à l'égard de l'extérieur, elle prétend s'assurer de la maîtrise complète de son destin, non s'enfermer dans une prison – ce qui serait d'ailleurs en contradiction avec son principe même. À l'abri des incursions et des menaces, rien ne l'empêche, bien au contraire, de regarder au-delà, d'envoyer des espions ou d'étendre ses frontières. Ce que symbolise l'insularité, c'est le projet utopique de triompher définitivement du hasard. Aucun jeu dans les rouages, nul grain de sable perturbateur : la machine parfaite est indéréglable, manifestant la victoire de son créateur et l'avènement du règne de la *nécessité.*

Parallèlement à l'insularité, le thème de l'égalité joue dans le discours utopique un rôle complexe, que reflète la multiplicité des sens qu'on lui prête.

À côté d'un sens immédiat – la dénonciation du scandale de la misère et l'obligation d'y remédier –, on découvre d'abord la valeur critique de ce thème : l'égalité exprime, en négatif, une méfiance (plus ou moins profonde) envers le droit de propriété. Méfiance provenant de ce qu'il constitue la marque la plus tangible de l'intérêt privé, ainsi que son moyen le plus efficace pour s'opposer à l'intérêt collectif : pour les utopistes, la propriété représente au moins virtuellement une « opacité », un contre-pouvoir dressé face à la raison supérieure du groupe tout entier. De là, chez certains d'entre eux, la conclusion suivant laquelle la distinction du « Tien » et du « Mien » serait la source unique de tous les maux – ce qui implique qu'une société organisée devrait y substituer un « Nôtre » englobant et pacificateur...

L'égalité a donc une fonction principalement *politique* : la propriété suscitant automatiquement le déchaînement des envies, des jalousies et des disparités, sa suppression (ou, du moins, son strict encadrement) aura, tout aussi nécessairement, un effet équilibrant sur le corps social. Elle contribuera ainsi à la stabilité, à la perfection de l'ensemble qui, telle une machine exactement réglée, doit fonctionner sans heurts, d'une manière uniforme et fluide. On peut noter à ce propos que les utopies inégalitaires, supposant à la fois une organisation rigide du régime de la propriété et un total acquiescement de chacun à son état, aboutissent concrètement aux mêmes résultats : la stabilité et la paix sociale. Sur un autre plan, en revanche, elles demeurent en retrait, incapables de suivre jusqu'au bout la logique du genre. Car l'égalité qu'elles méconnaissent débouche sur l'*unité* – sur l'un des buts ultimes de l'utopie, qui se veut essentiellement réunification, réconciliation de chacun avec tous. « Les mêmes mœurs », s'émerveille Dom Deschamps, « ne feraient, pour ainsi dire, des hommes et des femmes, qu'un même homme et une même femme » (*Le Vrai Système*, 1762, cité par R. Trousson, *Voyages aux pays de nulle part*, p. 154) ; quant à de Foigny, il va jusqu'à voir dans l'hermaphrodite, *à la fois* homme et femme, la figure emblématique de l'utopie. De l'abolition du « Tien » et du « Mien », on attend celle, plus radicale, du « Je » et du « Tu », et leur fusion dans le « Nous » ; mais l'un ne va pas sans l'autre, ni avant lui ; le dépassement des différences, leur disparition dans le « Même » ne pourra s'accomplir qu'entre égaux...

Unifiée, équilibrée, homogène dans toutes ses parties, la Machine-État de l'utopie acquiert ainsi sa forme parfaite. « En morale et en politique ainsi qu'en mécanique, écrit Morelly, les machines les plus simples sont les plus estimables et les meilleures » (*Naufrage des îles flottantes ou Basiliade*, t. I, p. 201) : et c'est précisément ce à quoi aboutit l'*égalité*.

Dans sa forme générale, l'utopie paraît donc conçue sur le modèle de la machine, système clos, indéréglable et simple créé par l'homme pour son propre avantage. Cette empreinte se retrouve jusque dans son organisation interne. Obéissant à des lois intangibles, impersonnelles, ne laissant rien au hasard, l'utopie continue de ressembler à une mécanique qu'aurait réglé, pour toujours, un ingénieur de génie.

On a déjà évoqué l'extrême importance de l'éducation et du travail, instruments par lesquels s'accomplit la naissance de l'« homme nouveau » et son règne sur la nature. Mais derrière et au-dessus d'eux, organisant leur mise en pratique, fondant l'obligation de s'y plier et sanctionnant les réfractaires, figure la *loi*. Une loi qui occupe réellement le centre de cet univers « obsédé par le *devoir-être* » (R. Trousson, *Voyages...*, p. 17), imaginé par des juristes (More, Bacon) qui ont fait de l'utopie le premier (sinon le seul) exemple d'un légicentrisme intégral...

En premier lieu, la loi – l'ensemble des normes réglant l'organisation de la société – participe de l'acte fondateur de celle-ci : une même décision a *créé* la cité parfaite et *posé* les principes stables de son fonctionnement. Par suite, la loi est aussi *intangible* que la cité elle-même : immutabilité que justifie sa perfection unanimement reconnue, et qui garantit la pérennité de l'ensemble. Sparte, tous les utopistes en conviennent, aurait pu durer éternellement, si elle était restée fidèle à ses principes... La loi est même le seul point absolument *fixe* dans le système utopique. Tout le reste, en effet, savoir, puissance, étendue, se développe peu à peu : mais ne progresse avec une parfaite régularité que parce qu'il se situe à l'intérieur d'un cadre stabilisé, apaisé, définitivement établi par la loi.

L'intangibilité de la loi renvoie ensuite à un autre de ses aspects, sa radicale *impersonnalité*. Affirmation paradoxale (la loi étant issue d'un acte de volonté *individuel*, celui du « grand législateur », figure mythique commune à la plupart des utopies) ? Moins qu'il n'y paraît : car cette loi une fois posée, nul n'y touche plus, pas même son créateur (que les auteurs d'utopies font souvent opportunément disparaître ou prendre une retraite bien méritée). Représentant dès lors la volonté unanime du groupe, elle *est* le droit et commande seule ; la cité, se réjouit en ce sens un habitant du Tamoé de Sade (*Aline et Valcourt*, cité par R. Trousson, *Voyages...*, p. 165), *devient une république*, car elle peut se passer désormais d'un législateur. La nomocratie utopique apparaît alors dans sa pureté, s'opposant radicalement à toute personnalisation du pouvoir, « incarné » ou « approprié » par un « chef ». Où l'on retrouve les thématiques croisées de l'égalité et de l'unité (il n'y a plus de distance, sauf établie par la loi, entre gouvernés et gouvernants), et, au-delà, le rêve d'une absolue rationalisation du politique : l'inflexible raison de la norme se substituant au vouloir toujours faible et incertain d'un être de chair, dominé par ses passions et ses désirs. Si le pouvoir de la loi touche à la perfection, c'est qu'il est anonyme, sans yeux et sans visage. Réciproquement, le triomphe du « *summum jus* » suppose que la règle soit appliquée telle quelle, immédiatement, sans que ceux qui en sont chargés y ajoutent ou en retranchent si peu que ce soit. Le magistrat n'est que « la bouche de la loi » : celui qui manquerait à cette obligation de transparence se rendrait coupable du crime d'usurpation. C'est d'ailleurs en menant cette idée jusqu'à son terme que les contre-utopies contemporaines imagineront des systèmes où la machine, robot ou ordinateur, se substitue au gouvernement et aux juges : dévoilant ainsi, en forçant le trait, les logiques cachées de l'utopie...

Si l'on peut se contenter d'appliquer la loi, sans même l'interpréter, sans addition ni retouches, c'est parce qu'elle règle tout : il n'existe plus, sous son empire, aucune zone d'ombre ou de « non-droit », aucune question abandonnée au libre arbitre. De même que la machine ne tolère aucun « jeu », l'utopie entend ne rien laisser au *hasard* : chez Sade, on réglemente la sexualité, chez Campanella la procréation, chez Saint-Just l'amitié, la forme des meubles chez Cabet et le suicide chez de Foigny. De la naissance à la mort, l'individu est encadré jusque dans son intimité, pris en charge par une règle bienveillante et tatillonne.

L'omniprésence de la loi implique parallèlement, sous peine d'inefficacité, le contrôle permanent évoqué plus haut. L'utopien, se félicite Thomas More, « toujours exposé aux yeux de tous, [...] est obligé de pratiquer son métier ou de s'adonner à un loisir irréprochable » (p. 162) : de faire exactement ce que la loi exige de lui. Car pour celui qui manquerait à son devoir, elle est impitoyable. La perfection même de la loi et son importance dans l'économie du système décuplent la gravité de la moindre infraction : il n'y a pas de faute anodine, la plus vénielle étant perçue, au même titre que la plus grave, comme une inadmissible irruption du Mal dans l'espace vertueux de l'*Eutopia*. La conséquence parallèle, c'est que l'on n'y sanctionne pas seulement le crime commis ou sa tentative, mais également l'*intention* – le désir, la simple conception de l'acte interdit, rechute vers les ténèbres de l'« homme ancien », apparaissant aussi monstrueux, donc aussi punissable, que sa mise en œuvre...

Quant au châtiment, il s'inscrit dans la logique du système : rééducation pour ceux que l'on peut espérer ramener à la raison, c'est-à-dire à l'obéissance, épuration pour les autres. L'utopie ne désire pas la mort du pécheur : au contraire, elle entend, par tous les moyens, le réintégrer à l'ensemble, lui rendre sa place dans le groupe – sauf, bien sûr, lorsque cela s'avère impossible. Dans ce dernier cas, qu'elle escompte réduire à rien, sa propre nature lui interdit de tolérer la présence d'un mal irréductible au sein de la perfection qu'elle instaure.

Toute infraction est criminelle dans la mesure où elle menace ce que la loi vise à maintenir ou à parachever : l'état de perfection, que les utopistes conçoivent le plus souvent sur le modèle du *Paradis*. Éden-Utopie : c'est ici peut-être que se manifestent le plus clairement les origines religieuses de ce courant de pensée, dans cette conviction que l'homme peut, par son travail et son ingéniosité, reconstruire ici-bas le « jardin des délices » – lequel n'est, au fond, que l'expression ultime de la souveraineté de l'*artifex* sur la nature. Comme le souligne Cioran, l'utopie « tente de concilier l'éternel présent et l'Histoire, les délices de l'Âge d'or et les ambitions prométhéennes, ou, pour recourir à la terminologie biblique, de refaire l'Éden avec les moyens de la Chute » (*Histoire et utopie*, p. 131).

Refaire l'Éden : tel est l'enjeu. Car ce que reconstruit l'homme de l'utopie rappelle invinciblement le lieu dont son premier ancêtre fut chassé, l'espace clos du bonheur inaltérable, le jardin sans ornières, sans ronces ni serpent où s'accomplit la réconciliation avec une nature désormais obéissante.

La différence, lourde de conséquences, c'est que le « nouvel Adam » n'est plus un individu isolé, mais le groupe tout entier, la cité en tant que telle. C'est elle qui se trouve dotée des attributs traditionnellement dévolus à la divinité, toute-puissance, félicité, unité et immortalité... Et ce n'est donc qu'à travers cette totalité dont il participe, par sa médiation, que l'« homme nouveau » parviendra à se jucher sur le trône, au sommet d'une nature conquise et désenchantée. Mais ne nous y trompons pas : au-dessus de sa tête, c'est bien elle, la Cité utopique, qui s'est emparée de la perfection divine : c'est elle, et nul autre, qui a pris la place de Dieu.

Telles sont donc les figures de l'utopie : la machine, la loi, le jardin reconquis. C'est à partir de ce réseau cohérent d'attitudes, de thèmes et de représentations, que l'on va pouvoir tenter d'en comprendre le sens.

Signification

Précision liminaire : pour conclure, on voudrait s'interroger (à supposer qu'elle existe) sur la signification d'ensemble de ce mode de pensée, non sur les buts ou les stratégies particulières poursuivies par chaque utopiste. Ces intentions sont d'ailleurs très difficiles à établir : écueil familier à l'historien des idées, mais qui s'avère en l'occurrence quasi insurmontable, du fait de l'ambiguïté inhérente au genre utopique. On se souvient que c'est More lui-même qui a donné l'exemple : son récit relève-t-il de la bouffonnerie grotesque ou de la révélation prophétique ? À cette question, il est à peu près autant de réponses que de commentateurs – et il en va de même, de Campanella à William Morris, pour bon nombre des classiques de l'utopie...

Ce qui console de cette difficulté, c'est, du moins pour ce qui nous concerne, le faible intérêt de la recherche : ce n'est pas en scrutant les désirs secrets de chaque utopiste que l'on apprendra grand-chose sur la « pensée utopique ». Quant aux tentatives de donner, à partir de l'*intention*, une explication « globale » du problème, qu'elles soient psychanalytiques (l'utopie comme compensation de frustrations, fuite hors du monde, retour au sein maternel) ou sociologiques (l'utopie comme réaction de peur, ou de confiance, d'une « classe sociale » déterminée), elles s'avèrent aussi éclatées, aussi incertaines que les explications particulières, et encore moins éclairantes.

Sans prétendre s'interroger sur ces « raisons », cachées ou obscures, on voudrait donc se contenter de discerner, à partir de ses caractères essentiels, ce qu'exprime l'utopie, et ce vers quoi elle tend...

Utopie et modernité

Le premier constat qui s'impose est d'ordre historique : l'utopie apparaît à la Renaissance, alors que mûrissent et s'ébauchent les grands thèmes de la modernité occidentale.

À proprement parler, en effet, on ne rencontre d'utopie ni auparavant ni en dehors de l'aire culturelle judéo-chrétienne. Ainsi n'existe-t-il pas réellement d'utopies médiévales – même si la pensée de Joachim de Flore ou les courants millénaristes paraissent, à beaucoup d'égards, annoncer directement l'utopisme à venir. Théocentrique et contemplatif, le génie du Moyen Âge est peu compatible avec le rêve utopique.

De même, il ne semble pas que l'on puisse parler d'utopies antiques. Assertion surprenante, dans la mesure où, depuis More, tous les utopistes se sont inspirés, et souvent réclamés, de la *République* de Platon (ainsi que, subsidiairement, des passages relatifs à l'Atlantide du *Timée* et du *Critias*) ; mais cela ne suffit pas à en faire, rétroactivement, une utopie. En fait, l'ordre décrit dans la *République* ne présente que des analogies superficielles avec les systèmes conçus par More et par ses successeurs.

Tout d'abord, Platon ne prétend pas imaginer une cité construite par l'homme afin d'y jouir de la plénitude du bonheur – il entend, au cours d'une recherche philosophique sur la notion de justice, et afin de rendre celle-ci plus « visible » à ses interlocuteurs, décrire ce qu'en serait l'application « totale » dans l'ordre politique. Il n'évoque pas le résultat, tout humain, d'une décision, d'un calcul, puis d'un acte créatif particulier, mais une représentation paradigmatique, valant universellement, de la Cité juste – le reflet d'une Idée échappant entièrement à l'ordre et au vouloir humains. Parallèlement, la *République* demeure soumise au temps cyclique, inévitablement promise au déclin et à la ruine. En fin de compte, l'homme ne peut donc ni construire la perfection à sa guise (et à son profit) ni assurer la pérennité de son œuvre. D'où un « climat » général étranger à l'optimisme utopique, et la nécessité de conclure que, malgré les ressemblances (qui ne sont jamais que des *emprunts* unilatéraux), la *République* de Platon n'est pas la « toute première » utopie...

Enfin, il ne semble pas exister d'utopies en dehors de l'aire judéo-chrétienne, même dans les cultures où foisonnent les genres « voisins ». C'est en effet dans l'Ancien et le Nouveau Testament que la pensée utopique va trouver ses principaux modèles (Dieu créateur, Éden et Jérusalem céleste, Messie, Rédemption), ses valeurs (égalité, travail...) et sa conception linéaire de l'histoire.

L'utopie n'est donc point née par hasard. Peut-être aurait-elle pu ne jamais apparaître : mais elle ne pouvait émerger que dans l'environnement intellectuel façonné par les premiers chocs de la modernité.

Ainsi, par exemple, l'utopie supposait-elle *à la fois* la présence, indispensable, du fonds chrétien et la remise en cause de la religiosité médiévale – en fait, un *affaiblissement* du christianisme sans lequel il eût été impossible d'en récupérer des éléments, d'en abandonner d'autres (la Faute, la Chute et la Grâce), et finalement, de présenter, comme alternative ou concurrente, la Cité de l'Homme face au Royaume de Dieu...

De façon générale, on constate que tous les « présupposés » de l'utopie correspondent aux idées, aux valeurs nouvelles que la modernité naissante impose peu à peu, à partir du XVIe siècle. Les « grandes découvertes », en même temps qu'elles fournissent des modèles inédits – comme celui de l'Inca Yupanki, « réformateur du monde », popularisé par Garcilaso de la Vega –, laissent entrevoir la possibilité de (re) construire à partir de rien, et de le faire par des moyens proprement humains, sans le secours de la grâce. Sur un plan voisin, l'essor technique et scientifique, l'éveil puis le triomphe du rationalisme entretiennent un climat de confiance en l'homme et en ses facultés. L'optimisme se répand, lié à la possession croissante de moyens d'agir sur le monde, à la certitude grisante de pouvoir, tout de suite ou très bientôt, le modeler à son gré. Dans un tel contexte, la valeur de *prudence*, la politique humblement conçue comme un art des possibles ne sont plus de mise : elles peuvent faire place à des conceptions conquérantes, volontaristes, dont l'utopie constitue la formulation ultime.

Celle-ci apparaît, dès lors, comme le *corollaire* de la modernité – non comme sa *fille*, métaphore génétique impliquant une certaine autonomie, une distanciation dont le XXe siècle a prouvé qu'elle n'existait pas, le déclin des dogmes fondamentaux de la modernité ayant entraîné celui, presque simultané, de la pensée utopique, supplantée par le discours critique et pessimiste de la contre-utopie.

Mais l'utopie n'est pas simplement le corollaire de la modernité, elle en est surtout (et en a toujours été) l'expression idéologique la plus avancée. Cette radicalité, la démarche spécifique de l'utopie la rend tout à la fois possible et logique, presque nécessaire. Possible, dans la mesure où sa dimension conjecturale ou « imaginaire » lui permet d'aller jusqu'au bout, de ne rien dissimuler : par l'effet d'un paradoxe banal, son masque – celui du jeu et de l'ambiguïté – l'autorise à tout montrer, à expliciter ce qui demeurait obscur dans les Traités savants ou au fond des manuscrits clandestins. Mais ce radicalisme est également conforme à l'essence même de la pensée utopique, qui ne conçoit l'idéal, d'ailleurs ou de demain, que sous les espèces de l'absolu. La perfection qu'elle décrit implique le refus de toute limite, assimilée à une compromission – et il est peu étonnant qu'elle ait pris, à chacun des instants successifs de la modernité, le visage de ce qu'il y avait de plus neuf, de plus avancé, de plus conforme à sa propre radicalité. C'est même le contraire qui surprend dans le cas des utopies « conformistes », lorsque l'idéal rêvé se contente d'améliorer ce qui est généralement admis, ce que les années ont eu le temps d'adoucir, ou la pratique de fausser... À ces exceptions près, l'utopie a toujours figuré aux avant-postes de la modernité.

Dans l'ordre politique, c'est là que se manifeste d'abord, de façon explicite, le projet d'une rationalisation intégrale du pouvoir. Très tôt, l'utopie y transpose l'esprit de géométrie, la méthode mathématique et l'idée de progrès – rejetant dans les ténèbres d'un passé entièrement dévalué tout ce qui se fondait sur l'ancienneté, la coutume, sur des considérations d'ordre mythique ou religieux. Qu'il s'agisse de l'origine du pouvoir, de ses structures, de son rôle ou de son fonctionnement, l'utopie, rêve d'une perfection mécanique et d'une efficacité totale, a éliminé longtemps avant la Révolution les ultimes vestiges de l'Ancien Régime. Suivant la même logique, ce sont des utopistes qui inventent le principe et les règles de la bureaucratie, la dissémination du pouvoir politique ou le dépérissement de l'État, remplacé par une simple « administration des choses ».

Dans l'ordre religieux, l'utopie adopte d'emblée des positions correspondant à celle de l'« intelligentsia » la plus avancée : tolérante puis indifférente, souvent déiste mais parfois athée, son seul credo est la haine des fanatiques, pèlerins d'un absolu qui n'est pas le sien. Sur d'autres plans, elle est la première à proclamer la valeur suprême du savoir scientifique, l'importance sociale de l'éducation et le rôle majeur que doit jouer l'État dans tous ces domaines. Elle exprime, en forçant le trait, ce qui est train d'émerger, elle révèle ce qui sourd : c'est en ce sens qu'il faut lire la remarque de Lamartine : « *Les utopies sont des vérités prématurées* » (cité par K. Mannheim, p. 144).

Mais, en même temps, par son radicalisme même, par l'ensemble de ses principes et son refus consécutif de tout relativisme, éthique ou politique, l'utopie a peut-être contribué à incliner la modernité, du moins une part de celle-ci, dans un sens beaucoup plus contestable...

Utopie et totalitarisme

Car si l'utopie est bien une théorie « anticipatrice », il serait naïf de croire qu'elle est par conséquent « libératrice ». Au contraire : sa vision de l'homme, perfectible mais naturellement méchant, l'amène à concevoir le rapport entre égalité et liberté sur le mode de la contradiction. Si on laisse l'individu libre de satisfaire ses désirs spontanés, il suffira d'un instant pour que renaissent l'appropriation, les distinctions, les différences, tout ce qui fait obstacle à l'unité et au bonheur de la cité. Idéal de transparence et d'unanimité, la perfection utopique ne peut supporter le risque de la liberté : la possibilité d'une contradiction, d'une contestation de ses valeurs et de ses lois. Rêve d'échapper à la contingence, elle ne saurait tolérer le libre arbitre qui perpétuerait en son sein cette dimension aléatoire, cette scandaleuse imprévisibilité qui demeure le lot des cités imparfaites...

Tout sera donc organisé afin d'éliminer ce risque – suivant deux voies alternatives où l'on retrouve le projet d'une absolue maîtrise de la nature, mais de celle de l'homme, cette fois-ci.

Selon une première hypothèse, la liberté est anéantie – ou, plutôt, réduite à s'exercer sur une marge infime, si limitée qu'elle en est dépourvue d'incidences sociales : c'est le cas des systèmes où la loi prévoit jusqu'au menu des repas communs, à la couleur des vêtements et aux prénoms des enfants. Pour le plus grand bonheur de tous, la vie de chacun est réglée du matin au soir, sans laisser à quiconque le temps de faire, ni même de désirer, autre chose que ce qu'il doit...

Dans la seconde hypothèse, la liberté n'est pas « expulsée » de l'existence individuelle, mais en quelque sorte « prédéterminée » par une éducation adéquate. Ici, l'endoctrinement vise, suivant la formule maoïste, à « transformer l'âme de l'homme » (cité par L. Trivière, « L'homme nouveau en Chine », in *Études*, mars 1975, p. 340), de sorte que l'exercice de sa liberté soit nécessairement en accord avec les valeurs, les principes unanimement admis par le groupe. Perspective apparemment plus optimiste que la précédente, mais peut-être plus liberticide encore, comme l'ont dénoncé les contre-utopies de Huxley, Levin ou Zamiatine. Chez le premier, c'est avant la naissance, par un eugénisme généralisé, que s'effectue cette préformation ; chez le second, c'est au moyen d'une chimiothérapie hebdomadaire et obligatoire ; dans le *Nous Autres* de Zamiatine, enfin, le « bonheur à 100 % » sera rendu possible par la « Grande Opération » (p. 185), l'ablation chirurgicale des centres de l'imagination supprimant ce qui risquait de faire « dérailler » la liberté hors des chemins autorisés... D'une manière ou d'une autre, la liberté de l'individu se trouve alors réconciliée, réunifiée à l'ensemble. C'est essentiellement *cela* qui importe : dans l'utopie, la liberté ne se conçoit pas sur le mode de la séparation, de l'opposition, elle n'existe que collective et unanime, comme dans ce passage où Rabelais décrit la vie des Thélèmites : « Si quelqu'un ou quelqu'une disait : " buvons ", tous buvaient ; si disait " jouons ", tous jouaient ; si disait " allons à l'esbat aux champs ", tous y allaient » (Rabelais, *L'Abbaye de Thélème*, éd. R. Morçay, Droz, 1934, p. 61). La liberté consiste en une indéfectible participation aux activités du groupe, une adhésion volontaire aux manifestations de la volonté générale – rappelant cette « liberté des Anciens » dont Benjamin Constant soulignait qu'elle ne se réalisait qu'au détriment des « libertés-jouissances » et de l'autonomie individuelle (« De la liberté des Anciens », in *De l'esprit de conquête et de l'usurpation*, GF-Flammarion, 1986, p. 268 sq.). Au fond, l'utopien n'est libre qu'en tant qu'il est citoyen. Ce qui signifie, certes, qu'il l'est pleinement, étant totalement citoyen ; mais aussi, qu'il n'est aucunement libre en tant que personne. Dans l'utopie, la liberté est devenue le privilège exclusif du groupe, le signe de la totalité.

Cette dernière idée constitue l'aboutissement du projet utopique, la suprême expression de son rêve d'instaurer ici-bas une perfection définitive. Car celle-ci ne se conçoit pleinement que comme *totalité* – tout ce qui lui échappe étant ressenti comme un manque, une limite.

L'offensive contre la liberté individuelle n'est, en ce sens, que l'une des manifestations d'une attitude d'ensemble : le refus de rien laisser « en dehors » – et celui, symétrique, de n'admettre aucune lacune « au-dedans ».

C'est ainsi que l'utopie condamne sans retour ce qui fait obstacle à son regard, c'est-à-dire à son pouvoir, toute tentative de lui soustraire quelque chose. Elle tend, dans la nature comme dans les rapports sociaux, à supprimer les espaces irréductibles, et à investir les autres. Ainsi de la parole, que, bien avant Orwell, de nombreux utopistes ont rêvé de soumettre aux principes de la Cité parfaite, concevant des langages rationalisés, des « langues de verre » où le secret comme le mensonge seraient impossibles ; ainsi de la famille, qu'ils réduisent à sa plus simple expression biologique, quand ils ne l'abolissent pas tout à fait...

Mais la république totale ne peut se contenter d'une extension « interne », bornée par ses propres frontières. La perfection n'est pas achevée tant qu'elle doit se contraindre et qu'elle demeure menacée par son contraire : elle aspire donc à s'étendre, par-delà les océans qui l'encerclent, au reste du monde. L'île n'est, à cet égard, qu'une représentation symbolique, le modèle réduit d'un univers qu'elle a vocation à absorber de proche en proche afin de se réaliser dans sa plénitude. L'utopie est impérialiste dans la mesure même où elle est *totalitaire*.

Le projet utopique – construire la perfection ici-bas – le conduit à *tout* recomposer : par définition, rien ni personne ne saurait échapper à la règle. Mais à ceci s'ajoute l'idée qu'étant donné la sublimité de l'objectif, chacun a l'obligation de s'y plier, et que, réciproquement, tous les moyens sont bons pour y parvenir.

Tous, sans exception ; aussi l'utopie ne répugne-t-elle jamais, quelles que soient ses propres exigences éthiques, à l'emploi de méthodes moralement répréhensibles, et qu'elle reconnaît telles : ruse, mensonge, espionnage, trahison, corruption, les utopiens de More donnent l'exemple, sans états d'âme dès lors qu'est en jeu l'intérêt de la Cité. La raison d'État est d'autant plus impérieuse que la fin a une valeur élevée. À cet égard, l'acception courante du mot utopie, qui associe la naïveté à l'irréalisme, s'avère plus erronée que jamais : More est beaucoup moins loin qu'on ne le croit de Machiavel, son exact contemporain, et tous ses successeurs, théoriciens ou praticiens, lui emboîteront le pas... Mais au-delà même de la raison d'État, l'utopie accepte de recourir, au nom de la perfection qu'elle instaure, à ce que seront les ultimes ressources des totalitarismes contemporains. L'État policier, la suppression des mauvais livres et la réécriture des bons, les massacres de masse et l'asservissement systématique n'ont pas été inventés par les grands fanatismes du XXe siècle, mais par les utopies rationalistes de la Renaissance et du siècle des Lumières.

Dans les deux cas, la démarche est identique, l'absolu justifie tout ; rien, personne ne saurait empêcher ni même ralentir la naissance de l'« Homme nouveau », conçu comme l'accomplissement de l'histoire. La démarche, la fin, les moyens : tout converge au fond et laisse pressentir qu'il ne s'agit peut-être pas d'un simple hasard. C'est d'ailleurs ce qu'ont deviné sans le savoir les premiers contre-utopistes, du XIXe siècle aux années vingt, qui semblent décrire par anticipation, et jusque dans leur détail, les horreurs d'un totalitarisme encore à naître, alors qu'ils ne font que pousser l'utopie jusqu'au terme de sa logique. Ce faisant, ils dévoilent sa réalité profonde : rêve de perfection qui vire au cauchemar, l'utopie est le mauvais génie de la modernité.

I

DE L'ESPACE CLOS À L'UNIVERS

I

MORE

LA PERFECTION COMME CLÔTURE

More, *Utopie*, trad. M. Delcourt, GF-Flammarion, 1987, p. 137-139 et 141-145.

Ce texte, par lequel débute le second livre de l'ouvrage de Thomas More, est à la fois le point de départ de l'*Utopie* et de l'utopie, de l'œuvre et du genre.

Point de départ de l'œuvre, y compris sur un plan chronologique, puisque More rédigea le second livre avant le premier, qui n'est jamais qu'une longue introduction, au mieux « un stade initiatique » (M. Abensour, in F. Châtelet, *Dictionnaire des œuvres politiques*, PUF, 3e édition, 1995, p. 848). Surtout, c'est dans le second livre que More va décrire, suivant son titre, « la meilleure forme de gouvernement », l'*utopie* proprement dite, et qu'il va en poser les thèmes principaux. Après avoir caractérisé la cité idéale par sa perfection – « un sommet de culture et de civilisation qu'aucun autre peuple ne semble avoir atteint actuellement » – le narrateur va en énoncer les composantes, puis les moyens de sa réalisation, établissant une fois pour toutes les canons de la pensée utopique, son vocabulaire et sa grammaire idéologique.

Cette perfection réside d'abord dans la *sécurité* dont jouit l'utopie, protégée contre les dangers extérieurs par son insularité (insularité reproduite à nouveau autour des villes qui la composent par d'imprenables fortifications). Le second aspect, l'*identité*, est étroitement lié au précédent, puisqu'il s'agit, là encore, de surmonter l'effroi et l'incertitude qui naissent de la différence. L'utopie sera donc le règne du « même », que manifeste notamment l'uniformisation généralisée : du langage, des mœurs, des lois, mais également des villes, des maisons ou des jardins.

Aussi important que ce cadre stable, est le fait qu'il résulte de la *volonté* et de l'agir humain. Ce texte met clairement en avant cette dimension « activiste » de l'utopie. En effet, c'est *Utopus*, le législateur mythique, « qui *amena* une foule ignorante et rustique » à la civilisation, c'est lui qui a opéré le passage. Mais la manifestation la plus spectaculaire de ce volontarisme est sans doute la « création » quasi démiurgique de l'île, transformation et transgression de la nature au profit d'une humanité qui n'est plus condamnée à lui obéir. Création qui se reproduit, de manière similaire, avec celle des villes, destinées à devenir les « lieux utopiques » par excellence. Dans l'utopie, la ville n'est plus le fruit du hasard, la réponse spontanée à des besoins particuliers, elle est le résultat d'un projet rationnel qui en établit non seulement le plan précis, mais encore le nombre, la population et la répartition dans l'espace. D'emblée, l'utopie apparaît donc comme une civilisation de (et par) la technique, où l'artifice se subordonne une nature hostile, et où l'idéal affecte des formes agressivement géométriques : Amaurote, la capitale de l'Utopie, est « à peu près carrée » ; quelques décennies plus tard, la cité idéale de Doni figurera, comme celle de Campanella, « un cercle absolument parfait » (A. F. Doni, *Monde sage, monde fou*, in A. C. Fiorato, p. 58).

Enfin, l'ultime intérêt de ce texte est de laisser entrevoir la dynamique de l'utopie. Malgré son insularité, celle-ci n'est pas vouée à l'immobilité, à l'enfermement au sein des murs qu'elle a elle-même érigés. Au contraire : parce qu'elle est parfaite, l'utopie progresse, de manière régulière et uniforme (ainsi, les maisons), dans le cadre et conformément au plan prévu à l'origine. Et de même qu'elle s'améliore, à l'intérieur, elle a vocation à s'étendre vers l'extérieur. Le système de More, observe M. de Gandillac, est « destiné à une propagation universelle, tant par rayonnement spontané (union de la justice et du bonheur) que grâce à une politique active qui n'exclut [...] ni la guerre ni la ruse » (M. de Gandillac, *Genèses de la modernité*, Cerf, 1992, p. 559). L'insularité n'est, décidément, qu'un symbole et une étape.

L'île d'Utopie, en sa partie moyenne, et c'est là qu'elle est le plus large, s'étend sur deux cents milles, puis se rétrécit progressivement et symétriquement pour finir en pointe aux deux bouts. Ceux-ci, qui ont l'air tracés au compas sur une longueur de cinq cents milles, donnent à toute l'île l'aspect d'un croissant de lune. Un bras de mer d'onze milles environ sépare les deux cornes. Bien qu'il communique avec le large, comme deux promontoires le protègent des vents, le golfe ressemble plutôt à un grand lac aux eaux calmes qu'à une mer agitée. Il constitue un bassin où, pour le plus grand avantage des habitants, les navires peuvent largement circuler. Mais l'entrée du port est périlleuse, à cause des bancs de sable d'un côté et des écueils de l'autre. À mi-distance environ, se dresse un rocher, trop visible pour être dangereux, sur lequel on a élevé une tour de garde. D'autres se cachent insidieusement sous l'eau. Les gens du pays sont seuls à connaître les passes, si bien qu'un étranger pourrait difficilement pénétrer dans le port à moins qu'un homme du pays ne lui serve de pilote. Eux-mêmes ne s'y risquent guère, sinon à l'aide de signaux qui, de la côte, leur indiquent le bon chemin. Il suffirait de brouiller ces signaux pour conduire à sa perdition une flotte ennemie, si importante fût-elle. Sur le rivage opposé, se trouvent des criques assez fréquentées. Mais partout un débarquement a été rendu si difficile, soit par la nature, soit par l'art, qu'une poignée de défenseurs suffirait à tenir en respect des envahisseurs très nombreux.

D'après des traditions confirmées par l'aspect du pays, la région autrefois n'était pas entourée par la mer avant d'être conquise par Utopus, qui devint son roi et dont elle prit le nom. Elle s'appelait auparavant Abraxa. C'est Utopus qui amena une foule ignorante et rustique à un sommet de culture et de civilisation qu'aucun autre peuple ne semble avoir atteint actuellement.

Après les avoir vaincus à la première rencontre, Utopus décida de couper un isthme de quinze milles qui rattachait la terre au continent et fit en sorte que la mer l'entourât de tous côtés. Il mit les habitants à la besogne, et il leur adjoignit ses soldats, pour éviter qu'ils ne considèrent ce travail comme une corvée humiliante. Réparti entre un si grand nombre d'ouvriers, l'ouvrage fut accompli en un temps incroyablement court, si bien que les voisins, qui avaient commencé par en railler la témérité, furent frappés d'admiration et aussi d'effroi à la vue du résultat.

L'île a cinquante-quatre villes grandes et belles, identiques par la langue, les mœurs, les institutions et les lois. Elles sont toutes bâties sur le même plan et ont le même aspect, dans la mesure où le site le permet. La distance de l'une à l'autre est au minimum de vingt-quatre milles ;

elle n'est jamais si grande qu'elle ne puisse être franchie en une journée de marche.

Chaque ville envoie chaque année en Amaurote trois vieillards ayant l'expérience des affaires, afin de mettre les intérêts de l'île en délibération. Située comme à l'ombilic de l'île, d'un accès facile pour tous les délégués, cette ville est considérée comme une capitale.

Les champs sont si bien répartis entre les cités que chacune a au moins douze milles de terrain à cultiver tout autour d'elle et parfois davantage, si la distance est plus grande entre elle et la voisine. Aucune ne cherche à étendre son territoire, car les habitants s'en considèrent comme les fermiers plutôt que comme les propriétaires. [...].

Celui qui connaît une de leurs villes les connaît toutes, tant elles sont semblables, pour autant que le terrain ne les distingue pas. Je n'en décrirai donc qu'une, et peu importe laquelle. Pourquoi ne pas choisir Amaurote ? Aucune ne le mérite mieux, puisque les autres lui ont accordé d'être le siège du Sénat. Il n'en est aucune du reste que je connaisse mieux, car j'y ai passé cinq années entières.

Amaurote se déroule en pente douce sur le versant d'une colline. Elle est à peu près carrée. La largeur prise un peu au-dessous du sommet jusqu'au fleuve Anydre est de deux milles. La longueur, en suivant la rive, est un peu plus étendue.

L'Anydre prend sa source à quatre-vingts milles au-dessus d'Amaurote. C'est là un petit ruisseau, bientôt grossi par des affluents dont deux assez importants, si bien qu'à son entrée dans la ville, sa largeur est d'un demi-mille ; puis, toujours accru, il se jette dans l'Océan après avoir parcouru encore soixante milles. Sur toute l'étendue entre la ville et la mer, et même quelques milles en amont, la marée, toutes les six heures, se fait fortement sentir. Quand une forte marée remonte le fleuve sur trente milles, elle remplit tout le lit de l'Anydre, refoule l'eau douce devant elle et en gâte le goût par son amertume. Après quoi le fleuve retrouve peu à peu son eau douce, pure, naturelle ;

il traverse toute la ville et repousse le flot salé presque jusqu'à son embouchure.

La ville est reliée à la rive opposée par un pont qui n'est pas soutenu par des piliers ou des pilotis, mais par un ouvrage en pierre d'une fort belle courbe. Il se trouve dans la partie de la ville qui est la plus éloignée de la mer, afin de ne pas gêner les vaisseaux qui longent les rives. Une autre rivière, peu importante mais paisible et agréable à voir, a ses sources sur la hauteur même où est située Amaurote, la traverse en épousant la pente et mêle ses eaux, au milieu de la ville, à celles de l'Anydre. Cette source, qui est quelque peu en dehors de la cité, les gens d'Amaurote l'ont entourée de remparts et incorporée à la forteresse, afin qu'en cas d'invasion elle ne puisse être ni coupée ni empoisonnée. De là, des canaux en terre cuite amènent ses eaux dans les différentes parties de la ville basse. Partout où le terrain les empêche d'arriver, de vastes citernes recueillent l'eau de pluie et rendent le même service.

Un rempart haut et large ferme l'enceinte, coupé de tourelles et de boulevards ; un fossé sec mais profond et large, rendu impraticable par une ceinture de buissons épineux, entoure l'ouvrage de trois côtés ; le fleuve occupe le quatrième.

Les rues ont été bien dessinées, à la fois pour servir le trafic et pour faire obstacle aux vents. Les constructions ont bonne apparence. Elles forment deux rangs continus, constitués par les façades qui se font vis-à-vis, bordant une chaussée de vingt pieds de large. Derrière les maisons, sur toute la longueur de la rue, se trouve un vaste jardin, borné de tous côtés par les façades postérieures.

Chaque maison a deux portes, celle de devant donnant sur la rue, celle de derrière sur le jardin. Elles s'ouvrent d'une poussée de main, et se referment de même, laissant entrer le premier venu. Il n'est rien là qui constitue un domaine privé. Ces maisons en effet changent d'habitants, par tirage au sort, tous les dix ans. Les Utopiens entretiennent admirablement leurs jardins, où ils cultivent des plants de vigne, des fruits, des légumes et des fleurs d'un tel éclat, d'une telle beauté que nulle part ailleurs je n'ai vu pareille abondance, pareille harmonie. Leur zèle est stimulé par le plaisir qu'ils en retirent et aussi par l'émulation, les différents quartiers luttant à l'envi à qui aura le jardin le mieux soigné. Vraiment, on concevrait difficilement, dans toute une cité, une occupation mieux faite pour donner à la fois du profit et de la joie aux citoyens et, visiblement, le fondateur n'a apporté à aucune autre chose une sollicitude plus grande qu'à ces jardins.

La tradition veut en effet que tout le plan de la ville ait été tracé dès l'origine par Utopus lui-même. Mais il en a laissé l'ornement et l'achèvement, tâches auxquelles une vie d'homme ne saurait suffire. Leurs annales contiennent, soigneusement, scrupuleusement rédigée, l'histoire des 1760 années qui se sont écoulées depuis la conquête de l'île. Elles racontent que primitivement les maisons étaient petites, semblables à des baraques et à des huttes, construites vaille que vaille avec n'importe quel bois, les murs enduits d'argile, les toits pointus recouverts de chaume. Chaque maison à présent montre trois étages. Les murs extérieurs sont faits de pierre dure ou de moellons ou de briques ; à l'intérieur, ils sont revêtus de mortier. Les toits sont plats, couverts de certaines tuiles peu coûteuses, d'une composition telle que le feu n'y prend point et qu'elles protègent des intempéries mieux que le plomb. Ils s'abritent contre le vent par des fenêtres vitrées – on fait dans l'île un grand usage du verre – parfois aussi par une toile fine qu'ils rendent transparente en l'enduisant d'huile ou de résine : ce qui offre cet avantage de laisser passer la lumière et d'arrêter le vent.

II

CLOOTS

LA RÉPUBLIQUE UNIVERSELLE

Cloots, *La République universelle, ou adresse aux tyrannicides*, chez les marchands de nouveauté, l'an IV de la Rédemption (1792), p. 5-12.

Quoi qu'il paraisse au premier abord, l'utopie tend logiquement à l'universel. Les murailles symboliques dont elle s'entoure ne manifestent pas une tendance au repliement, à l'autolimitation, et moins encore, contrairement à ce que l'on a prétendu, le désir d'un retour rassurant à la tiédeur matricielle. Si ses murs constituent bien une protection contre un ailleurs hostile, il ne s'agit que d'une défense provisoire : car l'utopie ne sera pleinement accomplie dans son être qu'une fois ce péril écarté, une fois que l'« autre » aura été absorbé, résorbé. Tous les utopistes du XXe siècle parviennent à cette conclusion : « Dans un avenir rapproché, écrit H. G. Wells, l'Humanité, définitivement et consciemment, [s'organisera] en un grand État mondial » (*La Découverte de l'avenir*, trad. H. Davray, Mercure de France, 1904, p. 56). Mais on la rencontre déjà, au début de la Révolution française, sous la plume excentrique d'un baron prussien rallié au jacobinisme, Anacharsis Cloots (1753-1794). Ce personnage baroque, qui se proclame « l'orateur du genre humain », n'est certes pas un penseur de premier ordre ; mais son « plan utopique », comme lui-même l'appelle (p. 17), n'en est pas moins représentatif de l'une des orientations caractéristiques de l'utopisme. Pour lui, en effet, la « fusion parfaite » du genre humain en un seul corps, la « nation unique », apparaît comme le moyen de parvenir à la perfection dans l'ordre politique : ce qu'il démontre par un raisonnement en trois temps.

S'il importe de parvenir à la « République universelle », c'est d'abord pour abolir les différents « corps nationaux », de même que la Révolution française vient de supprimer les « corps provinciaux ». Ces corps sont en effet « les plus grands fléaux du monde », dans la mesure où ils entraînent un climat d'égoïsme, de conflits, de rivalités, pour le plus grand malheur des individus. Leur abolition aurait pour effet mécanique de supprimer les guerres, les armées, d'assurer le triomphe du commerce sur les

armes et des magasins sur les arsenaux. Par conséquent, l'intérêt de la réforme est si évident qu'il suffirait « d'un souffle » pour y parvenir, pour arriver à « ce nivellement absolu [...] de toutes les barrières qui croisent les intérêts de la famille humaine » (p. 17).
L'intérêt : pour Cloots, tout est là ; l'humanité réconciliée, réunifiée, n'ayant plus d'intérêts divergents ni séparés, il deviendra possible d'instaurer l'unité du pouvoir. « La volonté sera une, l'action sera une, *parce que l'intérêt sera un* » (p. 41). Or il importe au plus haut point que le souverain soit « unique comme le genre humain » : car seul ce dernier doit régner. Règne dès lors sans partage, parce que sans obstacles : les corps intermédiaires ayant disparu, remplacés par de simples structures administratives, l'État unique, tout-puissant et centralisé, n'a plus en face de lui que de simples individus ; or, se félicite Cloots, « plus une nation est grande, plus les individus sont petits » et plus étroitement ils peuvent être subordonnés « à la masse » (*Bases constitutionnelles de la République du genre humain*, Imprimerie nationale, 1793, p. 27).
Ainsi, plus rien ne saurait empêcher la République universelle de réaliser la perfection : « le Tout, le despote par excellence, la Loi universelle réalisera les fables de l'Âge d'or » (*Ibid.*, p. 8). Tel est le dernier point de la démonstration. L'universalité est la condition même de la « félicité humaine » ; c'est après son instauration que « l'harmonie régnera sur la terre », et alors, « la somme de bonheur sera si grande pour chaque portion de l'empire, qu'il y aura une sollicitude générale pour le maintien de l'ordre établi » (*Ibid.*, p. 23). Et c'est ainsi que « la constitution de l'univers » sera « impérissable » (*Ibid.*, p. 17 et 21).

Les heureuses conjonctures qui accompagnent le parachèvement de la Constitution française nous dispenseront, je l'espère, de recourir à des atrocités patriotiques. Les peuples s'ébranlent de toute part : une voix secrète leur dit de faire cause commune avec la France ; et je redoute moins la vigilance des tyrans que la nonchalance de ses représentants [...].

Ne laissons pas germer la funeste idée d'une fédération des pays adjacents [...].

La beauté et la solidité de notre constitution provient de son homogénéité ; ce serait contrarier sa nature que de lui agréger des corporations nationales. Insistons éternellement sur la fusion parfaite, sur la confédération des individus, sans quoi les corps réapparaîtront avec l'esprit de corps. Et pourquoi les corporations sont-elles dangereuses ? C'est parce qu'il est plus difficile de les contenir sous la puissance légale, que les simples individus. L'ambition individuelle est aussi ardente que l'ambition collective ; mais la faiblesse de l'une change les disputes particulières en simples procès, pendant que la force de l'autre lui permet d'entreprendre des guerres sanglantes et rarement interrompues. Les corps provinciaux et les corps nationaux sont les plus grands fléaux du genre humain. Quelle ignorance, quelle barbarie de nous parquer en différentes corporations rivales, pendant que nous avons l'avantage d'habiter une des moindres planètes de la sphère céleste ! Nous multiplions nos jalousies, nos querelles, en divisant l'intérêt commun, la force commune. Un corps ne se fait pas la guerre à lui-même, et le genre humain vivra en paix, lorsqu'il ne formera qu'un seul corps, la NATION UNIQUE.

Une dispute qui coûte la vie à des millions d'hommes, qui ravage les villes et les bourgs, qui renverse les monuments, qui désole les champs et les ateliers, qui exige la construction de ces prisons appelées forteresses, et l'entretien de ces meurtriers appelés soldats : une pareille dispute ne coûtera pas deux feuilles de papier ou deux audiences de juge de paix, lorsque tous les hommes seront citoyens du même pays. Les Italiens de Gênes font la guerre aux Italiens de Venise ; mais les Français de Nantes n'ont pas de procès avec les Français de Bordeaux. Nous n'aurions jamais aucun démêlé sanglant avec Londres et La Haye, si la France s'étendait aussi loin au nord de Paris, qu'au midi de Paris. Réfléchissez, lecteurs et auditeurs. [...].

Profitons de notre ascendant sur l'esprit des peuples morcelés. Profitons de notre masse importante et de notre situation géographique au centre de l'Europe sur l'Océan et la Méditerranée. Profitons de l'universalité de notre langue, et de la diversité des langues étrangères, usitées parmi les Français du Rhin et de l'Escaut, des Alpes et des Pyrénées. Un idiome se propage rapidement. [...].

Pour répondre à ceux qui me soutiennent hardiment que les dits pays se refuseraient à ne former qu'une seule et même nation, je propose à ces Messieurs de faire avec moi le tour du monde, et de consulter l'intérêt de chaque peuple ; car toute base politique doit être fondée sur l'intérêt général. Consultons d'abord les Hollandais [...] ; ce peuple commercial nous dira que sa prospérité serait assurée au comble, si ses marins pouvaient entrer librement dans tous les ports du monde, s'il était délivré de l'influence d'un voisinage étranger et jaloux, s'il était préservé de la calamité perpétuelle des forces de terre et de mer. En effet, chaque peuple est sur le qui-vive ; on entretient des troupes de ligne, parce qu'on se méfie de ses voisins. Il en serait de même de chaque famille ; nos maisons seraient des forteresses ; si toute une ville, ou tout un canton, n'était pas soumis à une loi commune. Il en est du genre humain, divisé en peuplades, comme de l'anarchie féodale, qui métamorphose de paisibles donjons en châteaux forts, en repaires de voleurs et d'assassins. Il importe donc au propriétaire, au négociant, à l'habitant de la ville et de la campagne, d'abolir la féodalité universelle, après avoir aboli la féodalité intérieure ou nationale. Consultez l'Anglais, l'Écossais, l'Irlandais, ils nous tiendront le même langage que le Hollandais, l'Allemand et le Russe. L'insulaire Breton, qui se croit supérieur en industrie à tous les peuples du continent, s'empressera d'envoyer ses députés dans l'assemblée séante à Paris, et d'anciennes réminiscences lui feront éprouver un secret plaisir à biffer le nom de l'Angleterre, en voyant la France généreuse sacrifier son beau nom à la fraternité générale. Brest et Portsmouth seront étonnés de se trouver dans le même pays, et de voir leurs arsenaux menaçants changés en magasins de commerce. [...].

C'est bien assez de l'égoïsme des individus, sans qu'on affaiblisse le lien social par l'égoïsme des corporations. L'acier et le marbre ne sont durs et polis que par la ténuité des parties intégrantes : la véritable législation et la félicité humaine seront le fruit de l'unité humaine, de la ténuité des parties intégrantes. Deux soleils sur l'horizon nous donneraient un faux jour : deux souverains sur la terre sont aussi absurdes que deux dieux dans le ciel. [...].

Un souffle a fait disparaître les corporations particulières ; un souffle fera disparaître les corporations nationales. Et que deviendront les bureaux de la marine, de la guerre, des colonies, des affaires étrangères ? Il n'y a pas jusqu'au ministre des finances qu'il ne fallût congédier, avec la maudite NATION unique. Je l'avoue ; c'est là, sans doute, un malheur dont les contribuables se consoleront facilement. La trésorerie nationale ne donnera plus d'inquiétude en public ; personne n'y puisera impunément ; car les impôts seront à peu près nuls, et chaque département entretiendra ses chemins, ses hôpitaux, ses tribunaux, ses ateliers, de manière que la dépense commune se réduise au salaire du corps législatif, et du gouvernement suprême, et de l'administration générale. Ce gouvernement fraternel ne sera qu'un vaste bureau central de correspondance, pour avertir officiellement les cosmopolites, de tous les événements qu'il importe de savoir. Aucun ambitieux n'osera lever la tête devant cet Argus vigilant : plus une nation est grande, plus les individus sont petits. L'unité nationale brisera toutes les calamités morales. Aucune section de ma république ne souffrira de l'inclémence des saisons ; car la communauté entière comblera le *déficit* local de la moisson ou de la vendange. Tous les citoyens seront armés, et leurs évolutions militaires ne seront jamais que des fêtes champêtres. L'Âge d'or reviendra quand le souverain régnera, quand l'erreur et la tyrannie ne morcelleront plus les domaines du souverain universel.

Hommes de tous les climats, une vérité mère doit vous être continuellement présente à l'esprit, c'est que la révolution de France est le commencement de la révolution du monde. Tant que nous aurons des voisins, et des armées, et des forteresses, notre existence sera précaire et incertaine, nous éprouverons de violents orages. Enfants généreux et braves de la nature libérale, songez que le but de notre association se réduit simplement à la conservation individuelle et commune de la liberté, de la propriété, de la sûreté. Brisez donc les moules de la tyrannie, rendez au souverain unique sa dignité première, et vous assurez à jamais le bonheur de la France et de l'Univers.

III

HUGO

« TEMPS FUTURS, VISION SUBLIME »

Hugo, *Les Châtiments*, GF-Flammarion, 1979, p. 323-325 et 329-330.

Relisant ces vers célèbres qui concluent *Les Châtiments* (1853), sans doute faut-il faire la part des circonstances : Victor Hugo, ayant fui Paris après le coup d'État du 2 décembre 1851, est en exil à Jersey, d'où il entend organiser la résistance à l'usurpateur. Sans doute faut-il aussi les replacer dans ce qu'on a pu appeler « la stratégie des *Châtiments* » (J. Seebacher, Introduction aux *Châtiments*, éd. citée, p. 30), qui s'ouvrent sur la « nuit glacée », *Nox*, où gît la France captive, pour se clore dans la lumière, *Lux*, le grand jour que l'avenir promet à tous. Dans l'économie du recueil et la logique de la démonstration, les « Temps futurs » ont pour fonction de faire pendant au « Deux Décembre », opposant à la « stupeur du présent » (*Ibid.*, p. 25) la tranquille plénitude des lendemains qui chantent.

Mais l'intérêt majeur de ce texte, idéologiquement très dense, est qu'il reflète l'espérance intime d'Hugo – celle qu'il exprime à la même époque dans *Napoléon le Petit*, qu'il répétera désormais dans ses grands poèmes, et dont la IIIe République fera un jour « son bréviaire et sa grammaire » (*Ibid.*, p. 35) ; une espérance où se manifeste la conjonction, apparemment paradoxale, de l'idée de progrès et du rêve utopique. Paradoxale, certes, puisque la perfection utopique signifie achèvement, impliquant que l'utopie, espace arraché à l'espace, est étrangère à l'histoire, à ses remous et à ses drames. Se voulant inaltérable, l'utopie est immobile, ce que signale d'ailleurs son insularité, figuration d'un temps apaisé où tous les lendemains se ressemblent. À cet « éternel présent » s'oppose l'idée de progrès qui, elle, suppose l'irréductible différence de chacun des instants successifs d'une histoire perpétuellement inclinée vers le mieux. Cette dichotomie, à son tour, renvoie aux intentions opposées qui sous-tendent ces deux démarches : assuré que les choses vont s'améliorant, le progressiste n'en rejette pas pour autant la situation actuelle, qu'il juge supérieure à toutes celles qui l'ont précédée, et dont l'avenir ne fera que poursuivre le mouvement. L'utopiste, au contraire, conçoit sa cité parfaite en réaction à un « aujourd'hui » qu'il condamne et qu'il exècre.

Pourtant, cette opposition s'avère bientôt n'être qu'une apparence, dont *Lux* démontre le caractère superficiel, sinon illusoire. Le progrès, en effet, n'est pas un mouvement « comme les autres », mais un processus caractérisé par sa nécessité et par sa perpétuité, non susceptible de s'arrêter ou de s'inverser. « L'indomptable loi du Progrès » (Hugo, Notes des *Châtiments*, éd. citée, p. 351) relève de l'ordre de la certitude, et les bienfaits promis se conjuguent au futur simple : « Les temps heureux luiront. » Sans doute ce processus n'est-il pas linéaire, comme le prouvent la faillite de la République de 1848, le coup d'État et l'exil : mais ceci ne saurait remettre en cause sa nécessité. « L'arbre saint du Progrès » ne peut que s'élever et s'élargir. Ce faisant, il doit conduire à la perfection. Une fois franchi « le désert morne », on parviendra enfin dans l'Âge d'or que Victor Hugo conçoit à la manière des utopistes contemporains, sur le mode de la réconciliation (union, paix, fraternité, amour, hymen), du bonheur généralisé, de la délivrance et de l'épanouissement. Le terme de l'histoire, c'est « l'Harmonie » : perspective qui coïncide, jusque dans l'expression, avec les thèses fouriéristes, mais également, avec la logique profonde de l'idée de progrès, dont le « seul but concevable est une plus grande stabilité » (E. Hansot, *Perfection and Progress*, Cambridge, MIT, 1974, p. 174).

La nécessité du progrès conduit à la perfection utopique ; réciproquement, celle-ci ne saurait être circonscrite dans l'espace, enfermée en un lieu déterminé. Si Paris, « la ville du genre humain », si la France, « le plus grand peuple de la terre » (*Napoléon le Petit*, in *Œuvres complètes*, Imprimerie nationale, 1907, p. 89 et 200), ont, à cet égard, le rôle privilégié d'initiateurs, la félicité future ne saurait évidemment leur être réservée. Elle sera le partage de « tout le genre humain », sans quoi elle resterait incomplète, fragile car menacée. Les dynamiques combinées de l'utopie et du progrès embrassent ainsi un champ à la fois temporel et spatial. Si l'on reconnaît la loi d'un progrès inéluctable, on en vient forcément, estime Hugo, à attendre l'instauration de « la République universelle » (*Les Châtiments*, p. 351 et 355), « l'hymen des peuples frères » engendrant « la nation définitive » (*L'Avenir*, 1867, cité par R. Trousson, p. 187).

I

Temps futurs ! vision sublime !
Les peuples sont hors de l'abîme.
Le désert morne est traversé.
Après les sables, la pelouse ;
Et la terre est comme une épouse,
Et l'homme est comme un fiancé !

Dès à présent l'œil qui s'élève
Voit distinctement ce beau rêve
Qui sera le réel un jour ;
Car Dieu dénouera toute chaîne,
Car le passé s'appelle haine
Et l'avenir se nomme amour !

Dès à présent dans nos misères
Germe l'hymen des peuples frères ;
Volant sur nos sombres rameaux,
Comme un frelon que l'aube éveille,
Le progrès, ténébreuse abeille,
Fait du bonheur avec nos maux.

Oh ! voyez ! la nuit se dissipe.
Sur le monde qui s'émancipe,
Oubliant Césars et Capets,
Et sur les nations nubiles,
S'ouvrent dans l'azur, immobiles,
Les vastes ailes de la paix !

Ô libre France enfin surgie !
Ô robe blanche après l'orgie !
Ô triomphe après les douleurs !

Le travail bruit dans les forges,
Le ciel rit, et les rouges-gorges
Chantent dans l'aubépine en fleurs !

La rouille mord les hallebardes.
De vos canons, de vos bombardes
Il ne reste pas un morceau
Qui soit assez grand, capitaines,
Pour qu'on puisse prendre aux fontaines
De quoi faire boire un oiseau.

Les rancunes sont effacées ;
Tous les cœurs, toutes les pensées,
Qu'anime le même dessein,
Ne font plus qu'un faisceau superbe ;
Dieu prend pour lier cette gerbe
La vieille corde du tocsin.

Au fond des cieux un point scintille,
Regardez, il grandit, il brille,
Il approche, énorme et vermeil.
Ô République universelle,
Tu n'es encor que l'étincelle,
Demain tu seras le soleil !

II

Fêtes dans les cités, fêtes dans les campagnes !
Les cieux n'ont plus d'enfers, les lois n'ont plus de bagnes.
Où donc est l'échafaud ? ce monstre a disparu.
Tout renaît. Le bonheur de chacun est accru
De la félicité des nations entières.
Plus de soldats l'épée au poing, plus de frontières,
Plus de fisc, plus de glaive ayant forme de croix.
L'Europe en rougissant dit : – Quoi ! j'avais des rois !
Et l'Amérique dit : – Quoi ! j'avais des esclaves !
Science, art, poésie, ont dissous les entraves
De tout le genre humain. Où sont les maux soufferts ?

Les libres pieds de l'homme ont oublié les fers.
Tout l'univers n'est plus qu'une famille unie.
Le saint labeur de tous se fond en harmonie ;
Et la société, qui d'hymnes retentit,
accueille avec transport l'effort du plus petit ;

L'ouvrage du plus humble au fond de sa chaumière
Émeut l'immense peuple heureux dans la lumière ;
Toute l'humanité dans sa splendide ampleur
Sent le don que lui fait le moindre travailleur ;
Ainsi les verts sapins, vainqueurs des avalanches,
Les grands chênes, remplis de feuilles et de branches,
Les vieux cèdres touffus, plus durs que le granit,
Quand la fauvette en mai vient y faire son nid,
Tressaillent dans leur force et leur hauteur superbe,
Tout joyeux qu'un oiseau leur apporte un brin d'herbe.

Radieux avenir ! essor universel !
Épanouissement de l'homme sous le ciel !

V

Bannis ! bannis ! bannis ! c'est là la destinée
Ce qu'apporte le flux sera dans la journée
        Repris par le reflux.
Les jours mauvais fuiront sans qu'on sache leur nombre,
Et les peuples joyeux et se penchant sur l'ombre,
        Diront : Cela n'est plus !

Les temps heureux luiront, non pour la seule France
Mais pour tous. On verra dans cette délivrance,
        Funeste au seul passé,
Toute l'humanité chanter, de fleurs couverte,
Comme un maître qui rentre en sa maison déserte
        Dont on l'avait chassé.

Les tyrans s'éteindront comme des météores.
Et, comme s'il naissait de la nuit deux aurores
        Dans le même ciel bleu,

Nous vous verrons sortir de ce gouffre où nous sommes,
Mêlant vos deux rayons, fraternité des hommes,
Paternité de Dieu !

Oui, je vous le déclare, oui, je vous le répète,
Car le clairon redit ce que dit la trompette,
Tout sera paix et jour !
Liberté ! plus de serf et plus de prolétaire !
Ô sourire d'en haut ! ô du ciel pour la terre
Majestueux amour !

L'arbre saint du Progrès, autrefois chimérique,
Croîtra, couvrant l'Europe et couvrant l'Amérique
Sur le passé détruit,
Et, laissant l'éther pur luire à travers ses branches,
Le jour, apparaîtra plein de colombes blanches,
Plein d'étoiles, la nuit.

Et nous qui serons morts, morts dans l'exil peut-être,
Martyrs saignants, pendant que les hommes, sans maître,
Vivront plus fiers, plus beaux,
Sous ce grand arbre, amour des cieux qu'il avoisine,
Nous nous réveillerons pour baiser sa racine
Au fond de nos tombeaux !

16-20 décembre. Jersey.

II

L'UTOPIE COMME SYSTÈME DE RÈGLES

IV

GUEVARA

OMNIPRÉSENCE DE LA RÈGLE

Guevara, *L'Horloge des princes*, trad. N. de Herberay, J. Richet, 1588, Fol. 68-72.

Évêque de Cadix (mort en 1544), Antonio de Guevara avait fait passer son *Horloge des Princes* comme étant de Marc Aurèle. « C'était », fulmine Pierre Bayle un siècle et demi plus tard, « un empoisonneur public et un séducteur », méritant « le châtiment des profanes et des sacrilèges » (*Dictionnaire historique et critique*, Rotterdam, Bohm, 1720, art. « Guevara », note B). En dépit de ce parfum de scandale, ce texte a pour principal intérêt, aux yeux de l'historien des idées, de n'être que de treize ans postérieur (1529) à l'œuvre de Thomas More ; et de manifester plus clairement encore que celle-ci, en raison de son tour presque caricatural, certaines des obsessions qui, par la suite, caractériseront la pensée utopique. Il en va ainsi, en particulier, de sa fascination pour la *règle* de droit. De manière générale, les utopistes éprouvent en effet une véritable passion, qui s'accompagne d'une totale confiance, pour la règle. Quand bien même leurs systèmes ne se présentent pas, comme ceux de Morelly, de Saint-Just ou de Fontenelle, sous la forme de codes, nombre d'entre eux énoncent des séries de prescriptions, assorties de sanctions ordinairement sévères pour quiconque prétendrait les violer ou les transformer. C'est au sein de l'utopie qu'est né « l'amour des lois », amour d'autant plus exclusif et violent que la loi sera parfaite, et ses fins élevées ; ce qui paraît peu surprenant, du reste, si l'on observe que les inventeurs du genre, More ou Bacon (auxquels il faudrait ajouter Guevara, proche conseiller de l'empereur Charles Quint), furent non seulement des juristes, mais des *légistes*, méfiants à l'égard de toute règle, quelle soit coutumière ou jurisprudentielle, ne procédant pas *directement* de l'autorité souveraine.

L'utopie comme système de normes : à cet égard, le texte de Guevara s'avère tout à fait représentatif du genre. Et il en va de même, au fond, du contenu de ces « lois des Garamantes ». Si l'on dépasse le détail, qui peut paraître assez étrange et passablement épouvantable, et que l'on considère l'ensemble de ces lois, on retrouve le droit fil de la pensée utopique. Car il ne s'agit, en définitive, que de faire prévaloir, à chaque fois et en toute hypothèse, l'intérêt supérieur de la *collectivité*, sa santé morale, sa prospérité et son bonheur, sur celui de l'individu. La loi peut donc sembler sévère : pourtant, de ce point de vue, elle n'est ni *absurde* (on note que chacune de ces normes est expressément motivée) ni, formellement, *injuste*, puisqu'elle s'applique également à tous et pour le profit commun.

Chapitre XXXII

« C'est chose merveilleuse d'ouïr ce que content les historiens d'iceux Garamantes, c'est à savoir que toutes les maisons étaient égales, tous les hommes allaient vêtus d'une manière, ils n'étaient point plus anciens les uns que les autres, en manger ils n'étaient point gourmands ni ivrognes à boire vin, de plaids et noises étaient totalement étranges, ils ne souffraient entre eux aucun homme qui fût oisif, ils n'avaient nulles armes, parce qu'ils n'avaient nul ennemi. Et finalement ils parlaient peu de paroles, et ce qu'ils disaient était toujours vrai. »

Chapitre XXXIII

Des propos qu'eut un des sages des Garamantes au grand Roi Alexandre

« C'est une coutume, Roi Alexandre, entre les Garamantes, de peu souvent parler les uns aux autres, et quasi de jamais ne parler avec les étrangers, et spécialement s'ils sont hommes scandaleux et mutins : parce que la langue du mauvais homme n'est autre chose, sinon démonstration publique du cœur marri et déplaisant. Quand l'on nous dit que tu venais en ce pays, incontinent nous déterminâmes de [...] ne te recevoir, ni nous mettre à te résister, ni hausser les yeux à te regarder, ni ouvrir la bouche pour te parler, ni mouvoir les mains pour t'ennuyer, ni élever guerre pour t'offenser. » [...]

« Ce que nous dirons, servira plus *à améliorer ta vie*, qu'à te désister de la conquête de notre pays. » [...].

« Vous autres qui êtes Grecs nous appelez barbares, parce que nous demeurons et habitons aux montagnes : mais je dis en ce cas, que nous nous réjouissons d'être barbares aux langues, et d'être Grecs aux œuvres : et non comme vous qui avez les langues des Grecs, et faites œuvres de barbares : parce que celui qui fait bien et parle mal n'est point barbare : mais c'est celui qui a la langue bonne et la vie mauvaise. Puisque j'ai commencé, afin que rien ne reste à dire, je te veux avertir quelle est notre loi et notre vie, et ne t'émerveilles [pas] de l'ouïr dire, mais émerveilles [toi] de le voir pour l'entretenir et garder : parce que ceux qui [louent] les œuvres de vertu sont infinis, et ceux qui les gardent et observent sont bien peu. Je te fais savoir, Alexandre, que nous avons peu de vie, peu de gens, peu de terre, peu de biens, peu de convoitise, peu de lois, peu de maisons, peu d'amis, et surtout, point d'ennemis : parce que l'homme sage doit être d'un seul ami et de nul ennemi.

Avec tout ceci nous avons entre nous autres grande fraternité, bonne paix, grand amour, grand repos, et surtout, grand contentement ; parce que [mieux] vaut le repos de la sépulture, que d'être mal content de sa vie. Nos lois sont peu [nombreuses], mais à notre avis et opinion, elles sont bonnes, et sont encloses en six paroles seulement, ainsi qu'il ensuit :

– Nous ordonnons que nos enfants ne fassent pas plus de lois que nous, leurs pères, leur laissons : parce que les lois nouvelles font oublier les bonnes coutumes anciennes.

– Nous ordonnons que nos successeurs ne tiendront pas plus de deux Dieux, desquels l'un sera pour la vie et l'autre pour la mort : parce que mieux vaut un Dieu servi véritablement, que plusieurs Dieux servis *follement*.

– Nous ordonnons que tous soient vêtus d'un drap, et se chaussent d'une sorte : et l'un n'ait pas plus d'habits que l'autre, parce que la variété des vêtements engendre *folie* entre les gens.

– Nous ordonnons que quand une femme mariée aura eu trois enfants, elle soit séparée d'avec son mari : parce que l'abondance d'enfants fait les hommes avoir convoitise : et si une femme enfantait plus d'enfants, qu'aussitôt devant ses yeux ils soient sacrifiés aux Dieux.

– Nous ordonnons que tous les hommes et toutes les femmes aiment la vérité par-dessus toutes choses : et si l'un était pris en quelque menterie, sans être autrement pris de remords, qu'aussitôt il meure pour avoir menti : parce qu'un seul menteur suffit à perdre tout un peuple.

– Nous ordonnons qu'aucune femme ne vive plus de quarante ans, et que l'homme vive jusques à cinquante, et s'ils n'étaient morts pour lors, qu'ils soient sacrifiés aux Dieux : parce que c'est aux hommes grande occasion d'être vicieux, de penser qu'ils doivent vivre longtemps. »

V

MORELLY

LA PROPRIÉTÉ, UNIQUE CAUSE DU MAL

Morelly, *Le Code de la nature*, Éditions sociales, 1953, p. 46-50.

La pensée de Morelly et son œuvre ont exercé une influence considérable sur Babeuf (cf. texte n° 7), puis sur les utopistes français du XIXe siècle, et jusqu'à Friedrich Engels qui, lançant en 1845 le projet d'une « Bibliothèque socialiste », envisage de la commencer par Morelly. Son *Code de la nature*, estime un commentateur, « relie More et Campanella [...] aux communistes des temps modernes » (V. Volguine, introduction au *Code de la nature*, éd. citée, p. 28). L'un des aspects les plus curieux de ce texte capital est peut-être la méconnaissance que l'on a de son auteur. Le *Code* ayant été publié dans une édition pirate des œuvres de Diderot (Amsterdam, 1773), c'est à ce dernier qu'il fut longtemps attribué, notamment par J.F. Laharpe, qui lui consacre en ce sens une longue étude dans son *Lycée, ou cours de littérature* (H. Agasse, an XIII, t. XVI). Ce n'est qu'en 1840 qu'il sera publié sous le nom de Morelly : ce qui n'empêche pas que ce dernier soit demeuré un « auteur mystérieux » (A. Kremer-Marietti), « le méconnu des Lumières » (N. Wagner), dont on sait seulement qu'il naquit entre 1713 et 1718, et qu'il fut probablement précepteur...

De Morelly, on ne connaît en définitive que le système, un système fondé sur une condamnation globale, à la fois historique, morale et politique, de la propriété privée, considérée comme l'unique source des maux de l'humanité.

À l'instar de Rousseau, Morelly affirme en effet que l'homme n'est pas né méchant, mais qu'il l'est devenu. « La nature » a tout « fait pour disposer les hommes à une unanimité, à une concorde générale » (p. 44). Ce qui signifie qu'il a existé, autrefois, « un état de nature » qui était également un « Âge d'or » (p. 102). Âge d'or qui subsiste encore, en partie, dans certaines peuplades sauvages, où l'on vit heureux et libre parce que l'on observe « religieusement les lois précieuses » de la nature (p. 56). Malheureusement, l'apparition de la propriété a ruiné ce modèle primitif.

De la propriété naissent en effet « tous les crimes, enfants du désespoir et d'une indigence furieuse » (Morelly, *Naufrage des îles flottantes*, t. I, p. 204), tous les vices, qui ne sont que des variantes ou des degrés de l'avarice. La propriété, « sujet infaillible de discorde » (p. 75), suscite les conflits, et par contrecoup, les lois et la morale vulgaire, qui, loin d'empêcher le mal, vont contribuer à le répandre et à l'enraciner. Mais la propriété entraîne aussi, sur un plan parallèle, l'instabilité des États et tous les malheurs publics. « Discourez tant qu'il vous plaira sur la meilleure forme de gouvernement » : tant que « vous n'avez pas coupé la racine à la propriété, vous n'avez rien fait, votre république tombera un jour dans l'état le plus déplorable » (p. 84).

Affirmation capitale, en ce qu'elle manifeste une dépréciation du politique, ravalé au rang de superstructure : à défaut de supprimer la propriété, toutes les formes politiques se valent dans le pire ; à l'inverse, elles atteindraient toutes au meilleur si l'on instaurait le communisme.

Cette nouvelle hiérarchie se marque dans le *Code* proprement dit, « modèle de législation conforme aux intentions de la nature », où la première des « lois fondamentales et sacrées » prescrit que « rien dans la société n'appartiendra singulièrement ni en propriété à personne » (p. 126). Quant aux « lois de la forme du gouvernement », fondées sur l'élection et la rotation, elles n'arrivent, dans ce *Code*, qu'en huitième position (sur douze), comme de lointaines conséquences de la norme fondamentale. Tout, décidément, dépend de celle-ci. C'est de sa négation que sont nés les malheurs des hommes ; sa réaffirmation suffira à leur faire retrouver l'Âge d'or : « Posez cet excellent principe, attachez-vous à tout ce qui le rendra inaltérable, [...] vous aurez pour toujours fixé le sort heureux d'une nation » (p. 87-88).

Qui ne comprendra que cette morale aurait été susceptible des démonstrations, non seulement les plus claires, mais les plus simples et les plus à la portée de tous les hommes ? Qui peut douter que l'éducation, tirant ses préceptes de cette morale, aurait donné à des vérités très sensibles et généralement intéressantes, au moins autant de pouvoir et de crédit sur tous les cœurs que l'éducation ordinaire donne de force et d'empire à mille préjugés ridicules ? La nôtre, en prévenant toute habitude vicieuse, aurait laissé ignorer aux hommes qu'ils pussent devenir méchants.

Mais, avant que d'examiner plus en détail pourquoi la probité naturelle de la créature raisonnable s'est si prodigieusement altérée, tirons des objections même des moralistes de nouvelles preuves de l'efficacité des leçons d'une éducation qui serait réglée sur nos principes.

Objection.

Quand on vous accorderait, disent-ils, que la politique et la morale s'y sont fort mal pris pour remédier à nos maux, sera-t-il moins vrai de soutenir que leur impuissance vient moins de leur propre fonds que de la mauvaise volonté des hommes, qui naissent avec des penchants vicieux qu'il faut réprimer par la violence ?

Voyez, par exemple, deux enfants ; à peine discernent-ils les objets que vous apercevez en eux un esprit de contention, de dispute, de mutineries, d'impatience et d'obstination : l'un, quoique déjà pourvu de ce que ses cris vous ont averti qu'il désirait, veut encore avoir ce que vous venez de donner à un autre : on voit souvent ces débiles automates se disputer avec colère et emportement un chétif amusement. Funeste présage de leur future férocité, de leur future discorde !

Réponse.

Je réponds premièrement que les enfants, n'étant alors pourvus d'un instinct guère plus raffiné que celui de certains animaux qu'on apprivoise, n'ont, non plus que ces animaux, que des accès momentanés de colère, que des sujets passagers de discorde, causés par un sentiment prompt et vif de quelque besoin ou de quelque inquiétude, qui les met quelquefois en concurrence pour la possession d'une même chose ; mais ces sortes de dissensions, de querelles de peu de durée qui naissent entre les brutes de même espèce sont pour elles, en général, de si peu de conséquence, que si l'homme restait comme ces animaux, borné à un petit nombre de facultés, il n'aurait comme eux, ni haine, ni jalousie, ni aucune passion habituelle, ni volonté déterminée et opiniâtre qui pût le porter constamment à des actions féroces ; ainsi il n'aurait pas eu plus besoin de morale et de lois que la brute ; il n'aurait pas été moralement plus méchant ni plus dépravé qu'elle envers son espèce.

Quelle éducation préviendrait tout vice.

J'ajoute, en second lieu, que, puisque chez l'homme la raison succède à une sorte de sentiment aveugle, il est fait pour être le plus doux et le plus traitable de tous les animaux, et le serait, en effet, devenu si d'abord ce sentiment stupide n'eût été mécaniquement employé qu'à le familiariser avec des habitudes pacifiques : la raison fût ensuite venue les perfectionner ; elle n'était point faite, quoi qu'en disent nos philosophes, pour combattre en nous des passions fougueuses, ou pour prévenir des désordres qui n'eussent jamais existé, si l'homme eût été préparé et, pour ainsi dire, apprivoisé par le mécanisme d'une éducation conforme à nos principes ; il n'eût plus alors eu besoin de faire usage des facultés de son esprit que pour connaître et jouir des avantages d'une société sagement constituée :

accoutumé dès ses premières années à se plier à ses lois, il ne se serait jamais avisé d'y contrevenir. Aucune crainte de manquer de secours ni de choses nécessaires ou utiles n'eût excité en lui des désirs démesurés. Toute idée de propriété sagement écartée par ses pères ; toute rivalité prévenue ou bannie de l'usage des biens communs, aurait-il été possible que l'homme eût pensé à ravir, ou par force, ou par ruse, ce qui ne lui eût jamais été disputé ?

Je veux convenir que, malgré les sages précautions de notre système d'éducation, il eût toujours existé parmi les hommes quelques sujets de contention, de dispute ; mais ces légères irrégularités auraient été aussi passagères que les causes et les circonstances qui les auraient produites. La cause générale et permanente de toute discorde n'existant point, le cœur humain ne se trouvant plus exposé à de longues et violentes secousses, ni agité de cruelles perplexités, il est évident qu'il n'eût pu contracter les vicieuses habitudes qui le dépravent : d'ailleurs, les préjugés pacifiques de son éducation eussent sans cesse aidé la raison, qu'une infinité de fausses idées n'eussent point offusquée, à calmer de très faibles agitations.

Vraies causes de la décadence et des révolutions des États les plus florissants.

Depuis le sceptre jusqu'à la houlette, depuis la tiare jusqu'au plus vil froc, si l'on demande qui gouverne les hommes, la réponse est facile ; l'intérêt personnel ou un intérêt étranger que la vanité fait adopter et qui est toujours tributaire du premier. Mais de qui ces monstres tiennent-ils le jour ? De la propriété.

C'est donc en vain, sages de la terre, que vous cherchez un état parfait de liberté où règnent de tels tyrans. Discourez tant qu'il vous plaira, sur la meilleure forme de gouvernement ; trouvez les moyens de fonder la plus sage république ; faites qu'une nation nombreuse trouve son bonheur à observer vos lois ; vous n'avez point coupé racine à la propriété, vous n'avez rien fait ; votre république tombera un jour dans l'état le plus déplorable. C'est en vain que vous attribuerez ces tristes révolutions au hasard, à une aveugle fatalité qui cause l'instabilité des empires, comme celle de la fortune des particuliers ; ce sont des mots vides de sens.

Ce que c'est que le hasard dans l'ordre moral.

Ce hasard, cette prétendue fatalité morale ne sont que des effets de la discordance des volontés auxquelles vous devez vous attendre, pour avoir négligé les vrais moyens d'associer ces volontés, conformément aux intentions de la nature : il n'entre point de hasard dans son plan, point de vicissitudes monstrueuses dans son cours, dans ses révolutions ; sa marche est constante, uniforme ; enfin, je le répète, ce hasard qui change les républiques en monarchies, et celles-ci en gouvernements tyranniques, n'est point une véritable fatalité ; il n'y a rien en cela de fortuit ; la cause n'en est que trop sensible ; c'est la propriété, l'intérêt, qui tantôt associent les hommes, et tantôt les subjuguent et les oppriment.

Ce qui assurerait la stabilité des Empires.

Cette instabilité, ces vicissitudes périodiques des empires seraient-elles possibles où tous les biens seraient indivisiblement communs ? Posez cet excellent principe ; attachez à tout ce qui peut le rendre inaltérable, à tout ce qui peut en favoriser les heureuses conséquences, les idées les plus sublimes d'honneur et de vertu, vous aurez pour toujours fixé le sort heureux d'une nation ; il n'y aura plus qu'une seule constitution, qu'un seul mécanisme de gouvernement sous différents noms.

Quand un peuple consentira unanimement à n'obéir qu'aux lois de la nature telles que nous les avons développées, et se comportera, en conséquence, sous la direction de ses pères de famille, ce sera une démocratie.

Si, pour que ces lois sacrées soient plus religieusement observées et s'exécutent avec plus d'ordre et de promptitude, le peuple en dépose l'autorité entre les mains d'un nombre de sages qui soient, pour ainsi dire, comme chargés de donner le signal des opérations que ces lois indiquent et ordonnent, alors que le gouvernement sera aristocratique.

Si, pour encore plus de précision, de justesse et de régularité dans les mouvements du corps politique, un seul en touche les ressorts, l'État devient une monarchie qui jamais ne dégénérera, si la propriété ne s'y introduit point : cet accident peut tout perdre ; mais, dans notre hypothèse, mille moyens de le prévenir.

VI

MONTESQUIEU

LA VERTU DANS LE COMMUNISME ?

Montesquieu, *Lettres persanes*, GF-Flammarion, 1995, p. 56-62.

La fameuse « fable des Troglodytes » que Montesquieu fait figurer dans ses *Lettres persanes* (Lettres XI à XIV) constitue-t-elle une utopie ? Au fond, et si on la considère dans son ensemble, la réponse est évidemment négative. Décrivant la quasi-disparition de ce peuple féroce laissé à sa propre méchanceté, la lettre XI, qui ouvre la fable, peut être interprétée comme une réfutation de la théorie hobbienne de l'état de nature. La lettre XIV, qui la termine, s'avère également d'un pessimisme incompatible avec la mentalité utopique : l'homme, quelles qu'aient été ses tentatives pour s'élever à une parfaite vertu, finit toujours par rechuter. Sans doute ne retombe-t-il pas tout à fait aussi bas, mais il retombe. C'est en ce sens que l'on doit reconnaître, avec J. Ehrard, que la fable « est une parabole, non une utopie » (*Politique de Montesquieu*, Albin Michel, 1965, p. 10). Parabole du caractère cyclique de l'aventure humaine : « il y a toujours eu, écrira Montesquieu, flux et reflux d'empire et de liberté » (cité par G. Benrekassa, *Montesquieu*, PUF, 1968, p. 118) ; parabole, surtout, de la faillibilité de la nature humaine, de son incapacité foncière à maintenir cet état de tension et de renoncement ascétique que suppose la perfection. Le relâchement est inévitable : perspective fort peu utopique, de même que le fait de ne considérer la loi, la règle, que comme un pis-aller, la manifestation d'une irrémédiable faiblesse.

Mais malgré cette double limite, en amont et en aval, le texte, ou plutôt sa partie centrale (lettres XII et XIII), pourra être (et sera) lu dans une perspective utopique. L'idéal s'y présente, comme dans le *Télémaque* de Fénelon (cf. texte n° 19), l'un des ouvrages favoris de Montesquieu, sous la forme d'un communisme patriarcal où l'égalité, économique mais aussi politique, est la première manifestation de la vertu de chacun. Vertu parfaite : la cupidité est inconnue, l'amour fraternel et l'amitié ont remplacé la jalousie, la justice règne seule. C'est pourquoi, sans disparaître tout à fait, la propriété s'étiole ; c'est pourquoi, également, la domination y est inconcevable, n'ayant plus désormais ni fonction ni fondement. La société paraît en effet totalement harmonieuse, se regardant « comme une seule famille » composée de membre égaux les uns aux autres. Plénitude telle qu'elle renvoie inévitablement aux utopies véritables : comment ce type d'accomplissement pourrait-il n'être que provisoire ?

LETTRE XII

USBEK AU MÊME

à Ispahan

Tu as vu, mon cher Mirza, comment les Troglodytes périrent par leur méchanceté même et furent les victimes de leurs propres injustices. De tant de familles, il n'en resta que deux qui échappèrent aux malheurs de la Nation. Il y avait dans ce pays deux hommes bien singuliers : ils avaient de l'humanité ; ils connaissaient la justice ; ils aimaient la vertu. Autant liés par la droiture de leur cœur que par la corruption de celui des autres, ils voyaient la désolation générale et ne la ressentaient que par la pitié ; c'était le motif d'une union nouvelle. Ils travaillaient avec une sollicitude commune pour l'intérêt commun ; ils n'avaient de différends que ceux qu'une douce et tendre amitié faisait naître ; et, dans l'endroit du pays le plus écarté, séparés de leurs compatriotes indignes de leur présence, ils menaient une vie heureuse et tranquille. La terre semblait produire d'elle-même, cultivée par ces vertueuses mains.

Ils aimaient leurs femmes, et ils en étaient tendrement chéris. Toute leur attention était d'élever leurs enfants à la vertu. Ils leur représentaient sans cesse les malheurs de leurs compatriotes et leur mettaient devant les yeux cet exemple si triste ; ils leur faisaient surtout sentir que l'intérêt des particuliers se trouve toujours dans l'intérêt commun ; que vouloir s'en séparer, c'est vouloir se perdre ; que la vertu n'est point une chose qui doive nous coûter ; qu'il ne faut point la regarder comme un exercice pénible ; et que la justice pour autrui est une charité pour nous.

Ils eurent bientôt la consolation des pères vertueux, qui est d'avoir des enfants qui leur ressemblent. Le jeune peuple qui s'éleva sous leurs yeux s'accrut par d'heureux mariages : le nombre augmenta ; l'union fut toujours la même, et la vertu, bien loin de s'affaiblir dans la multitude, fut fortifiée, au contraire, par un plus grand nombre d'exemples.

Qui pourrait représenter ici le bonheur de ces Troglodytes ? Un peuple si juste devait être chéri des Dieux. Dès qu'il ouvrit les yeux pour les connaître, il apprit à les craindre, et la Religion vint adoucir dans les mœurs ce que la Nature y avait laissé de trop rude.

Ils instituèrent des fêtes en l'honneur des Dieux : les jeunes filles, ornées de fleurs, et les jeunes garçons les célébraient par leurs danses et par les accords d'une musique champêtre. On faisait ensuite des festins, où la joie ne régnait pas moins que la frugalité. C'était dans ces assemblées que parlait la Nature naïve : c'est là qu'on apprenait à donner le cœur et à le recevoir : c'est là que la pudeur virginale faisait en rougissant un aveu surpris, mais bientôt confirmé par le consentement des pères ; et c'est là que les tendres mères se plaisaient à prévoir de loin une union douce et fidèle.

On allait au Temple pour demander les faveurs des Dieux ; ce n'étaient pas les richesses et une onéreuse abondance : de pareils souhaits étaient indignes des heureux Troglodytes ; ils ne savaient les désirer que pour leurs compatriotes. Ils n'étaient au pied des autels que pour demander la santé de leurs pères, l'union de leurs frères, la tendresse de leurs femmes, l'amour et l'obéissance de leurs enfants. Les filles y venaient apporter le tendre sacrifice de leur cœur et ne leur demandaient d'autre grâce que celle de pouvoir rendre un Troglodyte heureux.

Le soir, lorsque les troupeaux quittaient les prairies, et que les bœufs fatigués avaient ramené la charrue, ils s'assemblaient, et, dans un repas frugal, ils chantaient les injustices des premiers Troglodytes et leurs malheurs, la vertu renaissante avec un nouveau peuple et sa félicité. Ils célébraient les grandeurs des Dieux, leurs faveurs toujours présentes aux hommes qui les implorent ; et leur colère inévitable à ceux qui ne les craignent pas ; ils décrivaient ensuite les délices de la vie champêtre et le bonheur d'une condition toujours parée de l'innocence. Bientôt ils s'abandonnaient à un sommeil que les soins et les chagrins n'interrompaient jamais.

La Nature ne fournissait pas moins à leurs désirs qu'à leurs besoins. Dans ce pays heureux, la cupidité était étrangère : ils se faisaient des présents où celui qui donnait croyait toujours avoir l'avantage. Le peuple troglodyte se regardait comme une seule famille : les troupeaux étaient presque toujours confondus ; la seule peine qu'on s'épargnait ordinairement, c'était de les partager.

D'Erzeron, le 6 de la lune de Gemmadi 2, 1711.

LETTRE XIII

USBEK AU MÊME

Je ne saurais assez te parler de la vertu des Troglodytes. Un d'eux disait un jour : « Mon père doit demain labourer son champ ; je me lèverai deux heures avant lui, et, quand il ira à son champ, il le trouvera tout labouré. »

Un autre disait en lui-même : « Il me semble que ma sœur a du goût pour un jeune Troglodyte de nos parents ; il faut que je parle à mon père, et que je le détermine à faire ce mariage. »

On vint dire à un autre que des voleurs avaient enlevé son troupeau : « J'en suis bien fâché, dit-il : car il y avait une génisse toute blanche que je voulais offrir aux Dieux. »

On entendait dire à un autre : « Il faut que j'aille au Temple remercier les Dieux : car mon frère, que mon père aime tant, et que je chéris si fort, a recouvré la santé. »

Ou bien : « Il y a un champ qui touche celui de mon père, et ceux qui le cultivent sont tous les jours exposés aux ardeurs du Soleil ; il faut que j'aille y planter deux arbres, afin que ces pauvres gens puissent aller quelquefois se reposer sous leur ombre. »

Un jour que plusieurs Troglodytes étaient assemblés, un vieillard parla d'un jeune homme qu'il soupçonnait d'avoir commis une mauvaise action, et lui en fit des reproches. « Nous ne croyons pas qu'il ait commis ce crime, dirent les jeunes Troglodytes ; mais, s'il l'a fait, puisse-t-il mourir le dernier de sa famille ! »

On vint dire à un Troglodyte que des étrangers avaient pillé sa maison et avaient tout emporté. « S'ils n'étaient pas injustes, répondit-il, je souhaiterais que les Dieux leur en donnassent un plus long usage qu'à moi. »

D'Erzeron, le 9 de la lune de Gemmadi 2, 1711.

LETTRE XIV

USBEK AU MÊME

Comme le Peuple grossissait tous les jours, les Troglodytes crurent qu'il était à propos de se choisir un roi. Ils convinrent qu'il fallait déférer la couronne à celui qui était le plus juste, et ils jetèrent tous les yeux sur un vieillard vénérable par son âge et par une longue vertu. Il n'avait pas voulu se trouver à cette assemblée ; il s'était retiré dans sa maison, le cœur serré de tristesse.

Lorsqu'on lui envoya des députés pour lui apprendre le choix qu'on avait fait de lui : « À Dieu ne plaise, dit-il, que je fasse ce tort aux Troglodytes, que l'on puisse croire qu'il n'y a personne parmi eux de plus juste que moi ! Vous me déférez la couronne, et, si vous le voulez absolument, il faudra bien que je la prenne. Mais comptez que je mourrai de douleur d'avoir vu en naissant les Troglodytes libres et de les voir aujourd'hui assujettis. » À ces mots, il se mit à répandre un torrent de larmes. « Malheureux jour ! disait-il ; et pourquoi ai-je tant vécu ? » Puis il s'écria d'une voix sévère : « Je vois bien ce que c'est, ô Troglodytes ! votre vertu commence à vous peser. Dans l'état où vous êtes, n'ayant point de chef, il faut que vous soyez vertueux malgré vous : sans cela vous ne sauriez subsister, et vous tomberiez dans le malheur de vos premiers pères. Mais ce joug vous paraît trop dur ; vous aimez mieux être soumis à un prince et obéir à ses lois, moins rigides que vos mœurs. Vous savez que, pour lors, vous pourrez contenter votre ambition, acquérir des richesses et languir dans une lâche volupté, et que, pourvu que vous évitiez de tomber dans les grands crimes, vous n'aurez pas besoin de la vertu. » Il s'arrêta un moment, et ses larmes coulèrent plus que jamais. « Eh ! que prétendez-vous que je fasse ? Comment se peut-il que je commande quelque chose à un Troglodyte ? Voulez-vous qu'il fasse une action vertueuse parce que je la lui commande, lui qui la ferait tout de même sans moi et par le seul penchant de la nature ? Ô Troglodytes, je suis à la fin de mes jours ; mon sang est glacé dans mes veines ; je vais bientôt revoir vos sacrés aïeux. Pourquoi voulez-vous que je les afflige, et que je sois obligé de leur dire que je vous ai laissés sous un autre joug que celui de la Vertu ? »

D'Erzeron, le 10 de la lune de Gemmadi 2, 1711.

VII

BABEUF

L'ÉGALITÉ OBLIGATOIRE

Babeuf, « Manifeste des plébéiens »,
in *Le Tribun du peuple*, n° 35,
an IV (1795), p. 101-106.

À l'époque révolutionnaire, c'est chez Gracchus Babeuf (1760-1797) que l'exigence d'égalité trouve son expression la plus radicale. Dans les premiers temps de la Révolution française, Babeuf, jacobin, avait d'abord été partisan d'une réforme agraire et d'un partage des propriétés (d'où son pseudonyme Gracchus, en référence aux Gracques, qui, au IIe siècle avant J.-C., avaient tenté d'imposer à Rome des lois agraires). C'est après la réaction thermidorienne (1794), l'optimisme naïf n'étant plus de mise, qu'il va prendre conscience des limites d'une telle répartition : celle-ci ne pourrait « durer qu'un jour », « dès le lendemain de son établissement, l'inégalité se remontrerait » (cité par A. Soboul, *Encyclopedia universalis*, 1989, t. III, p. 700). Babeuf va se rallier alors à un communisme autoritaire, qu'il juge le « seul moyen d'arriver à l'égalité de fait ». En même temps, il organise une conjuration, la « conspiration des Égaux », qui a pour objectif le renversement du régime et l'établissement d'une dictature révolutionnaire.

Le « Manifeste des plébéiens », rédigé dans cette perspective insurrectionnelle, constitue une synthèse de son programme. Sans doute, l'égalité n'est-elle pas, directement, la finalité du système qu'il appelle de ses vœux. Elle n'est que la *condition* du « bonheur commun, universel, inaltérable, sans mélange », qui forme l'unique « but de la société ». Mais l'égalité en est la condition nécessaire ; en outre, on observe que ce « bonheur commun » consiste, essentiellement, en l'abolition de la misère et en la communauté des biens. Ce qui fait qu'il n'existe, au fond, aucune distance véritable entre le but, le bonheur, et son moyen, « l'égalité réelle ». Par conséquent, tout devra être mis en œuvre pour réaliser cette dernière.

Et c'est ici que le « Manifeste » prend un tour réellement utopique. Pour y parvenir, en effet, il faudra d'abord instaurer la démocratie « telle que d'après les principes elle doit exister », et

« l'administration commune » par laquelle l'État central pourra prendre en charge la totalité de la production et des échanges : unique moyen d'interdire à jamais la résurgence des inégalités naturelles. Au-delà, cet objectif suppose la suppression absolue des libertés individuelles, sacrifiées sans remords sur l'autel de « la plus scrupuleuse égalité » : « Il faut [...] que les institutions sociales changent à ce point qu'elles ôtent à tout individu l'*espoir* de devenir jamais ni plus riche, ni plus puissant, ni plus distingué par ses lumières, qu'aucun de ses égaux. » À l'administration, il appartiendra de fixer autoritairement la tâche de chacun, et les ressources auxquelles il aura droit. Au nom de la « précieuse égalité », elle ira jusqu'à réprimer, comme factieux, l'individu particulièrement doué ou robuste qui, faisant spontanément plus que les autres, risquerait d'exiger une récompense supérieure : hypothèse il est vrai limitée, dans le cadre de la République à venir, Babeuf étant convaincu qu'il n'existe pas de dons innés, mais seulement des qualités acquises. C'est dans le « Manifeste des égaux » de son compagnon S. Maréchal que cette logique sera poussée à son terme : l'égalité réelle, proclame ce dernier, doit être obtenue « à n'importe quel prix » : « Nous consentons à tout pour elle, à faire table rase pour nous en tenir à elle seule. Périssent, s'il le faut, tous les arts, pourvu qu'il nous reste l'égalité réelle » (cité par Buonarotti, *Conspiration pour l'égalité*, Éditions sociales, 1957, t. II, p. 95).

Il est plus que temps. Il est temps que le peuple, foulé, assassiné, manifeste d'une manière plus grande, plus solennelle, plus générale qu'il n'a jamais été fait, sa volonté, pour que non seulement les signes, les accessoires de la misère, mais la réalité, la misère elle-même soient anéanties. Que le peuple proclame son Manifeste. Qu'il y définisse la démocratie comme il entend l'avoir, et telle que, d'après les principes purs, elle doit exister. Qu'il y prouve que la démocratie est l'obligation de remplir, par ceux qui ont trop, tout ce qui manque à ceux qui n'ont point assez ; que tout le déficit qui se trouve dans la fortune des derniers ne procède que de ce que les autres les ont volés. Volé légitimement si l'on veut ; c'est-à-dire à l'aide de lois de brigands qui, sous les derniers régimes comme sous les plus anciens, ont autorisé tous les larcins ; à l'aide de lois telles que toutes celles qui existent en ce moment ; à l'aide de lois, d'après lesquelles je suis forcé, pour vivre, de démeubler chaque jour mon ménage, de porter, chez tous les voleurs qu'elles protègent jusqu'au dernier haillon qui me couvre ! Que le peuple déclare qu'il entend avoir la restitution de tous ces vols, de ces honteuses confiscations des riches sur les pauvres. Cette restitution sera aussi légitime sans doute que celle aux émigrés. Nous voulons, par le rétablissement de la démocratie, d'abord que nos haillons, nos vieux meubles nous rentrent, et que ceux qui nous les ont pris soient mis à l'avenir dans l'impuissance de recommencer de pareils attentats. Nous voulons ensuite par la démocratie, ce que nous avons fait voir qu'ont voulu tous ceux qui en ont conçu quelque idée juste.

Faut-il pour rétablir les droits du genre humain et faire cesser tous nos maux, faut-il une *retraite au* MONT SACRÉ, *ou une* VENDÉE PLÉBÉIENNE ? Que tous les amis de l'égalité s'apprêtent et se tiennent déjà pour avertis ! Que chacun se pénètre de l'incomparable beauté de cette entreprise. Les Israélites à délivrer de la servitude égyptienne ! à conduire à la possession des terres de Chanaan ! Quelle expédition fut jamais plus digne d'enflammer de grands courages ? Le Dieu de la liberté, soyons-en sûrs, protégera les Moïse qui voudront la diriger. Il nous l'a promis, sans l'intermédiaire d'Aaron, dont nous n'avons que faire, non plus que de son collège vicarial. Il nous l'a promis, sans apparition miraculeuse dans le buisson ardent. Laissons là tous ces prodiges, toutes ces sottises. Les inspirations des divinités républicaines se manifestent tout simplement sous les auspices de la nature (Dieu suprême) par la voie du cœur des républicains. Il nous est donc révélé que, tandis que de nouveaux Josué combattront un beau jour dans la plaine sans avoir besoin de faire arrêter le soleil, plusieurs, en place d'un législateur des Hébreux, seront sur la *véritable Montagne plébéienne*. Ils y traceront, sous la dictée de l'éternelle justice, le décalogue de la sainte humanité, du sans-culottisme, de l'imprescriptible équité. Nous proclamerons, sous la protection de nos 100 000 lances et de nos bouches à feu, le véritable code premier de la nature, qui n'aurait jamais dû être enfreint.

Nous expliquerons clairement ce que c'est que le *bonheur Commun, but de la société.*

Nous démontrerons que le sort de tout homme n'a pas dû empirer au passage de l'état naturel à l'état social.

Nous définirons la propriété.

Nous prouverons que le terroir n'est à personne, mais qu'il est à tous.

Nous prouverons que tout ce qu'un individu en accapare au-delà de ce qui peut le nourrir est un vol social.

Nous prouverons que le prétendu droit d'*aliénabilité* est un infâme attentat populicide.

Nous prouverons que l'*hérédité par famille* est une non moins grande horreur ; qu'elle isole tous les membres de l'association et fait de chaque ménage une petite république qui ne peut que conspirer contre la grande et consacrer l'inégalité.

Nous prouverons que tout ce qu'un membre du corps social a *au-dessous* de la suffisance de ses besoins de toute espèce et de tous les jours est le résultat d'une spoliation de sa propriété naturelle individuelle, faite par les accapareurs des biens communs.

Que, par la même conséquence, tout ce qu'un membre du corps social a *au-dessus* de la suffisance de ses besoins de toute espèce et de tous les jours est le résultat d'un vol fait aux autres co-associés, qui en prive nécessairement un nombre plus ou moins grand de sa quote-part dans les biens communs.

Que tous les raisonnements les plus subtils ne peuvent prévaloir contre ces inaltérables vérités.

Que la supériorité de talents et d'industrie n'est qu'une chimère et un leurre spécieux, qui a toujours indûment servi aux complots des conspirateurs contre l'égalité.

Que la différence de valeur et de mérite dans le travail des hommes ne repose que sur l'opinion que certains d'entre eux y ont attachée, et qu'ils ont su faire prévaloir.

Que c'est sans doute à tort que cette opinion a apprécié la journée de celui qui fait une montre vingt fois plus que la journée de celui qui trace des sillons.

Que c'est cependant à l'aide de cette fausse estimation que le gain de l'ouvrier horloger l'a mis à portée d'acquérir le patrimoine de vingt ouvriers de charrue, qu'il a, par ce moyen, *expropriés*.

Que tous les *prolétaires* ne le sont devenus que par le résultat de la même combinaison dans tous les autres rapports de proportion, mais partant tous de l'unique base de la différence de valeur établie entre les choses par la seule autorité de l'opinion.

Qu'il y a absurdité et injustice dans la prétention d'une plus grande récompense pour celui dont la tâche exige un plus haut degré d'intelligence, et plus d'application et de tension d'esprit ; que cela n'étend nullement la capacité de son estomac.

Qu'aucune raison ne peut faire prétendre une récompense excédant la suffisance des besoins individuels.

Que ce n'est non plus qu'une chose d'opinion que la valeur de l'intelligence, et qu'il est peut-être encore à examiner si la valeur de la force toute naturelle et physique ne la vaut point.

Que ce sont les intelligences qui ont donné un si haut prix aux conceptions de leurs cerveaux, et que, si c'eût été les forts qui eussent concurremment réglé les choses, ils auraient sans doute établi que le mérite des bras valait celui de la tête, et que la fatigue de tout le corps pouvait être mise en compensation avec celle de la seule partie ruminante.

Que, sans cette égalisation posée, on donne aux plus intelligents, aux plus industrieux, un brevet d'accaparement, un titre pour dépouiller impunément ceux qui le sont moins.

Que c'est ainsi que s'est détruit, renversé dans l'état social, l'équilibre de l'aisance, puisque rien n'est mieux prouvé que notre grande maxime : *qu'on ne parvient à avoir trop qu'en faisant que d'autres n'aient point assez.*

Que toutes nos institutions civiles, nos transactions réciproques ne sont que les actes d'un perpétuel brigandage, autorisé par d'absurdes et barbares lois, à l'ombre desquelles nous ne sommes occupés qu'à nous entre-dépouiller.

Que notre société de fripons entraîne à la suite de ses atroces conventions primordiales toutes les espèces de vices, de crimes et de malheurs contre lesquels quelques hommes de bien se liguent en vain pour leur faire la guerre qu'ils ne peuvent rendre triomphante, parce qu'ils n'attaquent point le mal dans sa racine, et qu'ils n'appliquent que des palliatifs puisés dans le réservoir des idées fausses de notre dépravation organique.

Qu'il est clair, par tout ce qui précède, que tout ce que possèdent ceux qui ont au-delà de leur quote-part individuelle dans les biens de la société est vol et usurpation.

Qu'il est donc juste de le leur reprendre.

Que celui même qui prouverait que, par l'effet de ses seules forces naturelles, il est capable de faire autant que quatre, et qui, en conséquence, exigerait la rétribution de quatre, n'en serait pas moins un conspirateur contre la société, parce qu'il en ébranlerait l'équilibre par ce seul moyen et détruirait la précieuse égalité.

Que la sagesse ordonne impérieusement à tous les coassociés de réprimer un tel homme, de le poursuivre comme un fléau social, de le réduire au moins à ne pouvoir faire que la tâche d'un seul, pour ne pouvoir exiger que la récompense d'un seul.

Que ce n'est que notre seule espèce qui a introduit cette folie meurtrière de distinctions de mérite et de valeur, et qu'aussi ce n'est qu'elle qui connaît le malheur et les privations.

Qu'il ne doit point exister de privations de choses que la nature donne à tous, produit pour tous, si ce n'est celles qui sont la suite des accidents inévitables de la nature, et que, dans ce cas, les privations doivent être supportées et partagées également par tous.

Que les productions de l'industrie et du génie deviennent aussi la propriété de tous, le domaine de l'association entière, du moment même que les inventeurs et les travailleurs les ont fait éclore ; parce qu'elles ne sont qu'une compensation des précédentes inventions du génie et de l'industrie, dont ces inventeurs et ces travailleurs nouveaux ont profité dans la vie sociale, et qui les ont aidés dans leurs découvertes.

Que puisque les connaissances acquises sont le domaine de tous, elles doivent donc être également réparties entre tous.

Qu'une vérité contestée mal à propos par la mauvaise foi, le préjugé ou l'irréflexion, c'est que cette répartition égale des connaissances entre tous rendrait tous les hommes à peu près égaux en capacité et même en talents.

Que l'éducation est une monstruosité, lorsqu'elle est inégale, lorsqu'elle est le patrimoine exclusif d'une portion de l'association ; puisque alors elle devient, dans les mains de cette portion, un amas de machines, une provision d'armes, de toutes sortes, à l'aide desquelles cette première portion combat l'autre qui est désarmée, parvient facilement, en conséquence, à la juguler, à la tromper, à la dépouiller, à l'asservir sous les plus honteuses chaînes.

Qu'il n'est pas de vérité plus importante que celle que nous avons déjà citée, et qu'un philosophe a proclamée en ces termes : *Discourez tant qu'il vous plaira sur la meilleure forme de gouvernement, vous n'aurez rien fait tant que vous n'aurez point détruit les germes de la cupidité et de l'ambition.*

Qu'il faut donc que les institutions sociales changent à ce point qu'elles ôtent à tout individu l'espoir de devenir jamais ni plus riche, ni plus puissant, ni plus distingué par ses lumières, qu'aucun de ses égaux.

Qu'il faut, pour préciser davantage, parvenir à *enchaîner le sort*, à rendre celui de chaque co-associé indépendant des chances et des circonstances heureuses *ou* malheureuses ; à *assurer à chacun et à sa postérité, telle nombreuse qu'elle soit, la suffisance, mais rien que la suffisance* ; et à fermer à tous toutes les voies possibles, pour obtenir jamais au-delà de la quote-part individuelle dans les produits de la nature et du travail.

Que le seul moyen d'arriver là est d'établir l'*administration commune* : de supprimer la propriété particulière ; d'attacher chaque homme au talent, à l'industrie qu'il connaît ; de l'obliger à en déposer le fruit en nature au magasin commun, et d'établir une simple administration de distribution, une administration des subsistances qui, tenant registre de tous les individus et de toutes les choses, fera répartir ces dernières dans la plus scrupuleuse égalité, et les fera déposer dans le domicile de chaque citoyen.

Que ce gouvernement, démontré praticable par l'expérience, puisqu'il est celui appliqué aux douze cent mille hommes de nos douze armées (ce qui est possible en petit l'est en grand) : que ce gouvernement est le seul dont il peut résulter un bonheur universel inaltérable, sans mélange ; *le bonheur commun but de la société.*

Que ce gouvernement fera disparaître les bornes, les haies, les murs, les serrures aux portes, les disputes, les procès, les vols, les assassinats, tous les crimes ; les tribunaux, les prisons, les gibets, les peines, le désespoir qui cause toutes ces calamités ; l'envie, la jalousie, l'insatiabilité, l'orgueil, la tromperie, la duplicité, enfin tous les vices ; plus (et ce point est sans doute l'essentiel) le ver rongeur de l'inquiétude générale, particulière, perpétuelle de chacun de nous, sur notre sort du lendemain, du mois, de l'année suivante, de notre vieillesse, de nos enfants et de leurs enfants.

Tel est le précis sommaire de ce terrible manifeste que nous offrirons à la masse opprimée du peuple français et dont nous lui donnons la première esquisse pour lui en faire saisir l'avant-goût.

VIII

CABET

ÉDUCATION ET PRÉVENTION

Cabet, *Voyage et aventures de Lord Carisdall en Icarie*, H. Souverain, 1840, t. I, p. 4-9.

L'éducation est une chose trop sérieuse pour la confier aux parents. Cette conviction, qu'Étienne Cabet partage avec la plupart des utopistes, ressort, par exemple, des « conditions d'admission » dans la colonie icarienne qu'il fonde à Nauvoo, dans l'Illinois, en 1848, et qui stipulent expressément : « L'éducation de l'enfant doit commencer à sa naissance, et c'est l'éducation qui fera la force et l'espérance de la Communauté. Il est nécessaire que la Communauté puisse disposer entièrement des enfants, depuis leur naissance, sans pouvoir être contrariée par les parents. Sans doute la mère aura le droit d'allaiter son enfant ; mais toutes les questions qui concernent l'éducation physique, intellectuelle et morale de l'enfant, appartiennent à la Communauté. Cependant, on a vu des mères ignorantes et obstinées s'opposer à toute amélioration, à toute réforme, et compromettre la santé et la vie même de leurs enfants par une tendresse aveuglée et par une foule de préjugés. Par conséquent il est indispensable que chacun donne formellement le consentement dont il s'agit. S'il en est à qui ce consentement répugne, ils sont parfaitement libres de le refuser ; mais alors, qu'ils ne viennent pas en Icarie : car ils ne sont pas Icariens. » (É. Cabet, *Réalisation de la communauté d'Icarie*, Bureau du Populaire, 1850, p. 143).

Mais il ne suffit pas de collectiviser l'instruction, il faut encore, suivant la même logique, « nationaliser » la culture, les sciences et les arts, tout ce qui concerne, en somme, l'éducation des habitants adultes de l'Icarie. Car tout se tient dans cette cité obsédée par l'unité, et l'éducation doit ne former qu'« un seul et grand système [...] pour le peuple entier » (*Ibid.*, p. 114).

Ceci implique, d'une part, des mesures positives : sélection des futurs artistes et savants, organisation collective de leurs activités, diffusion de leurs travaux à l'échelle de la société tout entière ; ce système, « appliqué à toutes les branches des lettres, des sciences et des arts, pourrait conduire à la *perfection* ». Mais le plus intéressant se trouve peut-être dans les

mesures *répressives* qu'implique cette éducation permanente. Au nom de la perfection, la cité utopique reprend sciemment et systématise les pratiques des anciens despotismes : « Nous faisons en faveur de l'humanité ce que ses oppresseurs faisaient contre elle. » Despotisme du bien et de la raison, elle prévient par la censure ou élimine par le feu les « poisons moraux, tout aussi funestes à la société que les poisons physiques » ; les poisons, c'est-à-dire, tout ce qui pourrait nuire au groupe, à son absolue cohérence et à son (étouffante) uniformité.
Quant à la liberté de création, elle ne constitue pas un argument recevable, dès lors que l'art n'est plus qu'un « travail » comme un autre : qui oserait se plaindre d'être réduit au silence, dès lors qu'il est « nourri, vêtu et logé par la République » ? Et c'est ainsi que l'Icarie « n'a plus rien de mauvais, [...] et presque la perfection en tout ».

Eugène entra en riant.

– Vous ne savez pas ? dit-il, j'ai failli me battre hier ! – Vous battre ! dans ce pays ! vous voulez rire ?

– Oui, j'en ris encore... Il était rouge de colère, ce gros animal arrivé depuis trois ou quatre jours je ne sais d'où, cette espèce de je ne sais quoi, que vous avez dû remarquer avec sa large barbe et son toupet pointu. – Et quel était donc le grave sujet de la querelle ?

– Vous allez voir ! On parlait d'une charmante chanson sur les femmes ; et, à cette occasion, quelqu'un dit que toutes les chansons d'Icarie étaient jolies, parce que personne ne pouvait faire imprimer un ouvrage quelconque, même une chanson, sans la permission de la République. – Vous vous trompez, s'écria l'homme au toupet pointu en l'interrompant brutalement ! Il est impossible que la République impose la *censure* comme fait la monarchie ! C'est impossible ! – Je n'en sais rien, dis-je à mon tour ; mais je crois aussi qu'on ne peut écrire qu'avec la permission de la République. – Eh bien ! vous avez tort de le croire ! – Cependant, n'est-il pas possible que ce soit une conséquence du principe de la Communauté ? – La conséquence serait absurde ! – Mais, il me semble que la République pourrait ne permettre qu'à certaines personnes de publier un ouvrage, comme elle ne permet qu'à des pharmaciens de préparer des drogues. – Votre République, qu'on vante tant, serait plus despotique qu'un despote ! – Mais, monsieur, la liberté n'est pas le droit de tout faire indistinctement ; elle ne consiste qu'à faire ce qui ne nuit pas aux autres citoyens, et certaines chansons peuvent être des poisons moraux tout aussi funestes à la société que des poisons physiques. – Vous êtes un ennemi de la liberté de la presse ! – Non, monsieur, je la désire dans les monarchies oppressives ; mais dans la République d'Icarie... – Vous êtes un aristocrate déguisé !...

J'allais peut-être rembarrer le butor, quand un éclat de rire des auditeurs, en m'entendant traiter d'aristocrate, me fit rire moi-même et mit fin à la discussion.

– Hé bien, que dites-vous de la question, vous qui fréquentez les savants (ajouta Eugène en s'adressant à moi), ou plutôt vous, monsieur le savant Icarien (dit-il en se tournant vers mon ami) ?

– C'est William qui va vous répondre, dit Valmor.

– Ma foi, je n'en sais rien précisément, répondis-je : mais je crois, comme vous, d'après ce que je vois de l'organisation d'Icarie, que la composition des ouvrages quelconques doit être une *profession*, comme la médecine ; je pense qu'il y a ici des savants, des écrivains, des poètes *nationaux*, comme des médecins, des prêtres, des professeurs *nationaux* ; je suis même persuadé, en y réfléchissant, que la République seule fait imprimer des livres, puisqu'elle a seule des imprimeries, des imprimeurs, du papier, etc. ; et certainement la République ne fait imprimer que les bons ouvrages ; personne ne peut vendre de livres, puisque personne n'a d'argent pour en acheter ; personne ne peut avoir que des livres distribués gratuitement, et certainement encore la République ne peut distribuer de mauvais livres.

Oui, vos arguments adressés au butor me paraissent sans réplique ; je suis convaincu que rien ne peut s'imprimer sans le consentement de la République ; et, dans cette innovation qui étonne au premier coup d'œil, je n'aperçois aucun inconvénient, car qui pourrait se plaindre de ne pouvoir faire imprimer un mauvais ouvrage (qu'on mépriserait sans le lire), puisque chacun est nourri, vêtu et logé par la République ? Et si quelque bon citoyen, consacrant ses loisirs au bien public, compose un ouvrage utile, comment croire que la République ne s'empressera pas de l'accepter et de le faire imprimer ?

– Et moi, reprit Eugène, non seulement je n'aperçois aucun inconvénient, mais encore j'entrevois d'immenses avantages : je suppose que le travail d'écrivain soit considéré comme une profession, qu'à dix-huit ou dix-sept ans le jeune homme ou la jeune fille qui veut embrasser cette profession ne soit autorisé à la choisir qu'après un examen constatant les dispositions convenables ; que l'écrivain futur reçoive alors pendant cinq ou six ans l'éducation spéciale nécessaire, et que ses ouvrages ne soient d'ailleurs imprimés qu'en vertu d'une loi, sur le rapport d'un comité ; n'aurait-on pas la certitude de ne plus imprimer de mauvais livres, avec toutes les chances possibles pour faire composer tous les bons ouvrages qu'on pourrait désirer ? La République aurait ainsi des historiens, des romanciers, des poètes, des chansonniers *nationaux*, comme autrefois les rois avaient des écrivains pensionnés ; elle leur demanderait toutes les compositions qu'elle jugerait utiles, indépendamment de celles qu'ils auraient spontanément conçues ; on n'aurait ni romans licencieux ni chansons obscènes ; personne n'aurait intérêt à se hâter pour faire un ouvrage médiocre ; et ce système, appliqué à toutes les branches des lettres, des sciences et des arts, pourrait conduire à la perfection : toute réflexion faite, c'est le système d'Icarie !

– Vous avez bien deviné, tous deux, dit Valmor, et je vois avec bien du plaisir que vous comprenez notre organisation : mais voyons, continuez ! [...].

[...] il y aura, comme pour les serruriers, les imprimeurs et les autres ouvriers, d'immenses ateliers pour les écrivains (historiens, poètes, etc.), pour les savants (chimistes, astronomes, etc.), et pour les artistes (peintres, sculpteurs, etc.) ; et ces ateliers, avec des salles immenses pour les examens, les concours et les discussions, seront tous construits sur des plans-modèles particuliers. – Très bien !

– Et la République, ajouta Eugène, n'épargnera aucune *dépense* pour les expériences, les essais, les laboratoires, les musées de chimie et autres, les applications utiles ou agréables, l'enseignement, la rédaction des traités et des journaux, l'impression et la distribution des ouvrages adoptés. – Très bien !

– Et tous les ouvrages, repris-je, seront confiés ou adoptés au concours ou à l'*élection* parmi les savants, en sorte qu'on choisira toujours le meilleur entre un grand nombre de bons et d'excellents. – Très bien ! très bien !

– Et la République, continua Eugène, fait imprimer les ouvrages préférés, pour les distribuer gratuitement comme tout le reste, tantôt à tous les savants seulement, tantôt à toutes les familles, en sorte que la *bibliothèque du citoyen* n'est composée que de chefs-d'œuvre. – Très bien !

– Et la République, ajoutai-je, a pu faire refaire tous les livres utiles qui étaient imparfaits, par exemple, une histoire nationale, et *brûler* tous les anciens livres jugés dangereux ou inutiles.

– Les brûler ! dit Eugène. Si mon butor vous entendait, il vous accuserait d'imiter le féroce Omar brûlant la bibliothèque d'Alexandrie, ou ce tyran chinois brûlant les annales du pays pour favoriser sa dynastie !

– Mais je lui répondrais, dit Valmor, que nous faisons en faveur de l'humanité ce que ses oppresseurs faisaient contre elle : nous avons fait du feu pour brûler les méchants livres, tandis que des brigands ou des fanatiques allumaient les bûchers pour brûler d'innocents hérétiques. Cependant nous avons conservé, dans nos grandes *bibliothèques nationales*, quelques exemplaires de tous les anciens ouvrages, afin de constater l'ignorance ou la folie du passé et les progrès du présent.

– Et l'heureuse Icarie, s'écria Eugène qui s'échauffait graduellement, l'heureuse Icarie s'est avancée à pas de géant dans la carrière du progrès de l'humanité ! L'heureuse Icarie n'a plus rien de mauvais, plus rien de médiocre même, et presque la perfection en tout ; tandis que ma malheureuse patrie, qui pouvait également s'élancer à vol d'aigle, se tourmente et s'agite comme Prométhée sur son rocher, enchaînée par un despotisme aussi funeste aux autres Peuples qu'à mes compatriotes !

IX

WELLS

NOTRE GOUVERNEMENT, C'EST L'ÉDUCATION

Wells, *Monsieur Barnstaple chez les hommes-dieux*, trad. L. Labat, Albin Michel, 1932, p. 59 et 62-66.

Certains ont écrit de H. G. Wells (1866-1946), que « l'utopie [était] le moteur de son œuvre entière, et de sa personnalité même » (R. Ruyer, *L'Utopie et les utopies*, p. 264). D'autres ont affirmé que cet ancien professeur avait, d'abord, une foi « absolue », une véritable « religion de l'éducation » (G. Connes, *Études sur la pensée de Wells*, Hachette, 1926, p. 401). « Utopiste type » (R. Trousson, *Voyages...*, p. 230) ou éducateur forcené ? Tiré d'un roman au titre suggestif (*Men like Gods*, 1923), ce texte dévoile l'articulation existant entre les deux, tant sur un plan général, que dans le cas particulier de Wells.

Pour ce dernier, les choses sont claires : c'est l'éducation, et elle seule, qui distingue l'homme de l'animal. « Quelle est la tâche de l'éducateur dans le monde ? La plus grande de toutes [...] : assurer que l'Homme, l'Homme-Dieu, croît sans cesse dans l'âme des hommes. Car qu'est-ce que l'homme sans instruction ? Un être né comme les bêtes, un égoïsme dévorant, un désir avide, une chose de luxures et de craintes : il ne voit rien que par rapport à lui-même. [...] Et c'est nous seuls, éducateurs, qui pouvons l'élever au-dessus de cet égoïsme [...], ouvrir ses yeux à l'avenir et à la vie immortelle de l'Homme » (cité par G. Connes, *op. cit.*, p. 411). L'éducateur tel que le conçoit Wells prétend sortir l'homme de lui-même, l'arracher à sa nature inférieure, bestiale, pour le porter à la perfection : ce qui constitue précisément, à l'échelle de la société, l'essence du projet utopique. Entre les deux, le parallèle est donc inévitable : c'est d'ailleurs pourquoi l'utopie ne manque jamais de s'intéresser au problème de l'éducation, et postule, nécessairement, l'indéfinie perfectibilité du « matériau humain », sa non-résistance aux techniques éducatives. À défaut, ses espérances demeureraient dérisoirement hors d'atteinte.

À l'inverse, une confiance absolue dans l'éducation conduit très probablement au seuil de l'utopie : « Confiez-moi les écoles du monde entier, réclame un personnage de Wells, et je vous fabrique l'Âge d'or en un demi-siècle » (*Joan and Peter*, Londres, Cassel, 1918, p. 80). Tel est également le sens de *Men like Gods* : en quelques décennies, sans rupture discernable ni révolution violente, sans à-coups, l'éducation a sapé en profondeur les bases économiques et morales de l'ancien système et posé celles de l'ordre nouveau. Un ordre centré sur le perfectionnement individuel, où l'éducation finit par se substituer entièrement à la politique, à la contrainte et à la loi.

Ce qui ne veut pas dire, contrairement à ce que laisse entendre Wells, que le « gouvernement » n'existe plus : mais simplement, qu'il prend une autre forme et s'assigne d'autres objets : eugénisme, hygiène, instruction et science. Ce qui ne signifie pas non plus que la contrainte et la sanction ont disparu : ce sont d'autres instances, sociales et non plus politiques, qui se chargeront désormais de réprimer ceux qui seraient restés rebelles à la toute-puissante éducation.

Un homme blond et svelte, d'une délicate beauté de visage, que M. Barnstaple connut dans la suite sous le nom de Lion, vint au secours d'Urthred dans la lourde tâche de satisfaire la curiosité des Terrestres.

Il était de ceux qui, en Utopie, coordonnent les questions d'éducation. Il expliqua que le changement survenu dans les affaires utopiennes n'avait pas eu le caractère d'une révolution brusque. Aucun nouveau système de lois et de coutumes, aucune nouvelle méthode de coopération économique, établie sur l'idée du service universel pour le bien commun, ne s'étaient imposés tout d'un coup dans une forme complète et définitive. Au cours d'une longue période, avant et pendant le dernier Âge de la Confusion, les fondements du nouvel État avaient été jetés par une foule de chercheurs et de travailleurs n'ayant pas de plan déterminé ni de méthode préconçue mais conduits à une collaboration inconsciente par un même besoin de servir, une même lucidité, une même véracité d'esprit. Ce fut seulement vers l'époque où l'Âge de la Confusion touchait à son paroxysme que la science psychologique commença de se développer avec une certaine vigueur, comparable à la vigueur du développement qu'avaient pris, durant les siècles précédents, les sciences géographique et physique. Le désordre social et économique, qui entravait la science expérimentale et paralysait le travail organisé des universités, stimulait d'autant plus les efforts pour le progrès de l'association humaine ; il leur donnait une audace tragique.

M. Barnstaple n'eut point l'impression d'une de ces transformations violentes que notre monde appelle révolutions mais plutôt celle d'une montée de lumière, d'une aube de nouvelles idées, sous l'influence desquelles les choses du vieil ordre avaient graduellement perdu leur force, jusqu'au jour où les gens se mirent, comme par le simple effet du bon sens, à faire les choses nouvelles au lieu des anciennes.

Le nouvel ordre eut ses origines dans la discussion, les livres et les laboratoires psychologiques ; le sol où il poussa fut celui des écoles et des collèges. L'ancien récompensait peu le maître d'école ; ses hauts représentants, absorbés par la lutte pour le pouvoir et pour la richesse, ne s'occupaient guère de l'enseignement : on laissa, aux hommes et aux femmes qui voulurent fournir la pensée et le labeur sans beaucoup d'espoir dans les rémunérations tangibles, le soin de façonner le monde à neuf dans les jeunes intelligences. Ils l'y façonnèrent. En un monde que gouvernaient ostensiblement les aventuriers politiques, en un monde où l'on était porté au pouvoir par l'agitation des affaires et les supercheries de la finance, il fut bientôt enseigné – et il fut compris – qu'une propriété privée aussi envahissante était, socialement, une calamité, et que l'État ne pouvait faire son œuvre, ni l'éducation produire ses résultats, côte à côte avec une classe de riches irresponsables. Car, de par leur nature même, ceux-ci combattaient, sapaient, viciaient toute initiative de l'État. Leurs façons de vivre insolentes déformaient et déguisaient toutes les valeurs de la vie. Ils eurent à disparaître, dans l'intérêt de la race.

– Sans se défendre ? demanda M. Castkill d'un air pugnace.

Ils avaient fait une résistance désordonnée, mais énergique. La lutte pour empêcher en Utopie l'avènement de l'État scientifique universel, de l'État éducateur, s'était poursuivie d'une manière déclarée pendant près de cinq siècles : lutte de gens cupides, passionnés, prévenus et égoïstes, décidés à ne pas laisser cristalliser en réalités concrètes la nouvelle idée d'association pour le service. Elle s'étendit partout où l'idée se propageait ; elle s'accompagna de spoliations, de menaces et de boycottages ; elle souleva des tempêtes de violences ; on mentit, on persécuta, on emprisonna, on lyncha ; on mit à contribution le goudron, les plumes et la paraffine, la matraque et le fusil, le canon et la bombe.

Mais l'idée une fois lancée à travers le monde, ses champions n'eurent pas une défaillance ; par eux elle se saisit impérieusement des hommes et des femmes dont elle avait besoin. Avant que se fût constitué en Utopie le nouvel État scientifique, plus d'un million de martyrs étaient morts pour sa cause, et ceux qui avaient eu à subir de moindres torts ne se comptaient plus. Une ère de conquêtes s'ouvrit en matière d'éducation, de lois sociales et de méthodes économiques. Impossible d'assigner à ce changement aucune date précise. Un moment vint où l'Utopie s'aperçut qu'il faisait jour et que l'ordre des choses était renouvelé.

– C'est ainsi qu'il en doit être, dit M. Barnstaple, comme s'il n'avait eu déjà l'Utopie sous les yeux. C'est ainsi qu'il en doit être.

Mais l'on s'occupait de répondre à une question. Chaque enfant utopien est instruit dans la pleine mesure de ses facultés, puis affecté au genre de travail pour lequel ses goûts et ses capacités le désignent. Il naît sous d'heureux auspices, de parents parfaitement sains ; sa mère a été choisie d'avance, après réflexion, et une fois préparée à sa tâche. Il grandit dans d'irréprochables conditions d'hygiène ; les plus subtiles méthodes d'éducation satisfont son désir naturel de jouer et d'apprendre ; on ne perd aucune occasion d'exercer ses mains, ses yeux, ses membres ; on lui enseigne à écrire, à dessiner, à s'exprimer, à seconder et développer sa pensée par l'usage d'une grande variété de symboles. La bienveillance et la politesse s'implantent chez lui comme des habitudes, car tout autour de lui tout le monde est bienveillant et poli. On surveille et on encourage particulièrement les progrès de son imagination. On l'initie à la merveilleuse histoire de son monde et de sa race, on lui dit comment l'homme a lutté jadis et lutte encore pour sortir d'un animalisme primitif, étroit, égoïste, et pour prendre sur la création un empire qui n'est plus que faiblement appréhendé par ignorance. On affine tous ses désirs ; par la poésie, par l'exemple et par la tendresse de son entourage, il apprend à perdre dans l'amour sa sollicitude pour lui-même ; on tourne contre l'égoïsme ses passions sexuelles ; on transforme sa curiosité pour les fleurs en passion scientifique ; à la faveur de ses instincts combatifs, on le dispose à combattre le désordre ; on incline son orgueil et son ambition à se faire une part honorable dans l'œuvre commune. Il va vers le travail qui l'attire, il opte pour l'occupation qui lui plaît.

S'il est indolent, le dommage est mince, car il y a quantités de gens pour tous les emplois en Utopie. Mais il ne trouvera personne qui l'aime. Il n'aura pas d'enfants, car on n'aime pas, en Utopie, ceux qui n'ont ni énergie ni qualité distinctive. Dans l'amour utopien, il entre beaucoup de fierté pour celui qu'on aime. Pas de société riche et oisive en Utopie ; pas de jeux ni de spectacles pour le simple curieux.

C'est un monde agréable à qui veut y prendre quelque repos, non à qui veut continuellement n'y rien faire.

Depuis des siècles, maintenant, la science utopienne sait faire la discrimination des naissances, et il n'est guère d'Utopien vivant qui n'ait été reconnu, dès les premiers jours, comme animé d'un esprit créateur énergique. Il existe, en Utopie, très peu d'esprits bornés, il n'y en a point de totalement inintelligents ; les caractères trop lents, les natures léthargiques, les imaginations faibles ont pour la plupart disparu, de même les mélancoliques ; les haineux et les méchants sont en train de disparaître. Les Utopiens sont en très grande majorité, actifs, vifs, inventifs, accueillants et gais.

– Et vous n'avez pas de Parlement ? dit M. Burleigh, encore incrédule.

L'Utopie n'avait ni Parlement, ni politique, ni fortune privée, ni rivalités d'affaires, ni police, ni prisons, ni fous, ni pauvres d'esprit, ni estropiés. Et si elle n'avait plus rien de tout cela, c'est qu'elle avait des écoles et des maîtres, qui étaient ce qu'il peut y avoir de meilleur en fait d'écoles et de maîtres. Politique, commerce et concurrence sont les méthodes d'ajustement d'une société grossière. L'Utopie avait depuis plus de mille ans mis au rancart ces méthodes. Les Utopiens adultes n'avaient besoin ni de règle ni de gouvernement, parce qu'ils avaient eu dans leur enfance toutes les règles et tout le gouvernement nécessaires.

– Notre gouvernement, c'est l'éducation, dit Lion.

X

CAMPANELLA

LA PROCRÉATION RÉGLEMENTÉE

Campanella, *La Cité du soleil*, trad. A. Tripet,
Genève, Droz, 1972, p. 19-24.

Venant un siècle après Thomas More, Tommaso Campanella (1568-1639) est peut-être l'utopiste par excellence. D'abord, parce qu'il n'a jamais varié dans ses certitudes, confessant jusqu'à sa mort la même confiance radicale dans le triomphe de l'homme, de la raison et de l'harmonie. Utopiste par excellence, il l'est aussi pour avoir, le premier, tenté de mettre en œuvre ses convictions. En 1598, il fomente en Calabre un soulèvement populaire destiné à instaurer une République communautaire et théocratique dont il eût été le législateur. Dénoncé, il n'échappe à la mort qu'en simulant la démence, mais demeure en prison pendant près de trente ans. C'est là qu'il va rédiger, vers 1602, *La Cité du soleil*, son utopie la plus achevée. Toutefois, ses tentatives pour (faire) réaliser son rêve d'unité politique et spirituelle ne s'arrêteront pas là. Elles le conduiront d'abord à s'adresser au roi d'Espagne, à qui il incombe d'« inaugurer un millénium de bonheur » (cité par L. Firpo, Introduction à *La Cité du soleil*, éd. citée, p. XXIX) ; puis, ayant échoué, à se tourner dans le même but vers la France de Richelieu et de Louis XIII – où il saluera la naissance du Dauphin, futur Louis XIV, comme celle du Messie des Temps nouveaux : « Un amour fraternel régnera parmi nous/Qui nous fera tous un en nous animant tous » (*Imitation de l'Églogue sur la naissance de Mgr le Dauphin*, 1638, p. 35).

La dimension proprement totalitaire de l'utopie n'apparaît jamais si nettement que dans sa réglementation eugéniste. Et c'est probablement dans *La Cité du soleil* que cette dernière a trouvé son expression la plus achevée. « Jamais, note R. Trousson, même chez Platon, gouvernement utopique n'a été aussi loin dans le dirigisme », jamais l'utopie « ne s'est montrée aussi contraignante, aussi destructrice d'élémentaires libertés individuelles. L'État seul compte » (R. Trousson, *Voyages...*, p. 75). Dans cette perspective, il importe donc d'améliorer physiquement la population pour éviter l'apparition de ces « hommes mal nés, qui n'accomplissent le bien que par crainte de la loi, mais [qui] renversent l'État » s'ils en ont l'occasion. « C'est pourquoi tout l'effort doit porter sur la génération, considérée sous l'angle du bien collectif, non du bien privé. » Cet objectif va susciter une réglementation extraordinairement tatillonne de tout ce qui touche à la procréation. En l'espèce, les individus n'auront plus la moindre marge de liberté, ni quant à leur(s) partenaire(s), ni quant à la fréquence, au jour, et même à l'heure de leurs rapports sexuels. Tout est « prescrit », prévu et réglé par les autorités compétentes, en fonction de paramètres médicaux et astrologiques, et en vue de l'intérêt collectif : « Et l'on doit s'en tenir aux décisions des officiers. » La même méticulosité est apportée, après la naissance, aux prescriptions relatives à l'allaitement, à l'éducation ou aux noms, qui « ne sont pas donnés au hasard ». On retrouve ici l'influence, d'ailleurs revendiquée, de la *République* de Platon : « Former des unions au hasard, ou commettre faute du même genre, serait une impiété dans une cité heureuse, [...] si l'on veut que le troupeau atteigne à la plus haute perfection » (*République*, 459b-460a, trad. R. Baccou, GF-Flammarion, 1966, p. 215-216). La sexualité ne fait l'objet d'une relative tolérance, que lorsqu'elle ne peut déboucher sur la procréation, mais cette dernière exigence – l'obligation d'« éviter les récipients indus » – implique, elle aussi, une organisation, des règles, et finalement, l'intervention de l'autorité : si les rares domaines qui n'intéressent pas directement la cité demeurent privés, encore faut-il pouvoir *contrôler*, au préalable, que l'activité envisagée relève bien du domaine en question. Après un tel radicalisme, il faudra attendre le XXe siècle pour passer à l'étape suivante, avec *Le Meilleur des mondes* d'Aldous Huxley, où cette négation de l'individu et du libre arbitre sont poussés à leur paroxysme, au nom des idéaux mêmes dont se réclamait déjà Campanella : « Communauté, Identité, Stabilité » (*Brave New World*, Londres, Chatto & Windus, 1932, p. 1).

L'Hospitalier. Parle-moi de la génération.

Le Gênois. Les filles ne sont pas exposées à un homme avant qu'elles aient atteint dix-neuf ans et les hommes ne s'adonnent pas à la génération avant vingt et un ans, ou plus, s'ils n'ont pas bonne mine. Auparavant, certains peuvent faire l'amour avec des femmes stériles ou enceintes, pour éviter les récipients indus. Ce sont les maîtresses matrones et les anciens de la génération qui pourvoient aux demandes qui leur sont faites en secret par ceux qui sont le plus tourmentés par Vénus. Ils le font non sans en avoir référé au maître supérieur qui est grand médecin sous les ordres d'Amour, principal officier. On blâme ceux que l'on surprend en délit de sodomie, et on leur fait porter pendant deux jours un soulier attaché à la nuque, pour signifier qu'ils ont inverti l'ordre de la nature et qu'ils ont marché la tête en bas. La deuxième fois on aggrave la punition et l'on va jusqu'à la peine capitale. Celui qui observe une continence parfaite jusqu'à vingt et un ans voit son mérite reconnu et célébré dans des chansons.

Comme ils luttent tous nus, garçons et filles, à l'instar des anciens Grecs, les maîtres voient bien qui est impuissant et qui ne l'est pas, et quelles sont les constitutions qui s'appellent. Alors, après force ablutions, ils font l'amour tous les trois soirs, les grandes et belles filles avec les hommes grands et intelligents, les grasses avec les maigres, et les maigrelettes avec les gros, de manière à tempérer les excès. Le soir prescrit, les enfants vont préparer les lits, où vont dormir ceux qu'aura désignés la décision du maître et de la maîtresse.

Ils ne s'accouplent que digestion faite et après avoir prié. À la vue des femmes se dressent de belles statues d'hommes illustres. Ensuite ils se mettent à la fenêtre et implorent le Dieu du Ciel qu'il leur accorde une belle descendance. Ils dorment dans deux cellules séparées jusqu'à l'heure où ils doivent s'aimer. À ce moment, la maîtresse préposée ouvre la porte des deux cellules. L'heure est déterminée par l'Astrologue et le Médecin et ils font toujours en sorte de choisir un moment où Mercure et Vénus soient à l'orient du Soleil en maison favorable, qu'ils soient en bon aspect de Jupiter, de Saturne et de Mars, non moins que le Soleil et la Lune, qui sont souvent aphètes.

C'est un péché selon eux si les procréateurs ne sont trouvés chastes, purs d'actions coupables pendant les trois jours qui précèdent et dévots envers le Créateur. Ceux qui par volupté ou par nécessité vont avec les femmes stériles, enceintes ou peu recommandables n'entrent pas dans ces subtilités. Les officiers qui sont tous prêtres et les savants ne peuvent engendrer que s'ils se soumettent un grand nombre de jours à plusieurs conditions. En effet, l'esprit animal est faible chez eux à cause de leur vie de réflexion et le pouvoir de leur cerveau ne se transmet pas car ils ont toujours quelque idée en tête. Voilà pourquoi leur descendance n'est pas belle. L'on fait donc très attention à cela, et on leur donne des femmes vives, gaillardes et belles, tandis que les rêveurs et lunatiques reçoivent des femmes grasses, équilibrées et de bon caractère. Ils disent que l'on ne peut pas acquérir par art cette pureté de complexion physique d'où naissent les vertus chez les enfants et que, sans ces dispositions naturelles, la vertu morale ne saurait prendre vie. Les hommes mal nés n'accomplissent le bien que par crainte de la loi, mais si celle-ci vient à disparaître, ils renversent l'État par des actions manifestes ou en secret. C'est pourquoi tout l'effort doit porter sur la génération et sur l'examen des qualités naturelles, non sur la dot ou une trompeuse noblesse.

Si certaines femmes ne parviennent pas à être fécondées par le premier, on en essaie d'autres. Si elles s'avèrent stériles, elles peuvent multiplier les rencontres, mais elles ne sont pas honorées comme les matrones au conseil de la génération, à table ou au temple. Ils veulent éviter que certaines ne se rendent stériles par goût de la luxure. Celles qui ont conçu restent tranquilles pendant quinze jours ; puis elles font des exercices modérés pour fortifier leur fruit et lui ouvrir les conduits de la nourriture. Quand elles ont accouché, elles élèvent leur enfant dans des salles communes. Elles le nourrissent de leur lait pendant deux ans, ou davantage, si le Physicien en décide ainsi. Après le sevrage, l'enfant est remis comme les autres entre les mains des maîtresses si c'est une fille, des maîtres si c'est un garçon. Ils apprennent l'alphabet, s'exercent à marcher, courir, lutter et comprendre les fresques historiées. Leurs vêtements sont multicolores et jolis. À sept ans, ils commencent l'étude des sciences naturelles, passent ensuite aux autres, selon l'avis des officiers, puis font l'apprentissage des métiers. Les enfants peu doués sont envoyés à la campagne, et s'ils y réussissent bien, on les fait revenir en ville. Mais le plus souvent, les contemporains se ressemblent par le visage et ont les mêmes qualités physiques et morales, puisqu'ils sont nés sous la même constellation. L'harmonie des concitoyens s'en trouve durablement assurée, comme le prouvent la force de leur amour et l'aide qu'ils s'apportent les uns aux autres.

Les noms ne sont pas donnés au hasard. C'est le Métaphysicien qui en est responsable et il en use comme les Romains selon le caractère de l'individu.

L'Hospitalier. Ne connaissent-ils pas la jalousie ? N'éprouvent-ils pas du dépit lorsqu'ils ne sont pas admis à la génération ou ne parviennent pas à être ce qu'ils voudraient ?

Le Gênois. Non, messire, car chacun obtient exactement ce que son goût lui fait désirer. La génération est considérée sous l'angle du bien collectif, non du bien privé. Et l'on doit s'en tenir aux décisions des officiers. Platon dit qu'il faut confondre ceux qui prétendent avoir des femmes trop belles pour eux en tirant au sort mais de manière si habile que l'issue corresponde au mérite. Dans la Cité du soleil nul besoin de boules truquées pour que les laids s'accommodent des laides, puisqu'on n'y trouve pas de laideur. Grâce à l'exercice, ces femmes acquièrent un teint coloré, un corps solide et élancé. Or c'est dans la vigueur, la vivacité et la grandeur qu'ils font consister la beauté.

En outre, si quelqu'un s'éprend d'une femme il a le droit de lui parler, de lui dédier des poésies, de plaisanter, d'offrir des fleurs et des plantes. Mais si la race est en cause, ils n'ont pas le droit de s'aimer physiquement, à moins qu'elle ne soit enceinte ou stérile. Il n'y a le plus souvent pas d'autre amour chez eux qu'amitié. Ils sont exempts des ardeurs de la passion.

XI

SAINT-JUST

L'AMITIÉ SOUS LE COUP DE LA LOI

Saint-Just, *Fragments sur les institutions républicaines*, VIe fragment, UGE, 1963, p. 158-161.

Au fond, les *Fragments sur les institutions républicaines* (1793) de Saint-Just constituent, sans doute, une utopie « à part ». Spécificité peu étonnante si l'on en considère l'auteur, cet « adolescent féroce et gracieux », comme le décrira Barrès (Préface à M. Lenéru, *Saint-Just*, Grasset, 1922, p. 9), qui fait condamner Louis XVI, réorganise les armées, est élu président de la

Convention avant de régner dictatorialement sur la France – puis de mourir guillotiné sans dire un mot, le 28 juillet 1794, un mois avant son vingt-septième anniversaire. Cette frénésie qui fit l'effroi et l'admiration de ses contemporains, on la retrouve dans ce texte : « On dirait, écrira Lamartine, un rêve de la République de Dracon » (cité par M. Lenéru, *op. cit.*, p. 20), Sparte à l'heure de la dictature jacobine. Mais ce qui importe plus que ce radicalisme, c'est son caractère étrangement « antimoderne ». Contrairement à l'utopie classique, qui adopte pleinement la thématique de la modernité naissante, sa confiance dans la volonté de l'homme et dans sa capacité à remodeler rationnellement la nature, Saint-Just, lecteur de Rousseau, voit dans « l'état de nature » un véritable idéal, et dans l'état civil, qu'il rebaptise « état sauvage », un état résultant d'une dégradation désastreuse, d'où vont naître l'inégalité, la domination et la violence. C'est ainsi qu'il récuse l'idée de progrès, se défie de toute nouveauté, condamne l'hégémonie croissante de l'artificiel, et va jusqu'à remettre en cause la souveraineté de la raison, « qui n'apparaît dans l'histoire qu'en tant que substitut et dégénérescence de l'intelligence première » (M. Abensour, in F. Châtelet, *Dictionnaire des œuvres politiques*, PUF, 1989, 2e édition, p. 912-913).

Utopie à part, donc, mais aussi, à part entière. Sur un plan formel, les *Fragments* rappellent déjà le *Code de la nature* de Morelly ; et tel n'est pas le seul lien avec l'utopisme classique. Tout d'abord, la perspective de Saint-Just ne se réduit pas à un primitivisme résigné : l'histoire a beau être soumise au déclin, rien n'interdit d'espérer un ressaisissement ; il se peut qu'« un peuple [...] se réforme et se donne des lois véritablement humaines » (p. 138), des « institutions immortelles, impassibles et à l'abri de la témérité des factions » (p. 132). Dans ce cas, il lui faudra simplement prendre ses précautions, et « pour être heureux, s'isoler le plus possible » (p. 148). Quant au contenu de cet idéal, il se rattache aussi à la tradition utopique, se caractérisant par l'exigence d'une *identité* des êtres qui suscitera l'altruisme, la vertu, et interdira toute inégalité ; et par l'absence de *domination* des uns sur les autres, ce qui renvoie d'ailleurs à l'idéal d'identité.

C'est dans cette vision d'ensemble qu'il faut resituer le sixième fragment. Celui-ci réglemente, d'un même mouvement, l'éducation et les « affections ». Pour la première, on retrouve les prescriptions habituelles, et notamment la dimension collective, sociale et moralisatrice de l'éducation, avec une insistance particulière sur son austérité. Mais c'est surtout le second point qui retient l'attention, dévoilant la logique totalitaire qui transparaît déjà dans la première phrase de ce fragment (« Les enfants appartiennent... »). Pourquoi réglementer l'amitié ? Parce que dans l'utopie, où la sphère privée a disparu, et où par conséquent l'individu n'est plus que citoyen, celle-ci intéresse directement la collectivité dans son ensemble. La République est fondée sur la vertu civique : or l'amitié, selon Saint-Just, est à la fois une preuve de cette vertu, un instrument de moralisation et un moyen d'assurer le contrôle social. Manifestant en outre l'idéal d'identité, elle est obligatoire, sous peine d'expulsion, et, bien entendu, publique, comme toute chose dans cette « démocratie absolue ».

QUELQUES INSTITUTIONS CIVILES ET MORALES

1. *Sur l'Éducation.*

Les enfants appartiennent à leur mère jusqu'à cinq ans, si elle les a nourris, et à la république ensuite, jusqu'à la mort.

La mère qui n'a point nourri son enfant a cessé d'être mère aux yeux de la patrie. Elle et son époux doivent se représenter devant le magistrat, pour y répéter leur engagement, ou leur union n'a plus d'effets civils.

L'enfant, le citoyen, appartiennent à la patrie. L'instruction commune est nécessaire. La discipline de l'enfance est rigoureuse.

On élève les enfants dans l'amour du silence et le mépris des rhéteurs. Ils sont formés au laconisme du langage. On doit leur interdire les jeux où ils déclament, et les accoutumer à la vérité simple. Les enfants ne jouent que des jeux d'orgueil et d'intérêt ; il ne leur faut que des exercices.

Les enfants mâles sont élevés, depuis cinq jusqu'à seize ans, par la patrie.

Il y a des écoles pour les enfants depuis cinq ans jusqu'à dix. Elles sont à la campagne. Il y en a une dans chaque section et une dans chaque canton.

Il y a des écoles pour les enfants depuis dix jusqu'à seize ans. Il y en a une dans chaque section et une dans chaque canton.

Les enfants, depuis cinq ans jusqu'à dix, apprennent à lire, à écrire, à nager.

On ne peut frapper ni caresser les enfants. On leur apprend le bien, on les laisse à la nature.

Celui qui frappe un enfant est banni.

Les enfants sont vêtus de toile dans toutes les saisons. Ils couchent sur des nattes et dorment huit heures.

Ils sont nourris en commun et ne vivent que de racines, de fruits, de légumes, de laitage, de pain et d'eau.

Les instituteurs des enfants, depuis cinq ans jusqu'à dix ans, ne peuvent avoir moins de soixante ans, et sont élus par le peuple parmi ceux qui ont obtenu l'écharpe de la vieillesse.

L'éducation des enfants, depuis dix jusqu'à seize ans, est militaire et agricole.

Ils sont distribués en compagnies de soixante. Six compagnies forment un bataillon. Les instituteurs nomment, tous les mois, le chef parmi ceux qui se sont le mieux conduits.

Les enfants d'un district forment une légion. Ils s'assemblent tous les ans, au chef-lieu, le jour de la fête de la jeunesse. Ils y campent et y font tous les exercices de l'infanterie, dans des arènes préparées exprès.

Ils apprennent aussi les manœuvres de la cavalerie et toutes les évolutions militaires.

Ils apprennent les langues.

Ils sont distribués aux laboureurs, dans le temps des moissons.

Depuis seize jusqu'à vingt et un ans, ils entrent dans les arts et choisissent une profession qu'ils exercent chez les laboureurs, dans les manufactures ou sur les navires.

Tous les enfants conserveront le même costume jusqu'à seize ans ; depuis seize jusqu'à vingt et un ans, ils auront le costume d'ouvrier, depuis vingt et un jusqu'à vingt-cinq, celui de soldat, s'ils ne sont point magistrats.

Ils ne peuvent prendre le costume des arts, qu'après avoir traversé, aux yeux du peuple, un fleuve à la nage, le jour de la fête de la jeunesse.

Depuis vingt et un ans jusqu'à vingt-cinq, les citoyens non magistrats entreront dans la milice nationale, mariés ou non.

Les instituteurs des enfants, jusqu'à seize ans, sont choisis par les directoires des districts, et confirmés par la commission générale des arts nommée par le gouvernement.

Les laboureurs, les manufacturiers, les artisans, les négociants, sont instituteurs.

Les jeunes hommes de seize ans sont tenus de rester chez les instituteurs jusqu'à vingt et un ans, à peine d'être privés du droit de citoyen pendant leur vie.

Il y a, dans chaque district, une commission particulière des arts, qui sera consultée par les instituteurs et donnera des leçons publiques.

Les écoles seront dotées d'une partie des biens nationaux.

Ce serait peut-être une sorte d'instruction propre aux Français, que des sociétés d'enfants, présidées par un magistrat qui indiquerait les sujets à traiter et dirigerait les discussions, de manière à former le sens, l'âme, l'esprit et le cœur.

Les filles sont élevées dans la maison maternelle.

Dans les jours de fête, une vierge ne peut paraître en public, après dix ans, sans sa mère, son père ou son tuteur.

2. *Des Affections.*

Tout homme âgé de vingt et un ans est tenu de déclarer dans le temple quels sont ses amis. Cette déclaration doit être renouvelée, tous les ans, pendant le mois de ventôse.

Si un homme quitte un ami, il est tenu d'en expliquer les motifs devant le peuple dans les temples, sur l'appel d'un citoyen ou du plus vieux ; s'il le refuse, il est banni.

Les amis ne peuvent écrire leurs engagements ; ils ne peuvent plaider entre eux.

Les amis sont placés les uns près des autres dans les combats.

Ceux qui sont restés unis toute leur vie sont renfermés dans le même tombeau.

Les amis porteront le deuil l'un de l'autre.

Le peuple élira les tuteurs des enfants parmi les amis de leur père.

Si un homme commet un crime, ses amis sont bannis.

Les amis creusent la tombe, préparent les obsèques l'un de l'autre ; ils sèment les fleurs avec les enfants sur la sépulture.

Celui qui dit qu'il ne croit pas à l'amitié, ou qui n'a point d'amis, est banni.

Un homme convaincu d'ingratitude est banni.

XII

BELLAMY

L'ORGANISATION COLLECTIVE DU TRAVAIL

Bellamy, *Cent ans après, ou l'an 2000*, trad. P. Rey, Dentu, 1891, p. 47-50.

Du point de vue de l'histoire littéraire, l'intérêt du roman d'Edward Bellamy tient au prodigieux succès qu'il a connu, dans le monde anglo-saxon : en quelques mois, on en vend plusieurs millions d'exemplaires ; dès 1891, près de 170 « Bellamy Clubs » sont créés aux États-Unis, où est fondé un mouvement politique, le parti populiste, qui s'inspire expressément des thèses de l'ouvrage. Au début du XXe siècle, une enquête américaine montre qu'il est considéré outre-Atlantique comme le second livre le plus influent du siècle précédent, juste après *Le Capital* de Marx (E. Fromm, Préface à *Looking Backward*, New York, New American Library, 1960, p. V). Sur un plan idéologique, l'ouvrage marquera profondément un certain socialisme réformiste, incarné par exemple par J. Dewey ou T. Veblen. Inversement, il suscite une hostilité passionnée. D. Warner affirme à l'époque qu'« entre l'enfer et la république de M. Bellamy, je choisis l'enfer sans hésiter » (cité par T. Bentzon, *Revue des deux mondes*, 15 octobre 1890, p. 910). De même, c'est en réplique à cette anticipation bureaucratique, centralisée, hiérarchique et autoritaire, à ce « paradis cockney », que W. Morris écrit ses *Nouvelles de nulle part*, utopie bucolique, esthétique et libertaire, qui prend l'exact contre-pied du texte de Bellamy (cf. P. Meier, Introduction à W. Morris, *Nouvelles de nulle part*, Éditions sociales, 1961, p. 57).

L'autre intérêt de l'ouvrage, et la raison probable de son triomphe, est qu'il parvient à combiner la rhétorique de l'uchronie (son héros, tombé en 1887 dans un sommeil magnétique, se réveille en l'an 2000 pour constater les merveilles de la société nouvelle) et un « réalisme » économique directement inspiré par le marxisme. Le narrateur constate que, conformément à la logique du progrès indéfini, le problème social et économique « s'est résolu tout seul. La solution fut le résultat d'un processus d'évolution industrielle qui ne pouvait pas se terminer autrement » (p. 39). S'il rejette l'idée de la lutte des classes et n'évoque pas le rôle émancipateur du prolétariat, Bellamy reprend le thème marxiste de la concentration progressive du capital, pour expliquer le passage de la propriété privée à la propriété collective : « La nation [...] devint le seul capitaliste, le seul patron, le monopole final qui engloba tous les anciens monopoles » (p. 45). Ce changement, dont va résulter l'entrée dans l'Âge d'or, n'est pas le fait d'un législateur éclairé, ni le résultat d'une révolution sanglante, mais la conséquence, jugée inéluctable, de l'évolution économique.

C'est dans cette perspective que Bellamy évoque l'organisation du travail, pivot de la nouvelle société. Dans ce monde réconcilié d'où ont disparu la propriété, les rivalités et les conflits, l'État n'a plus pour fonction que de pourvoir aux besoins des individus. Technocratique et planificateur, il répartit le travail entre les citoyens, qui forment désormais une véritable « armée industrielle », organisée sur le modèle des anciennes armées, strictement disciplinée, mais où ils sont enrôlés pour vingt-quatre ans. Là encore, la participation au travail commun est conçue sur le mode de la réglementation et de la contrainte. Bien que la « chose paraisse si naturelle et si raisonnable qu'on a cessé de s'apercevoir qu'elle est obligatoire » – allusion à la raison et à la vertu civique désormais toutes-puissantes –, l'obligation n'en existe pas moins, assortie d'une sanction d'ordre social et économique. Celui qui transgresserait la règle se condamnerait, de fait, à mourir de faim, et cela d'autant plus sûrement qu'il n'existe plus d'« ailleurs » où le criminel pourrait trouver refuge. En utopie, où le bonheur a définitivement remplacé la liberté, le paradis est obligatoire.

Le docteur Leete avait cessé de parler, et moi je me taisais, essayant de me faire une idée générale des changements survenus dans la société par suite de la prodigieuse révolution qu'il venait de me dépeindre. Finalement, je m'écriai :

« Quelle extension formidable ont dû prendre les fonctions du gouvernement !

– Extension !... Où voyez-vous donc une extension ?

– Dame ! de mon temps, on estimait que les fonctions du gouvernement se bornaient strictement à maintenir la paix au-dedans et à protéger les citoyens contre l'ennemi public.

– Hé ! pour l'amour de Dieu ! s'écria le docteur, qui donc est l'ennemi public ? Est-ce la France, l'Angleterre, l'Allemagne, ou bien la faim, le froid et le dénuement ? De votre temps, les gouvernements n'hésitaient pas, pour le moindre malentendu international, à mettre la main sur des centaines de milliers de citoyens, à les livrer à la mort et à la mutilation, gaspillant leurs trésors comme de l'eau claire, et cela le plus souvent sans aucun bénéfice imaginable pour les victimes. Maintenant, nous n'avons plus de guerres et nos gouvernements n'ont plus d'armées ; mais, pour protéger chaque citoyen contre la misère, le dénuement, et pourvoir à ses besoins physiques et intellectuels, l'État se charge de diriger son travail pendant un nombre d'années déterminé. Non, monsieur West, je suis certain qu'après avoir réfléchi, vous comprendrez que c'était de votre temps, et non du nôtre, que les fonctions gouvernementales avaient pris une extension exorbitante. Aujourd'hui, les hommes n'accorderaient pas à leur gouvernement autant de pouvoir pour les plus nobles entreprises, qu'ils lui en donnaient alors pour les plus désastreuses.

– Trêve de comparaisons, dis-je. La démagogie et la

corruption de nos hommes publics eussent été considérées, de mon temps, comme des obstacles insurmontables à tout projet leur attribuant la direction des industries. Aucun système ne nous aurait semblé plus funeste que de charger des politiciens du contrôle de la production des richesses nationales. Les intérêts matériels du pays n'étaient déjà que trop le jouet des partis qui se renvoyaient la balle !

– Sans doute vous aviez raison, dit le docteur, mais tout cela est changé. Nous n'avons ni partis ni politiciens, et, quant à la démagogie et à la corruption, ces mots n'ont plus qu'une signification historique.

– La nature humaine a donc beaucoup changé ?

– Nullement, mais les conditions de la vie humaine ont changé, et avec elles les motifs des actions humaines. L'organisation de la société n'offre plus une prime à la bassesse. Mais ce sont de ces choses que vous ne comprendrez que peu à peu, lorsque vous nous connaîtrez mieux.

– Mais vous ne m'avez toujours pas dit comment vous avez résolu la question du travail ? Jusqu'ici nous n'avons discuté que de la question du capital. Quand la nation se fut attribué la direction des usines, des manufactures, des chemins de fer, des fermes, des mines et, en général, des capitaux du pays, la question du travail était encore en suspens. En assumant les responsabilités du capital, la nation avait également assumé les difficultés de la position d'un capitaliste.

– Erreur, dit le docteur ; dès que la nation prit les responsabilités, les difficultés s'évanouirent. L'organisation nationale du travail, sous une direction unique, était la solution complète du problème qui, dans votre temps et sous votre système, paraissait, à juste titre, inextricable. Quand la nation fut devenue le seul patron, tous les citoyens devinrent des employés entre lesquels on répartissait le travail selon les besoins de l'industrie.

– En somme, vous avez appliqué le principe du service militaire universel à l'organisation du travail ?

– Oui, dit le docteur Leete, c'est une conséquence naturelle de la concentration des capitaux dans les mains de l'État. Le peuple, étant déjà façonné à l'idée que tout citoyen physiquement apte devait son service à la défense de son pays, trouva tout naturel de consacrer ce service, devenu industriel ou intellectuel, au bien-être de la nation. Bien entendu, il a fallu, pour qu'une pareille obligation devînt possible et équitable, l'abolition des *employeurs* privés. Aucune organisation du travail n'était réalisable, tant que la direction en restait confiée à quelques milliers d'individus ou de compagnies qui ne voulaient ni ne pouvaient arriver à une entente quelconque. C'est ainsi que, trop souvent, des bras qui ne demandaient qu'à travailler restaient inactifs, tandis que les gens qui voulaient éluder leurs devoirs civiques n'y réussissaient que trop facilement.

– Ainsi, le service industriel est obligatoire et universel ?

– C'est plutôt une nécessité qu'une obligation. La chose paraît si naturelle et si raisonnable qu'on a cessé de s'apercevoir qu'elle est obligatoire. Celui qui aurait besoin de contrainte pour s'y soumettre tomberait sous le mépris universel. L'ordre social tout entier repose tellement sur cette obligation, qu'en admettant même qu'un citoyen pût réussir à s'y soustraire, il se trouverait sans aucun moyen imaginable d'existence, retranché du monde, bref dans la situation d'un suicidé.

– Et, dans cette armée industrielle, le service dure-t-il toute la vie ?

– Non pas ; la période de travail commence plus tard et se termine plus tôt qu'autrefois. Vos ateliers étaient remplis d'enfants et de vieillards, tandis que nous tenons à ce que la jeunesse soit consacrée à l'éducation, et l'âge de la maturité, ainsi que l'âge où les forces physiques commencent à faiblir, à d'intelligents et agréables loisirs. La durée du service industriel est de vingt-quatre ans ; elle commence, pour chacun, à l'âge de vingt et un ans et se termine à quarante-cinq. À partir de cet âge, pendant dix ans encore, on peut être rappelé sous les drapeaux dans des circonstances exceptionnelles, pour faire face à des besoins de travail impérieux. Mais de pareils appels ont lieu rarement, on peut dire jamais. Tous les ans, le 15 octobre, revient ce que nous appelons le jour d'appel. Ce jour-là, ceux qui ont l'atteint l'âge de vingt et un ans sont enrôlés dans l'armée industrielle, et, en même temps, ceux qui ont fini leurs vingt-quatre ans de service entrent dans une retraite honorable. C'est le grand événement chez nous, celui qui sert à compter tous les autres, notre olympiade, sauf qu'elle est annuelle.

XIII

CAMPANELLA

LE CHÂTIMENT ACCEPTÉ PAR LE COUPABLE

Campanella, *La Cité du soleil*, trad. J. Rosset,
in F. Lacassin, *Voyages aux pays de nulle part*,
Robert Laffont, 1990, p. 264-265.

Les pages que consacre Campanella, dans *La Cité du soleil*, à la répression pénale, si marquées soient-elles par sa propre expérience des geôles de l'Inquisition, paraissent très représentatives des positions utopiques sur la question. Tout y est centré sur la collectivité, et ne se comprend qu'en fonction de son intérêt. Ainsi, le fait qu'elle se charge elle-même, *directement*, de la mise à mort des coupables vise à la fois à resserrer le lien social (le groupe faisant bloc contre ses ennemis), et à rappeler que c'est *elle* qui est offensée par le délit. Dans le même sens, on peut noter l'insistance sur les éléments intentionnels : ce qui importe, c'est moins l'*acte* commis, que la *volonté* de le commettre, de transgresser les lois, et par là, de se situer en dehors de la collectivité. Voilà pourquoi, en cas d'aveu préalable à toute accusation, la peine se trouve commuée, la démarche du coupable révélant son désir de réintégrer spontanément le corps social. L'approbation de son propre châtiment par le condamné relève de la même logique : lui faire reconnaître qu'il s'est mis « en dehors », et que par conséquent, conformément à la justice et à la raison, il a mérité d'être retranché du corps social. Pratique qui n'est pas sans rappeler celles de l'Inquisition, qui s'efforçait d'obtenir l'abjuration de l'hérétique (ce qui permettait à celui-ci, non d'échapper à la punition, mais d'espérer obtenir le salut), mais qui annonce surtout l'usage de l'autocritique dans les grands procès totalitaires. Il faut, impérativement, que le criminel prenne conscience de l'horreur de son acte, qu'il en vienne à le regretter, afin de se réconcilier volontairement avec le groupe et de reconstituer ainsi la totalité momentanément altérée par son geste.

L'Hospitalier. Tu ne me parles pas des juges.

Le Génois. J'allais le faire. Chaque individu est sous la juridiction immédiate du chef de son emploi. Par conséquent, les magistrats qui président à chaque fonction sont les juges de tous leurs subordonnés ; ils les punissent par l'exil, le fouet, la réprimande, la privation de la table commune, l'interdiction du temple et du commerce des femmes. Lorsqu'un Solarien a tué ou blessé quelqu'un avec préméditation, on lui applique la loi du talion, c'est-à-dire : la mort, s'il a tué ; on le prive d'un œil s'il en a crevé un à sa victime, du nez, etc. La peine est atténuée, s'il n'y a pas eu préméditation, comme dans une rixe. Cette diminution de peine ne peut cependant être faite que par les triumvirs et non par le juge. On peut même en rappeler des triumvirs au *Soleil*, non pour qu'il change la peine, mais pour qu'il fasse grâce, s'il le juge convenable. Lui seul a ce droit. Il n'y a qu'une prison dans la Cité, encore n'est-ce qu'une tour où l'on enferme les ennemis rebelles. Les accusations ne se font pas par écrit, mais sont portées seulement devant le juge, qui entend les témoins et les réponses de l'accusé. *Puissance* assiste également aux débats. La sentence est rendue séance tenante. Si le condamné en appelle au triumvir, dès le jour suivant la première sentence est cassée ou confirmée. Enfin, le troisième jour, le *Soleil* ou accorde la grâce, ou maintient définitivement l'arrêt. Le coupable est obligé de se réconcilier avec l'accusateur et les témoins, comme avec les médecins de sa maladie, et de les embrasser en signe de paix. La peine de mort n'est infligée que par le peuple, qui tue ou lapide le coupable. Ce sont, toutefois, les témoins et l'accusateur qui doivent commencer l'exécution ; ils n'ont ni bourreaux ni licteurs afin de n'être pas souillés par le voisinage de tels hommes. Parfois, cependant, on permet au condamné de se faire mourir lui-même. En ce cas, après avoir été exhorté à faire une bonne mort, le coupable s'entoure de sacs de poudre et y met lui-même le feu. La Cité tout entière se lamente et prie Dieu de s'apaiser ; car les Solariens regardent comme une marque de sa colère l'obligation où ils se trouvent de retrancher un membre gangrené de la république. D'ailleurs, la sentence ne s'exécute que lorsque, par des raisonnements convaincants, ils ont persuadé le coupable qu'il est nécessaire qu'il meure, et qu'ils l'ont amené au point de désirer lui-même l'exécution de sa sentence. Mais si un crime est commis, soit contre la liberté de la république, soit contre Dieu ou contre les magistrats suprêmes, l'auteur en est puni sur-le-champ et sans rémission. D'après la religion, on conduit celui qui doit mourir devant le peuple, et là, on le force à dire les raisons qui pourraient le disculper et à dénoncer les crimes inconnus de ceux qui selon lui méritent la même peine. Il doit accuser aussi les magistrats qui, d'après sa conscience, devraient également périr au milieu des supplices. Si ses raisons sont trouvées bonnes, on se contente de l'exiler, et la Cité offre à Dieu des prières et des expiations. Ceux qui ont été dénoncés par le coupable ne sont cependant pas inquiétés, mais seulement réprimandés. Les fautes commises par faiblesse ou par ignorance ne sont punies que par une réprimande et par l'obligation dans laquelle on met le coupable de s'habituer à la modération, ou de s'appliquer à la science ou à l'industrie qu'il a négligée. Les Solariens se conduisent les uns envers les autres de telle sorte qu'on les dirait les membres d'un même corps. Il faut encore que tu saches que si quelqu'un va s'accuser lui-même d'une faute secrète, en en demandant la punition à son magistrat, celui-ci commue la peine qu'on aurait infligée au coupable, s'il n'eût pas fait l'aveu de sa faute. On est toujours en garde pour que personne ne succombe sous une accusation calomnieuse ; au reste, le calomniateur est puni par la loi du talion, c'est-à-dire, qu'il subit la peine qui eût été prononcée contre le calomnié. Comme les Solariens ne sont jamais seuls, mais toujours réunis par groupes, il faut cinq témoins pour qu'une accusation soit valable. À défaut de témoins, on renvoie l'accusé sur son serment d'innocence, en l'avertissant toutefois. Si la même accusation est portée une seconde et une troisième fois contre le même individu, il suffit de deux ou trois témoins pour qu'il soit condamné à une peine double.

XIV

ZAMIATINE

L'EXÉCUTION COMME ACTE COLLECTIF

Zamiatine, *Nous autres*, trad. Cauvet-Duhamel, Gallimard, 1929, p. 51-55.

S'il n'est pas à proprement parler le créateur du genre, Evgueni Zamiatine est l'auteur de ce qui constitue sans doute la première grande contre-utopie du XXe siècle, *Nous autres* (1920). Ouvrage majeur par sa qualité romanesque, son succès considérable et son influence (d'Orwell à Soljenitsyne), mais aussi, parce qu'il pose, plus clairement que ses prédécesseurs, ce qu'on pourrait appeler les canons du genre. La contre-utopie est une utopie en sens contraire, une utopie vue de l'autre côté, par-derrière, de telle sorte que ses idéaux apparaissent pour ce qu'ils sont, et non plus pour ce qu'ils feignent d'être. Tel est le coup de génie de Zamiatine : reprendre les grands thèmes de l'utopie, avec, en apparence, l'enthousiasme et la vénération de rigueur ; puis, les poussant jusqu'à l'extrémité de leur logique, laisser entrevoir ce qu'ils signifient vraiment ; montrer, sans se départir d'une certaine froideur dans l'analyse, qu'une fois démasqué, ce qui semblait merveilleux s'avère épouvantable.

Ainsi la *transparence*, érigée en principe dans cette cité où tous les bâtiments sont en verre, conduit-elle, non à la libération, au triomphe de la vérité et de la sincérité, mais à un enfermement plus étroit, à une surveillance perpétuelle de chacun par tous et à des dissimulations d'un genre inédit. Dans le même sens, la *réconciliation* se traduit par l'uniformité, la disparition du « je » dans un « nous » indifférencié ; c'est ce que révèle, par exemple, la substitution, que l'on rencontrait déjà dans le *Caléjava* (1700) de C. Gilbert (p. 29), de simples *numéros* aux noms et aux prénoms. Ces derniers indiquaient un enracinement géographique, historique et familial, spécifique à chacun, irréductible ; le numéro, au contraire, intègre celui qu'il désigne dans une série mathématique, sans rien qui le distingue, qui le sépare, des autres unités de la série. Dans *Nous autres*, Zamiatine démontre que tous les rêves de l'utopie sont réversibles, et que les pires cauchemars peuvent trouver une légitimation dans l'accouchement de l'« Homme nouveau ».

Ainsi, est-ce au nom de la totalité et de la paix qu'il importe d'éliminer les déviants, au cours d'une « liturgie » réunissant l'ensemble de la collectivité. À cette occasion, on reconnaît les figures classiques de l'utopie : la fête, où se réalise la fusion de tous en un ; le consentement du condamné à son propre châtiment ; enfin, la participation du groupe à cette élimination rituelle, par son assentiment, et à travers la personne du « Bienfaiteur », « l'*instrument*, la résultante de centaines de milliers de volontés », bourreau sacré transparent à la volonté générale qu'il met en œuvre.

Ce personnage du Bienfaiteur paraît d'ailleurs caractéristique de la perspective « contre-utopique ». D'abord, par l'ironie du terme dont il est affublé : là où règnent l'inversion et le faux-semblant, le Bienfaiteur est celui qui élimine les opposants, de même que le « Big Brother » de G. Orwell incarne l'espionnage et la répression. Ensuite, parce que le personnage du Bienfaiteur fut inspiré par Lénine (M. Heller, in L. Heller, *Autour de Zamiatine*, Lausanne, L'Âge d'homme, 1989, p. 90), comme « Big Brother » le sera par Staline : ce qui rappelle que la contre-utopie n'est pas seulement un exercice littéraire, mais se veut aussi, simultanément, un acte (et une dénonciation) politique.

Le jour était clair et triomphal. C'était un de ces jours qui vous font oublier vos faiblesses, vos imprécisions, vos maladies ; tout devient cristallin, inflexible, éternel, comme notre nouveau verre...

Sur la place du Cube, on avait disposé soixante-six cercles concentriques : les tribunes. Sur ces soixante-six rangs, l'épanouissement des visages et le bleu des yeux reflétaient l'éclat du ciel, à moins que ce ne fût l'éclat de l'État unique. Les lèvres des femmes étaient pourpres comme des fleurs. Des rangées d'enfants, semblables à de douces guirlandes, se pressaient autour du centre. Il régnait un calme profond, sévère, « gothique ».

D'après les documents parvenus jusqu'à nous, les anciens éprouvaient des sentiments semblables lors de leurs « services religieux ». Mais eux, ils servaient un Dieu inconnu et absurde, tandis que nous, nous servons un Dieu sensé et parfaitement connu. Leur Dieu ne leur donnait rien, si ce n'est des inquiétudes éternelles, tandis que le nôtre nous a donné la vérité absolue : il nous a délivré de toute inquiétude. Leur Dieu n'avait rien trouvé de mieux que de s'offrir lui-même en sacrifice, on ne sait pourquoi, tandis que nous apportons le nôtre à l'État unique, un sacrifice paisible, réfléchi et raisonnable. Certes, c'était bien une liturgie triomphale à la gloire de l'État unique que cette commémoration de la guerre de Deux Cents Ans, de la victoire grandiose remportée par tous sur un seul, par le total sur l'unité...

Cette *unité* se tenait sur les marches du Cube tout éclairé de soleil. Il y avait un visage blanc, ou plutôt non, un visage *sans couleur*, de verre, et ses lèvres avaient également l'aspect du verre. Seuls ses yeux noirs brillaient ; ils semblaient des abîmes ouverts sur le monde trouble, dont il n'était plus éloigné que de quelques minutes. Sa plaque d'or portant son numéro lui avait déjà été retirée, et ses mains étaient attachées par un ruban pourpre.

C'était une coutume ancienne, s'expliquant probablement par le fait qu'autrefois tout ceci n'était pas accompli au nom de l'État unique et, par conséquent, les condamnés se sentaient le droit de résister, aussi devait-on leur charger les mains de lourdes chaînes.

Au-dessus, sur le Cube, près de la Machine, se tenait celui que nous appelons le Bienfaiteur. D'où j'étais, d'en bas, on ne pouvait distinguer son visage, on remarquait seulement qu'il était marqué de lignes sévères et carrées qui lui donnaient un air de grandeur. Mais, par contre, ses mains... Il arrive quelquefois que, sur les photographies, les mains sont énormes, parce qu'elles étaient trop près de l'objectif ; elles attirent le regard, obstruent tout. Les mains du Bienfaiteur sont lourdes, elles sont de pierre, et leur poids est supporté par les genoux, sur lesquels elles reposent...

Une de ces mains énormes se leva lentement, en un geste de bronze. Obéissant à ce geste, un numéro se leva des tribunes et s'approcha du Cube. C'était un des Poètes de l'État, qui, par un sort heureux, avait été désigné pour couronner cette fête de ses vers. Des iambes divins et cuivrés résonnèrent au-dessus des Tribunes, racontant la vie de l'insensé aux lèvres de verre qui se tenait là, sur les marches, attendant la conséquence logique de ses folies.

... Incendie ! les maisons se balancent sur les iambes et, éclaboussant le ciel de leur or liquide, elles se brisent et s'écroulent. Les arbres verts se tordent, leur sève coule ; ce ne sont plus que des croix noires et squelettiques. Mais Prométhée apparut (c'est-à-dire, évidemment, nous) :

« *Il attela le feu à l'acier, à la machine,*
« *Et enchaîna le chaos dans la loi.*

Tout est neuf, tout est d'acier : le soleil, les arbres, les gens. Mais un insensé « délivra le feu de ses chaînes », et tout croula de nouveau...

J'ai malheureusement une mauvaise mémoire pour les vers, je ne me souviens que d'une chose, c'est qu'il était impossible de trouver des images plus belles et plus édifiantes.

Le Bienfaiteur fit un autre geste lent et lourd : [...] mes yeux et des milliers d'autres se dirigèrent vers la Machine. La main surhumaine fit un troisième geste de fonte. Le criminel, secoué par un vent invisible, monta lentement une marche, puis deux, et bientôt fit le dernier pas de sa vie. Il avait le visage tourné vers le ciel, la tête renversée, et vivait ses derniers moments.

Lourd, tel le destin, le Bienfaiteur fit le tour de la Machine et posa sa main énorme sur le levier... On n'entendait pas le moindre bruissement, la moindre respiration, tous les yeux étaient fixés sur cette main... Quelle ivresse que de se sentir l'instrument, la résultante de centaines de milliers de volontés ! Quel noble destin que le sien !

Ce fut une seconde incommensurable. La main retomba après avoir branché le courant. Une lame électrique scintilla d'un éclat aigu, insupportable, et un craquement se fit entendre dans les tubes de la Machine. Le corps disloqué se recouvrit d'une fumée légère et brillante puis se mit à fondre, à se liquéfier avec une rapidité fantastique. Il ne resta plus rien qu'une mare d'eau chimiquement pure qui, l'instant d'auparavant, faisait battre tumultueusement son cœur...

Tout cela était très clair, et bien connu de chacun d'entre nous : la dissociation de la matière, la division des atomes du corps humain. Néanmoins, cela apparaissait chaque fois comme un miracle, c'était comme le symbole de la puissance surhumaine du Bienfaiteur.

En haut, devant lui, se tenaient dix numéros féminins, les visages brûlants, les lèvres entrouvertes d'émotion, semblables à des fleurs agitées par le vent. Suivant la coutume, ces dix femmes ornaient de fleurs son uniforme encore souillé d'éclaboussures. Il descendit du pas majestueux d'un archiprêtre, passa lentement devant les tribunes, suivi par les branches roses des bras des femmes et par la tempête de nos hourras. Nous saluâmes également de nos cris les Gardiens qui, invisibles, perdus dans nos rangs, assistaient à la fête. L'imagination du vieux prophète les avait-elle prévus, lorsque celui-ci parlait des « anges gardiens », assignés à chacun de nous ?...

Certes, quelque chose de la vieille religion, quelque chose de purifiant comme l'orage et la tempête régnait sur cette fête. Vous qui lisez ces lignes, j'espère que vous connaissez des minutes semblables et je vous plains, si vous ne les connaissez pas...

XV

FONTENELLE

ÉLIMINER L'« AUTRE »

Fontenelle, *La République des philosophes, ou histoire des Ajaoiens,* Genève, 1768, p. 91-95.

Attribuée à Fontenelle, dont ce n'est pas le seul essai utopique – on se reportera à « ce que Monsieur de Fontenelle appelait sa *République* », un texte rédigé « à l'exemple de Platon » (*Œuvres de Fontenelle*, Brunet, 1758, t. IX, p. 366-374) –, *La République des philosophes, ou histoire des Ajaoiens*, composée autour de 1682, a pour originalité d'être la première utopie « matérialiste ». « Refusant obstinément le christianisme » prêché par le narrateur, ces « esprits forts » « nient que le monde soit sorti des mains vides d'un Être incompréhensible, invisible, inconnu », ainsi que l'existence de l'âme et son immortalité. Pourtant, ce n'est pas à cet athéisme qu'il faut attribuer leur attitude à l'égard des peuples indigènes, mais, plutôt, à la logique même de l'utopie. On retrouve du reste des positions similaires dans *La Terre australe connue* de G. de Foigny, parue quelques années plus tôt : « Voilà comment cette belle île fut dépeuplée, et le compte étant fait des tués, on en trouva 398 956 de toute sorte, que les Australiens amassèrent en quatre monceaux sur les bords de la mer, à la merci des oiseaux carnassiers » (nouvelle édition, Lyon, Nicolas de Ville, 1696, p. 218). On les rencontre également dans l'*Utopie* de Thomas More, où la religiosité des habitants ne les empêche pas d'organiser, entre autres choses moralement condamnables, l'élimination du peuple zapolète, jugé indésirable (*Utopie*, p. 206-207).

Dans l'utopie, cité parfaite et absolument autonome, la raison d'État trouve des justifications encore plus pressantes que partout ailleurs (vu l'importance de ce qu'il faut préserver), et aucune autre limitation que celle que lui imposent sa volonté et son intérêt. Les éléments du problème apparaissent clairement dans le texte de Fontenelle. Sans doute y a-t-il contradiction entre les exigences éthiques et la pratique systématique du meurtre et de l'esclavage. Les Ajaoiens en ont évidemment conscience, et ils condamnent « ce que la politique les [contraint] de faire ».

Cependant, le salut du groupe prime toute autre considération : où l'on constate à nouveau que machiavélisme et utopie peuvent faire bon ménage. Et c'est ainsi, pour des raisons *pratiques*, froidement envisagées et poursuivies sur le long terme, que va être entreprise la suppression des inutiles, et, au-delà, de tous ceux qui paraissent susceptibles de présenter un danger quelconque, même mineur ou virtuel : mères de moins de trente-deux ans, nourrissons en surnombre, etc. Suivant cette logique, les indigènes ne sont conçus que comme des choses ou des outils, sur un mode statistique. Si au cours d'une année, on laisse la vie aux nouveau-nés « au double du nombre des mâles morts l'année précédente », ce n'est point par pitié ou par tendresse, mais parce qu'il importe de prendre en compte la mortalité infantile, sans quoi l'on risquerait, à terme, de subir un déficit de main-d'œuvre.

Même si elle n'est pas toujours exprimée, l'idée sous-jacente est facile à deviner : ne sont des humains, dignes de respect et titulaires de droits, que ceux qui le sont *pleinement*, c'est-à-dire, les citoyens, membres de la collectivité utopique. À eux seuls s'appliquent les lois de la cité et celles de la morale ; pour les autres, rien n'interdit d'en « étouffer le superflu en naissant ».

CHAPITRE VIII

De la Guerre, du Trésor, des Esclaves, et de la politique des Ajaoiens

La plus commune opinion parmi les Ajaoiens, sur leur origine, est qu'ils sont sortis de la Chine ou de la Tartarie, et que leurs ancêtres n'ont abandonné leur Patrie pour aller habiter quelques terres désertes, que pour se soustraire à un gouvernement tyrannique et à la superstition, et pour se former dans cette nouvelle Patrie, un *gouvernement à souhait* et une religion exempte de préjugés et de superstitions. [...].

On peut donc conclure de ceci que les premiers Ajaoiens étaient une colonie de gens assez semblables à ceux qu'on nomme aujourd'hui Esprits forts, c'est-à-dire des gens sans autre préjugé que celui de se soumettre dans toute leur conduite au *dictamen* d'une raison saine, éclairée par une attention continuelle sur les devoirs dont la Nature imprime en nous la nécessité de la pratique, en nous donnant l'être.

Partis de quelque contrée que ce fût, ce qu'ils ont caché à leurs descendants, peut-être pour de bonnes raisons, ils ont abordé dans l'Île qu'ils ont nommée Ajao et dont nous ignorons l'ancien nom. Cette Île était peuplée en partie par un peuple assez indolent, que des Ajaoiens poursuivirent jusque dans des montagnes de Kalusti ; ils les obligèrent tous à se rendre à discrétion, hommes, femmes et enfants.

Ils les firent tous esclaves, et après en avoir fait la revue, ils trouvèrent qu'ils étaient en trop grand nombre pour qu'on n'en eût rien à craindre ; ainsi ils passèrent au fil de l'épée tous ceux au-dessus de 50 ans. Ils conservèrent 1 000 hommes d'âge fait, environ autant de garçons depuis le plus bas âge, toutes les femmes en état d'avoir encore des enfants, et les petites filles : et peu de temps après, lorsqu'on eut reconnu toute l'île, et qu'on en eut fait la division en six qui subsiste encore aujourd'hui, ils partagèrent ces esclaves entre les habitants des six villes.

Comme ces nouveaux venus n'avaient pas avec eux assez de femmes pour peupler l'Île en peu de temps, ils épousèrent plusieurs de leurs captives au-dessous de 24 ans, et en mirent plusieurs de petites filles dans les maisons d'éducation des citoyens, pour leur ôter la connaissance de leur esclavage ; et des citoyens les épousèrent ensuite.

Pour les autres esclaves, on leur mit une chaîne au cou et à la jambe. On fit une loi par laquelle il fut ordonné qu'ils n'appartiendraient en propre à aucun particulier, mais bien à l'État ; que chaque homme esclave ne pourrait avoir qu'une femme ; qu'aucune esclave ne se marierait avant l'âge de 32 ans, et que celle qui aurait un enfant avant ce temps, serait condamnée à mort avec son enfant (mais cette loi fut mitigée, et l'on changea la peine de mort en une prison perpétuelle) ; qu'aucun esclave, homme ou femme, ne se marierait à l'avenir avec les citoyens ; que des enfants mâles, qui naîtraient des femmes esclaves dans le cours de 14 lunes ou d'une année, on ne laisserait la vie qu'au double du nombre des mâles morts l'année précédente, et qu'on étoufferait le superflu en naissant ; mais qu'on laisserait vivre toutes les filles.

Que ce dernier article de la loi ait été contraire à la Nature, c'est ce que je reconnais ; et je ne doute pas qu'en chassant ces anciens habitants de leur patrie, en les réduisant en esclavage, et en portant contre leurs enfants cette loi inhumaine, les anciens Ajaoiens n'aient condamné eux-mêmes ce que la politique les contraignait de faire. Mais il fallait ne pas laisser trop de force à un peuple qu'on ne voulait pas détruire, et prévenir en même temps qu'il ne s'augmentât jusqu'au point de pouvoir venger un jour, sous les descendants, l'injure reçue de leurs ancêtres. C'est ce qu'ils ne pouvaient faire que par cette loi qui, toute inhumaine qu'elle paraît, est aussi douce qu'on pouvait la faire en pareille circonstance.

III

L'UTOPIE, FIGURE DE LA PERFECTION

XVI

BACON

UN SAVOIR SANS BORNES

Bacon, *La Nouvelle Atlandide*, trad. M. Le Dœuff et M. Llasera, GF-Flammarion, 1995, p. 118-129.

Parachevant *La Nouvelle Atlantide* (1623) de F. Bacon, la lancinante litanie des « nous avons » – à la fois, nous savons et nous pouvons – scelle les noces, annoncées un siècle plus tôt, entre l'utopie et la modernité prométhéenne.

En 1516, les intentions de More prenaient appui sur une technologie encore primitive, à peine sortie du Moyen Âge ; en outre, les préoccupations du futur chancelier d'Henri VIII étaient d'abord d'ordre moral, sinon religieux : assurer le règne de la justice et de la vertu, conditions du bonheur public. L'objectif de Bacon est nettement distinct. D'emblée, on constate que *Bensalem*, sa cité idéale, est moins austère, rigoriste et égalitaire que l'*Utopie* de More. L'accent n'y est plus placé sur la domination de soi-même ou du groupe, mais sur celle de la nature, assujettie aux besoins et aux désirs de l'homme. « L'œil même de ce royaume » (p. 94), son centre névralgique, est un collège voué à la recherche scientifique et technique, la « Maison de Salomon », qui a « pour fin de connaître les causes et le mouvement secret des choses ; et de reculer les bornes de l'Empire humain afin de réaliser toutes les choses possibles ». Connaître et agir, connaître afin d'agir : véritable *programme*, perçu comme tel par ses contemporains, et que Bacon n'a cessé de décliner jusque dans cette *Nouvelle Atlantide* qui constitue son « testament philosophique » (M. Le Dœuff, préface, p. 9). C'est dans ce sens aussi qu'il reprend la prophétie de Daniel, « *multi pertransibunt et multiplex erit scientia* », « nombreux sont ceux qui navigueront au loin, et la science augmentera » (*Ibid.*, p. 11). Ce mot d'ordre infléchit d'ailleurs le sens qu'il faut donner à l'insularité de sa *Nouvelle Atlantide*. Pour More, celle-ci symbolisait principalement la maîtrise (du lieu, du temps, de leur destin) acquise par les Utopiens. Pour Bacon, elle évoque d'abord l'aboutissement d'un voyage, l'ultime résultat d'un effort : Bensalem comme métaphore du progrès, d'autant que l'île découverte se révèle être aussi, grâce à la « Maison de Salomon », « l'île de la Découverte » (*Ibid.*, p. 8).

C'est à la description de ses méthodes et de ses acquis que Bacon consacre la dernière partie de son ouvrage, faisant de celui-ci l'avant-poste de l'âge technologique. Ce à quoi parvient la « Maison de Salomon », c'est à une totale domination de la nature. Celle-ci se trouve, d'abord, percée à jour : le premier stade de la domination consiste en la « connaissance des causes » et des effets. De là, il devient possible « d'imiter » la nature : projet rien moins que modeste, puisqu'il ne prétend pas se plier à elle, mais la *reproduire*, la produire à nouveau, et à terme, la remplacer. Stratégie « démiurgique » (M. Le Dœuff et M. Llasera, préface à *La Nouvelle Atlantide*, Payot, 1983, p. 146) qui trouve son accomplissement « prométhéen » (*Ibid.*, p. 212) dans l'imitation de la chaleur du soleil et des corps célestes. Parallèlement à cette reproduction, le savoir permettra de *dépasser* la nature, d'écarter ses limites, notamment celles qu'elle assignait aux cinq sens. Transgression qui culmine dans la découverte du mouvement perpétuel, évoquée presque négligemment au cours de la description. Enfin, savoir et découverte pourront être *utilisés*. Même si elle n'est point dépourvue de valeur propre, la science ne s'accomplit que dans son application. Cette mise en œuvre permettra d'accroître les plaisirs, la santé et la longévité des hommes : elle servira à « l'amélioration de la vie humaine » que, depuis son adolescence, Bacon s'est assignée pour objectif.

La dimension proprement utopique de ce texte ne tient pas seulement à sa forme ni à ses inspirateurs (Platon, More, mais aussi *La Cité du Soleil* de Campanella ou la *Christianopolis* de Andreae). Elle ne tient pas non plus au fait qu'il affirme sans cesse la supériorité de Bensalem, le caractère « superlatif » de ce qui s'y trouve et l'utilité consécutive d'une conversion à ses méthodes et à ses perspectives. Utilité à laquelle renvoie la conclusion de l'ouvrage : « Je t'accorde la permission de le faire connaître pour le plus grand bien des autres nations. » L'utopisme de la *Nouvelle Atlantide* vient plutôt de ce que ce « plus grand bien » est envisagé sur un mode absolu. « Il nous semblait, racontent les voyageurs, avoir devant les yeux une image de notre salut en paradis [...]. Nous nous disions [...] que nous étions arrivés dans un pays d'anges » (p. 92). Il ne s'agit pas simplement, en l'espèce, de favoriser le développement scientifique, mais d'annoncer, derrière ce progrès du savoir et du pouvoir, « la venue du Royaume de l'Homme » (cité par A. Gough, préface à la *New Atlantis*, Oxford, Clarendon Press, 1915, p. X).

« Je vais te faire don du joyau le plus précieux que je possède, puisque je vais te faire connaître, pour l'amour de Dieu et des hommes, la vérité sur la Maison de Salomon.

J'observerai l'ordre suivant : premièrement, je te révélerai le but de notre Fondation. Deuxièmement, je te dirai quels dispositifs de préparation et quels instruments nous avons pour nos travaux. Troisièmement, quelles sont les diverses tâches et fonctions qui sont assignées aux membres de notre Société. Et, enfin, quels rites et quelles coutumes sont les nôtres.

« Notre Fondation a pour fin de connaître les causes, et le mouvement secret des choses ; et de reculer les bornes de l'Empire humain en vue de réaliser toutes les choses possibles.

« Voici quels sont les dispositifs de préparation et les instruments. Nous avons de vastes grottes souterraines, de profondeurs différentes. Les plus profondes s'enfoncent à six cents brasses. Certaines sont creusées sous de grandes collines ou des montagnes, de sorte que si vous ajoutez la profondeur proprement dite de la grotte à la hauteur de la colline, elles comptent, du moins certaines d'entre elles, plus de trois *miles* de profondeur effective. Car nous trouvons que la profondeur d'une grotte et la hauteur d'une colline, l'une et l'autre calculées par rapport à la plaine, c'est la même chose. Dans les deux cas, la grotte est à l'abri du soleil, des rayons célestes et du grand air. Nous appelons ces grottes la Région inférieure. Nous les utilisons pour coaguler, solidifier, réfrigérer et conserver des corps. Nous les utilisons de même pour imiter les mines naturelles ; et pour produire de nouveaux métaux artificiels, au moyen de mélanges et substances que nous laissons reposer pendant de nombreuses années. Nous les utilisons aussi quelquefois (ce qui peut paraître étrange) pour soigner certaines maladies et pour prolonger la vie de quelques ermites qui ont choisi de vivre là, convenablement pourvus de tout ce qui est nécessaire. Ils vivent de fait très longtemps ; par eux, nous apprenons beaucoup de choses. [...].

« Nous avons de hautes tours, la plus élevée mesurant environ un demi-*mile*. Certaines sont situées sur de hautes montagnes, si bien que, en additionnant la hauteur de la colline et celle de la tour, on estime que la plus élevée d'entre elles fait au moins trois *miles* de haut. Ces endroits-là, nous les appelons la Région supérieure, l'air situé entre les zones hautes et basses étant considéré comme la Région moyenne. Nous utilisons ces tours en fonction de leurs hauteurs et de leurs situations respectives, pour l'insolation, la réfrigération ou la conservation ; et pour regarder divers météores tels que les vents, la pluie, la neige, la grêle, ainsi que quelques-uns des météores enflammés. Au sommet de certaines de ces tours habitent des ermites, à qui nous rendons quelquefois visite pour les instruire de ce qu'ils doivent observer. [...].

« Nous avons encore des torrents impétueux et des cascades qui nous servent pour animer de nombreux mouvements ; et des machines pour accroître la force des vents, en vue également de communiquer une impulsion à des mouvements divers.

« Nous avons aussi un grand nombre de fontaines et de puits artificiels qui imitent les sources naturelles et les eaux thermales, et qui sont, comme elles, imprégnés de vitriol, de soufre, d'acier, de cuivre jaune, de plomb, de nitre et autres minéraux. Nous avons encore des puits plus petits que nous utilisons pour laisser infuser des substances diverses qui communiquent aux eaux leur vertu particulière mieux et plus vite que dans des vases ou autres récipients. Parmi ces eaux, il y en a une que nous appelons l'Eau de Paradis, car le traitement que nous lui faisons subir la rend souverainement bénéfique pour la santé et la prolongation de la vie.

« Nous avons aussi des bâtiments vastes et spacieux, dans lesquels nous imitons et montrons des météores tels que la neige, la grêle, la pluie ; mais aussi certaines pluies artificielles de corps solides et non d'eau, le tonnerre, les éclairs, ainsi que la génération de corps dans l'air – par exemple de grenouilles, d'insectes, etc.

« Nous avons aussi des salles, que nous appelons des Salles de Santé, dont nous modifions l'air en le dotant de qualités particulières selon ce qui nous paraît bon et propre à guérir diverses maladies et à conserver la santé.

« Nous avons aussi des établissements agréables et spacieux où des bains dans diverses sortes de mixtures permettent de guérir certaines maladies et de rendre la santé au corps humain souffrant de dessèchement. D'autres bains nous permettent de le raffermir en ce qui concerne la force des tendons, des parties vitales, ainsi que la substance, la sève même, du corps. [...].

« Nous avons aussi l'art de faire pousser des plantes par simples mixtures de terres, sans y mettre de semence, et nous parvenons ainsi à produire de nouvelles plantes, différentes des variétés communes, ou à changer certaines espèces en d'autres.

« Nous avons aussi des parcs et des enclos avec toutes sortes de quadrupèdes et d'oiseaux qui ne sont pas là uniquement pour le plaisir des yeux ou à cause de leur rareté, mais aussi en vue de dissections et d'expériences, afin que nous puissions de cette façon augmenter nos lumières sur ce qui peut être pratiqué sur le corps humain. Ce par quoi nous trouvons de bien étranges effets ; par exemple, que ces corps d'animaux continuent à vivre, bien que certains organes considérés comme vitaux soient morts et aient été enlevés ; ou que certains ressuscitent alors qu'ils semblaient morts, et bien d'autres choses encore. Nous essayons aussi sur eux tous les poisons et tous les remèdes, nous faisons l'essai des actes chirurgicaux aussi bien que médicaux. Par art aussi, nous les rendons plus gros ou plus grands que les autres représentants de leur espèce, ou bien plus petits, en arrêtant leur croissance. Nous les rendons plus féconds qu'à l'ordinaire ou au contraire stériles. Nous modifions aussi en bien des façons leur couleur, leur forme et leur comportement. Nous trouvons des moyens de faire des croisements et des accouplements entre espèces différentes, ce qui a donné de nombreuses espèces nouvelles, et qui sont fécondes, contrairement à ce que croit l'opinion générale. Nous avons créé à partir de matières putréfiées de nombreuses espèces de serpents, de vers, d'insectes et de poissons ; certaines d'entre elles se trouvent avancées au point qu'elles sont des créatures achevées comme les quadrupèdes et les oiseaux. Elles sont sexuées et se reproduisent. Ce n'est pas au gré du hasard que nous faisons cela, nous savons au contraire par avance quelle espèce naîtra de telle matière et de tel mélange.

« Nous avons aussi des bassins spéciaux où nous faisons sur des poissons des expériences analogues à celles que nous avons décrites concernant les quadrupèdes et les oiseaux.

« Nous avons aussi des endroits réservés à la reproduction et à l'élevage de ces espèces de vers et d'insectes qui sont d'un usage spécifique, comme vos vers à soie et vos abeilles. [...].

« Nous avons des apothicaireries ou magasins de médicaments. Puisque nous possédons une diversité de plantes et d'êtres vivants bien supérieure à la vôtre en Europe (car nous savons bien ce que vous avez), vous en déduirez aisément que chez nous les simples, les substances médicinales et les ingrédients des remèdes doivent également l'emporter en variété sur les vôtres. Nous en avons auxquels on a laissé prendre plus ou moins d'âge et qui ont subi de longues fermentations. En ce qui concerne la manière de les préparer, nous avons certes toutes sortes de façons d'opérer des distillations extrêmement complexes et de séparer les corps, principalement en les faisant chauffer doucement et en les passant dans divers filtres et à travers des substances variées. Mais, surtout, nous savons les composer entre eux de façon très précise, si bien qu'ils s'unissent et font corps ensemble presque comme si c'étaient des simples de la nature.

« Nous avons aussi divers arts mécaniques inconnus chez vous et qui permettent de fabriquer des papiers, de la toile, des soies, des étoffes, de délicates pièces de plumes d'un lustre merveilleux, des teintures remarquables, et maintes autres choses. [...].

« Nous avons aussi une grande variété de fourneaux, qui produisent de la chaleur sous des formes très variées : ardente et brève, forte et continue, douce et modérée, attisée par ventilation, tranquillement immobile, sèche, humide, et ainsi de suite. Mais nous avons surtout des sortes de chaleur imitant celles du soleil et des corps célestes, qui passent par divers degrés très inégaux et décrivent (pour ainsi dire) des révolutions, montent et reviennent, ce grâce à quoi nous produisons des effets étonnants. [...].

« Nous avons aussi des maisons pour l'optique, où nous procédons à la présentation de toutes les lumières, de tous les rayons ainsi que de toutes les couleurs. Avec des objets incolores et transparents, nous sommes en mesure de produire pour vous toutes les couleurs, non pas en arc-en-ciel, comme cela se passe avec les gemmes ou les prismes, mais chacune séparément. Nous montrons aussi toutes les intensifications de la lumière, que nous faisons porter à grande distance, et que nous rendons assez vive pour pouvoir discerner les points et les lignes les plus infimes. Nous montrons également toutes les colorations de la lumière, toutes les illusions qui peuvent tromper la vue en ce qui concerne la figure, la grandeur, le mouvement et la couleur. Nous donnons également à voir toutes les ombres. Nous avons découvert aussi divers moyens, encore inconnus chez vous, de faire que certains corps produisent de la lumière comme autant de sources lumineuses. Nous avons même le moyen de voir des objets situés au loin, dans le ciel par exemple, ou dans des endroits éloignés, et de faire paraître les objets proches lointains, et les objets lointains proches : ainsi nous falsifions les distances. Nous avons aussi des instruments susceptibles de seconder la vue, bien supérieurs aux lunettes et aux verres d'usage courant. Nous avons aussi des verres qui nous permettent de voir des objets petits, minuscules même, de façon distincte et parfaite, comme par exemple la forme et la couleur de petits insectes ou de vers, ou encore les grains et les défauts d'une pierre précieuse, invisibles autrement. Nous avons des verres permettant de voir dans l'urine et le sang des choses que l'on ne pourrait voir autrement. Nous produisons des arcs-en-ciel artificiels, des halos et des cercles autour de points lumineux. Nous présentons aussi toutes les sortes de réflexions, réfractions et intensifications des rayons de vision venant des objets. [...].

« Nous avons aussi des maisons pour les sons ; là, nous essayons tous les sons, et mettons en évidence leur nature et leur mode de génération. Nous avons des gammes et des accords que vous ignorez, marchant par quart de ton, et des glissades entre des notes encore plus rapprochées. Pareillement, divers instruments de musique de vous inconnus, dont certains sont plus doux que tous ceux que vous avez. [...]. Nous avons encore, dus à notre art, divers échos surprenants, qui renvoient la voix plusieurs fois, et, en quelque sorte, la lancent en l'air. Certains répercutent la voix en l'amplifiant ; d'autres la rendent stridente, tandis que d'autres encore la renvoient plus grave. Il en est même qui répercutent les phrases en en ayant modifié certaines lettres ou certains sons articulés. Nous avons enfin des moyens pour transporter les sons dans des conduits et des tuyaux, y compris sur de longues distances et sur des trajets sinueux.

« Nous avons aussi des maisons pour les parfums où, conjointement à l'étude des parfums, nous faisons l'essai des saveurs. Si étrange que cela paraisse, nous pouvons intensifier une odeur. Nous imitons les odeurs, les faisant s'exhaler de mixtures différentes de celles qui d'ordinaire les produisent. De la même façon, nous faisons diverses imitations de saveurs, telles que n'importe quel palais s'y laisserait tromper. [...].

« Nous avons aussi des ateliers de mécanique où nous apprêtons des machines et des instruments produisant toutes sortes de mouvements. Là, nous imitons et faisons des expériences, afin d'élaborer des mouvements plus rapides que n'importe lequel des vôtres, qu'il provienne de vos mousquets ou de quelque autre machine ; afin aussi de produire ces mouvements plus aisément, et de les intensifier, sans avoir besoin d'une force particulièrement grande, ce en ayant recours à des roues et autres procédés ; afin encore de les rendre plus puissants et plus violents que les vôtres, plus même que vos plus grands canons et vos mortiers. [...]. Nous imitons aussi le vol des oiseaux et pouvons, dans une certaine mesure, voler dans les airs.

Nous avons des navires et des bateaux pour aller sous l'eau et capables d'étaler les tempêtes du large ; ainsi que des bouées et des ceintures de sauvetage. Nous possédons diverses horloges de précision et d'autres mouvements du même genre. Nous avons même quelques mouvements perpétuels. Nous imitons aussi les mouvements des êtres vivants, en animant des sortes de répliques d'hommes, de quadrupèdes, d'oiseaux, de poissons et de serpents. Nous avons également un grand nombre d'autres mouvements divers, remarquables par leur régularité, leur précision et leur subtilité.

« Nous possédons aussi une maison de mathématiques où l'on trouve tous les instruments possibles, aussi bien de géométrie que d'astronomie, exécutés avec une précision parfaite.

« Nous avons également des maisons consacrées aux erreurs des sens ; là, nous produisons de prodigieux tours de passe-passe, de trompeuses apparitions de fantômes, des impostures et des illusions, et nous en montrons le caractère fallacieux. Vous n'aurez certainement pas de peine à croire que nous, qui possédons tant de choses merveilleuses qui sont pourtant tout à fait naturelles, nous serions capables, dans un grand nombre de circonstances, de tromper les sens, si seulement nous voulions maquiller lesdites choses en travaillant à les faire paraître plus miraculeuses qu'elles ne sont. Mais nous détestons toute tromperie et tout mensonge, à un point tel que nous avons sévèrement interdit à tous nos confrères, sous peine de déshonneur et d'amendes, de présenter, enjolivé ou rendu plus imposant qu'il n'est, quelque phénomène naturel que ce soit. Ils doivent au contraire présenter les choses telles quelles, sans adultération, sans leur prêter en rien une allure usurpée de prodige.

« Telles sont, mon fils, les richesses de la Maison de Salomon. »

XVII

FOURIER

UNE ACTION SANS LIMITES

Fourier, *Théorie de l'unité universelle, Œuvres complètes*, Société pour la propagation de la théorie de Fourier, 1841, p. 557-562.

Adepte de la « pensée sauvage », « révolutionnaire brut et total », mettant en question jusqu'à « la morale et les valeurs civilisées » (S. Oleszkievicz-Debout, *Encyclopedia universalis*, 1989, t. IX, p. 751), Charles Fourier est un utopiste qui prétend rompre avec l'utopie. Celle-ci, estime-t-il, entendait brimer les passions et les désirs, les ramener sous le joug exclusif de la raison, alors qu'il importe, au contraire, de les laisser s'épanouir afin de les utiliser pour le plus grand bien de la société. Dans ce but, Fourier va commencer par les inventorier : selon lui, les passions constituent en effet des éléments stables, en nombre limité (douze en tout, cinq « sensuelles », quatre « affectives » et trois « distributives »), entre lesquelles existent des rapports certains. D'où la possibilité de regrouper les individus selon leurs affinités, par « séries passionnées », et de parvenir ainsi à l'« Harmonie » en les associant les unes avec les autres. Un monde sociétaire bien conçu, et donc heureux, serait celui où les passions de tous, organisées et combinées, pourraient s'épanouir pleinement au lieu de se gêner et de se combattre, « un peu comme le concours réglé d'instruments différents réalisera la symphonie » (R. Trousson, *Voyages...*, p. 190).

Si Fourier, « contrepoint positif de Sade » (S. Oleszkievicz-Debout), rejette les utopies, s'il dénonce le « charlatanisme » des « sectes » d'Owen et de Saint-Simon, c'est parce qu'elles ont ignoré, ou réprimé, ces mécanismes passionnels. Peut-être aussi, dans une certaine mesure, par mégalomanie, Fourier proclamant avoir « confondu vingt siècles d'imbécillité politique [...] : et c'est à moi seul que les générations présentes et futures devront l'initiative de leur immense bonheur » (*Théorie des quatre mouvements,* cité par R. Trousson, *Voyages...*, p. 190). Pourtant, à tous égards, Charles Fourier se situe clairement dans la filiation de l'utopisme classique. L'idée d'un travail rendu « attrayant », pratiqué par plaisir, où Engels verra « un grand axiome de philosophie sociale » (cité par G. et N. Labica, *Dic-*

tionnaire critique du marxisme, PUF, 2e éd., 1985, p. 483), cette idée fouriériste se trouve déjà chez Thomas More. De même, la conviction de pouvoir remodeler la nature en associant les forces de tous et en les disciplinant. C'est ainsi, déjà, que l'*Utopus* de More parvenait à transformer en île le territoire de la Cité idéale (cf. texte n° 1) ; ou que les hermaphrodites de de Foigny (*La Terre australe connue*, 1676) détruisaient, en quelques mois, l'île immense qui abritait leurs ennemis. C'est ainsi enfin que procèdent les citoyens de la *Basiliade* de Morelly (1753), que Fourier a probablement pu lire : « La campagne est couverte de longues chaînes d'habitants qui s'encouragent et qui s'entraident : il règne dans cette multitude tant d'ordre, tant d'intelligence ; les occupations y sont si bien distribuées que des travaux immenses s'exécutent avec une promptitude [...] merveilleuse ; ils paraissent des jeux et suffisent à peine pour occuper quelques jours cette nation laborieuse : chacun, avec une joie égale à son admiration, voit ces ouvrages [...] avancer avec un progrès rapide » (t. I, p. 101). Entre Morelly et Fourier, la principale différence tient, en définitive, au demi-siècle qui sépare leurs deux œuvres, et à la minutie, peut-être poétique mais nullement romanesque, avec laquelle Fourier prétend organiser les éléments de son système. Cependant, l'essentiel demeure : la conviction que, par son propre effort, l'homme peut parvenir à la toute-puissance et dominer l'univers.

Il n'est aucun sujet qui s'allie mieux à la politique. L'aperçu des armées harmoniennes et de leurs prodiges industriels doit y tenir le premier rang. Terminons donc nos esquisses, en donnant le chapitre 5 aux descriptions des travaux et prodiges des armées attrayantes, et le chapitre 6 aux théories de régime harmonien sur les subsistances, dont la sage distribution est le point essentiel en politique.

L'industrie sociétaire devant s'exercer constamment par attraction, il faudra que les armées productives de l'Harmonie soient rassemblées et mues par attraction, par appât du plaisir, et variant leurs travaux de deux en deux heures, comme ceux de la Phalange.

On verra, quand il en sera temps, quels ressorts l'Association sait mettre en jeu pour amener sur le terrain un million d'athlètes industriels, tirés de cinquante empires qui fournissent chacun vingt mille hommes : supposons provisoirement la réunion opérée, et spéculons sur les résultats de ses travaux. [...].

J'admets, si l'on veut, que les légions romaines détruisant 300 000 Cimbres à Saint-Rémy se couvrent de gloire et moissonnent des lauriers ; mais ne serait-il pas plus glorieux à ces deux armées gauloise et romaine, de se réunir pour créer au lieu de détruire ? de se distribuer d'Arles à Lyon, et jeter, dans le cours d'une campagne, trente ponts de pierre sur le Rhône ; élever sur tous ses bords des digues pour sauver de précieuses terres qu'il importe chaque année ? Une telle gloire, ce me semble, vaudrait bien les moissons de lauriers de nos héros, dont la réunion ne laisse toujours qu'une moisson de cyprès aux contrées qui sont le théâtre de leurs exploits.

On objecte : si les armées harmoniennes peuvent en une campagne exécuter ces prodigieux travaux, que restera-t-il à faire pour la campagne suivante ? Plaisante question ! Tout est à faire en industrie. Il faudra au moins 100 ans d'efforts de ces grandes armées, pour recouvrir de terre végétale et reboiser les montagnes des Alpes et des Pyrénées, que nos savants ont laissé déchausser, pour nous conduire à la perfectibilité des abstractions métaphysiques.

Conformément à la thèse de dualité et contre-essor du mouvement (II, 36), l'Association doit avoir la propriété de rassembler des armées productives, comme la civilisation en rassemble de destructives.

Et par opposition à l'ordre civilisé qui enrôle ses héros en leur mettant la chaîne au cou, l'ordre sociétaire doit enrôler les siens par amorce de fêtes et plaisirs inconnus dans l'état actuel, où une armée de cent mille hommes ne connaît d'autre plaisir collectif que celui de détruire, incendier, piller, violer.

Malgré les jérémiades sur la pénurie des finances, chaque État trouve des capitaux immenses, quand il s'agit de rassembler et approvisionner ces masses destructives. J'ai ouï dire à un ingénieur russe, qu'au siège de Rutschuk, en 1811, chaque bombe lancée sur la ville coûtait à la Russie 400 F, par suite des frais de transport. Que de dépenses pour la destruction des hommes et des édifices ! Quel fortuné changement serait-ce, qu'un ordre de choses qui rassemblerait pareilles masses d'hommes pour des travaux utiles ! C'est vraiment sur ce souhait que les sceptiques s'écrieront, *belles chimères, contes de fées, illusions d'une Harmonie qui n'est pas faite pour les hommes !*

Cette branche d'illusions (*armées industrielles*) *sera* une des premières à se réaliser dès la fondation de l'Harmonie, parce que la jeunesse élevée en civilisation a beaucoup de penchant pour les réunions d'armée, et que, n'ayant pas été façonnée à l'agriculture harmonienne, elle y tiendra moins, dans le début, qu'une génération qui y aura été habituée dès l'enfance ; elle courra d'autant plus avidement aux grandes et brillantes réunions. Trois motifs entraîneront fortement à ces armées industrielles, dès le début de l'Association.

1°. La campagne s'y passe en divertissements autant qu'en travaux. On y a de grandes occupations, mais qui alternent avec des fêtes immenses, concourant au progrès de l'industrie. On en verra une description à l'article *Gastrosophie infinitésimale*, 4e tome. Si l'on voulait passionner pour l'état sociétaire tous les jeunes gens, tous les Sybarites [et surtout les femmes], il suffirait de donner dès à présent ces tableaux.

2°. L'on n'y a rien à souffrir des injures de l'air ; chaque détachement étant abrité en travail par de bonnes tentes, logé dans les camps cellulaires des Phalanges voisines de son travail, conduit en voiture le matin au lieu du travail et ramené de même le soir, en cas d'éloignement.

3°. L'avancement y est assuré au mérite par des méthodes fixes : par exemple, une décoration de service effectif est aussi régulièrement distribuée que celle des chevrons dans les régiments, et classée par croix à 1, 2, 3, 4, 5, 6, 7, 8, 9, 10, 11, 12 branches, selon le nombre des campagnes. Après la 12e, on est par le fait promu au rang de Paladin ou Paladine : c'est avancement de fait et de droit, mais non de faveur. Il en est ainsi de toutes les méthodes employées en Harmonie ; la faveur n'y est d'aucune influence : on en a vu la preuve à l'article (II, 352) *Récompenses et lustre des savants et artistes.*

Cette garantie d'équité sera un des plus puissants ressorts pour attirer aux armées industrielles ; il sera nécessaire de forcer d'amorce en ce genre ; car l'état sociétaire aura besoin d'armées beaucoup plus nombreuses que les nôtres. J'estime que pour l'attaque du Sahara ou grand désert il faudra entretenir une masse de 4 millions d'hommes pendant 40 ans, à 6 ou 8 mois de travail chaque année. Cette armée s'occupera à boiser de proche en proche, afin de rétablir les sources, humecter et fixer peu à peu les sables, et améliorer graduellement les climatures.

En réfléchissant sur ces immenses travaux, on en vient aisément à soupçonner que l'état civilisé et barbare est un travestissement de la destinée, et que l'homme est fait pour l'unité sociale d'où naîtraient tant de merveilles. Comment nos faiseurs d'utopies n'ont-ils pas osé rêver celle-ci : *une réunion de 500 000 hommes occupés à construire au lieu de détruire !* Après tout, les frais seraient beaucoup moindres pour une armée productive, et, outre l'épargne des hommes égorgés, des villes brûlées, des campagnes ravagées, on aurait encore l'épargne des dépenses d'armement et le bénéfice des travaux.

Cette seule considération, qui n'exige pas de profonds calculs, devait suffire pour éveiller les soupçons sur la civilisation et sur la dualité des destins sociaux. C'eût été la meilleure réponse à faire à nos chantres de perfectibilité de la raison. Il fallait leur demander, *si la véritable raison ne serait pas d'assembler 500 000 hommes pour édifier au lieu de détruire* ? Quiconque opinera pour l'affirmative conclura par le fait à chercher une issue de la civilisation, qui ne réunit des masses que pour le ravage et le carnage.

C'est par défaut d'armées industrielles que la civilisation ne sait rien produire de grand et échoue sur tous les travaux de quelque étendue ; elle a autrefois exécuté de grandes choses, en employant des masses d'esclaves qui travaillaient à force de coups et de supplices. Mais si des ouvrages comme les Pyramides et le lac Mœris doivent être abreuvés des larmes de 500 000 malheureux, ce sont des monuments d'opprobre, et non des trophées pour la civilisation.

La grandeur de l'Harmonie consiste autant dans l'énormité de ses travaux que dans la rapide exécution, qu'on n'obtiendrait pas d'une masse d'esclaves et de salariés, tous d'accord à esquiver le travail. Les Harmoniens, pour qui il est transformé en fête, en sujet d'amour-propre, y apportent d'autant plus d'activité, que le nombre d'athlètes en facilite les progrès. Admettons que tel travail, comme rechaussement et reboisement d'une montagne, puisse devenir une partie de plaisir pour une armée de vingt mille hommes qui entoure la montagne ; leur émulation sera doublée par le charme de voir avancer rapidement l'entreprise, et d'en être félicités chaque soir en retournant dans les Phalanges de campement, pour qui les avantages de ce reboisement deviendront un motif de bien fêter les légions des trois sexes ; car il y a d'ordinaire dans chaque armée industrielle 3/6 d'hommes, 2/6 de femmes, et 1/6 d'enfants. Je passe brièvement sur ces réunions industrielles, quoique ce soit l'un des sujets les plus dignes de piquer la curiosité ; mais j'ai fait observer que les tableaux de ce genre inspireraient de la défiance au lecteur, tant qu'il ne connaît pas encore les ressorts d'équilibre passionnel et d'Attraction industrielle, et qu'il est porté à juger des moyens de l'Harmonie, par comparaison aux pauvretés et faussetés du régime civilisé.

Jamais génération ne fut plus rassasiée que la nôtre de ces fumées qu'on nomme lauriers de la victoire. Notre siècle doit donc être disposé à spéculer sur des lauriers plus utiles que ceux du carnage, sur des trophées industriels. Or que serait l'industrie sociétaire sans les armées, sans les réunions à millions d'hommes qui, stimulés par des ressorts d'Attraction inconnus aux civilisés, exécuteront, comme par enchantement, des prodiges que la civilisation n'ose pas même rêver !

XVIII

SAINT-SIMON

LE RÈGNE DU TRAVAILLEUR

Saint-Simon, *Catéchisme des industriels*,
in *La Pensée politique*,
Aubier-Montaigne, 1979, p. 194-200.

Depuis l'origine, la pensée utopique accorde au travail une valeur de premier plan. Chez More comme chez ses successeurs, l'oisif, le rentier, le paresseux n'ont pas droit de cité : ne participant pas à l'œuvre commune, ils n'ont aucun titre à en bénéficier, et ils seront, au mieux, voués à mourir de faim – mais plus généralement châtiés comme rebelles et comme déserteurs. L'utopie est un Éden où l'on travaille : paradoxe que ses promoteurs résolvent en démontrant que le travail n'y est plus un châtiment, mais une joie, un véritable plaisir, en même temps que la source du bonheur collectif. À cette attitude, on peut trouver nombre d'explications, tant polémiques (l'utopie conteste un ordre politique et social dominé par les « inutiles ») que philosophiques (elle exprime, sur le mode radical qui la caractérise, la réhabilitation de l'*operari in mundo* entrepris à partir du XVe siècle par la modernité occidentale). À quoi il faut ajouter que cette valorisation n'est pas sans rapport avec la nature même du projet utopique, création artificielle, et donc résultat d'un travail (de conception, puis de construction). S'opposant à une culture de la contemplation, l'utopie impose la figure de l'*artifex*, celui qui, par son action, modifie la nature et la soumet à sa volonté. À cet égard, le « grand législateur » utopique n'est que l'archétype, le modèle que chaque habitant de la Cité radieuse devra, dans son ordre, s'efforcer d'imiter : n'étant pas sur terre pour faire son salut dans l'autre monde, mais pour transformer ce monde-ci, et contribuer à en faire un paradis. De ce point de vue, le *Catéchisme des industriels* constitue un accomplissement, installant les travailleurs au sommet d'une société dont ils forment la base. Par une démonstration dont la forme est empruntée au fameux *Qu'est-ce que le tiers état ?* de l'abbé Sieyès, Saint-Simon explique pourquoi « l'industriel » (au sens très large qu'il donne à ce terme), celui qui incarne la domination de l'homme sur les choses, doit être investi du pouvoir politique.

Que sont les industriels ? Tout. Qu'étaient-ils jusqu'à présent ?

Rien. Que doivent-ils devenir ? La classe socialement dominante et politiquement dirigeante : il faut que les gouvernés prennent la place des gouvernants. Pour justifier cette prétention, ils ont pour eux, comme le tiers état de Sieyès, leur nombre, leur puissance matérielle et leur intelligence. Étant les plus « capables », ils sont les mieux à même de gérer l'État et, en fait, les seuls à pouvoir assurer la tranquillité publique, à pouvoir « mettre la nation à l'abri de toute secousse ». Tout, jusqu'au spectre de la Révolution, incite à établir cette technocratie des producteurs vers laquelle conduit, du reste, le progrès général. Par-delà les frontières nationales, c'est d'ailleurs à l'univers entier que Saint-Simon rêve d'appliquer ses principes. En 1802, ses *Lettres d'un citoyen de Genève* évoquaient un monde gouverné par un groupe de savants, le « conseil de Newton », et une humanité vouée à la production et à la science. En 1814, dans sa brochure *De la réorganisation de la société européenne, ou de la nécessité de rassembler les peuples d'Europe en un seul corps politique,* il envisageait la transformation du continent « en un immense et laborieux atelier » (cité par M. Leroy, *Le Socialisme des producteurs, Henri de Saint-Simon*, Rivière, 1924, p. 125), dirigé par un parlement européen représentant les producteurs : l'accord entre les nations fait écho à l'unanimité retrouvée entre les hommes, tous « frères par le travail ».

Mais le transfert du pouvoir politique se justifie également si l'on considère qu'il tend à se vider de son contenu, à se transformer en une simple « administration des choses » – laquelle correspond précisément à la compétence particulière des industriels. « Il n'y a, écrit Saint-Simon, d'action utile que sur les choses. L'action de l'homme sur l'homme est toujours, en elle-même, nuisible à l'espèce » (*Œuvres*, Dentu, 1868, t. XX, p. 192). D'où la nécessité, correspondant au mouvement de l'histoire, de réduire l'État, avant de substituer l'administration au gouvernement. « Une société éclairée n'a besoin que d'être administrée » (cité par M. Leroy, *op. cit.*, p. 83). C'est finalement à cette évolution des fonctions de l'État que correspond le remplacement de ses organes, celle-là n'étant pas concevable sans celui-ci. La société devenant une ruche, il importe que les « abeilles » y prennent le pas sur les « frelons ».

PREMIER CAHIER

D. *Qu'est-ce qu'un industriel ?*

R. Un industriel est un homme qui travaille à produire ou à mettre à la portée des différents membres de la société, un ou plusieurs moyens matériels de satisfaire leurs besoins ou leurs goûts physiques ; ainsi, un cultivateur qui sème du blé, qui élève des volailles, des bestiaux, est un industriel ; un charron, un maréchal, un serrurier, un menuisier, sont des industriels ; un fabricant de souliers, de chapeaux, de toiles, de draps, de cachemires, est également un industriel ; un négociant, un roulier, un marin employé sur des vaisseaux marchands, sont des industriels. Tous ces industriels réunis travaillent à produire et à mettre à la portée de tous les membres de la société, tous les moyens matériels de satisfaire leurs besoins ou leurs goûts physiques, et ils forment trois grandes classes qu'on appelle les cultivateurs, les fabricants et les négociants.

D. *Quel rang les industriels doivent-ils occuper dans la société ?*

R. La classe industrielle doit occuper le premier rang, parce qu'elle est la plus importante de toutes ; parce qu'elle peut se passer de toutes les autres, et qu'aucune autre ne peut se passer d'elle ; parce qu'elle subsiste par ses propres forces ; par ses travaux personnels. Les autres classes doivent travailler pour elle, parce qu'elles sont ses créatures, et qu'elle entretient leur existence. En un mot, tout se faisant par l'industrie, tout doit se faire pour elle.

D. *Quel rang les industriels occupent-ils dans la société ?*

R. La classe industrielle est constituée par l'organisation sociale actuelle, la dernière de toutes. L'ordre social accorde encore plus de considération et de pouvoir aux travaux secondaires et même au désœuvrement, qu'aux travaux les plus importants, qu'à ceux de l'utilité la plus directe. [...].

D. *Quelle est donc la nature du travail que vous entreprenez ? En un mot, quel but vous proposez-vous en faisant ce catéchisme ?*

R. Nous nous proposons d'indiquer aux industriels les

moyens d'augmenter le plus possible leur bien-être ; nous nous proposons de leur faire connaître les moyens généraux qu'ils doivent employer pour accroître leur importance sociale.

D. *De quelle manière vous y prendrez-vous pour atteindre ce but ?*

R. D'une part, nous présenterons aux industriels le tableau de leur véritable situation sociale ; nous leur ferons voir qu'elle est tout à fait subalterne, et, par conséquent, très inférieure à ce qu'elle doit être, puisqu'ils sont la classe la plus capable et la plus utile de la société.

D'une autre part, nous leur tracerons la marche qu'ils doivent suivre pour se placer au premier rang, sous le rapport de la considération et du pouvoir.

D. Vous prêcherez donc, dans ce catéchisme, l'insurrection et la révolte ? Car les classes qui se trouvent spécialement investies du pouvoir et de la considération ne sont certainement pas disposées à renoncer aux avantages dont elles jouissent.

R. Loin de prêcher l'insurrection et la révolte, nous présenterons le seul moyen d'empêcher les actes de violence dont la société pourrait être menacée, et auxquels elle échapperait difficilement si la puissance industrielle continuait à rester passive au milieu des factions qui se disputent le pouvoir.

La tranquillité publique ne saurait être stable tant que les industriels les plus importants ne seront pas chargés de diriger l'administration de la fortune publique.

D. Expliquez-nous cela, et dites-nous pourquoi la tranquillité publique sera menacée si les industriels les plus importants ne sont point chargés de diriger l'administration de la fortune publique ?

R. La raison en est bien simple : la tendance politique générale de l'immense majorité de la société est d'être gouvernée au meilleur marché possible ; d'être gouvernée le moins possible ; d'être gouvernée par les hommes les plus capables et d'une manière qui assure complètement la tranquillité publique. Or le seul moyen de satisfaire, sous ces différents rapports, les désirs de la majorité consiste à charger les industriels les plus importants de diriger la fortune publique ; car les industriels les plus importants sont les plus intéressés au maintien de la tranquillité ; ils sont les plus intéressés à l'économie dans les dépenses publiques ; ils sont aussi les plus intéressés à la limitation de l'arbitraire. Enfin, ils sont, de tous les membres de la société, ceux qui ont fait preuve de la plus grande capacité en administration positive, les succès qu'ils ont obtenus dans leurs entreprises particulières ayant constaté leur capacité dans ce genre.

Dans l'état présent des choses, la tranquillité publique est menacée, par la raison que l'allure du gouvernement se trouve en opposition directe avec les intentions les plus positives de la nation. Ce que la nation désire, principalement, c'est d'être gouvernée au meilleur marché possible, et jamais son gouvernement ne lui a coûté aussi cher ; il lui coûte beaucoup plus qu'avant la Révolution. Avant la Révolution, la nation était partagée en trois classes, savoir : les nobles, les bourgeois et les industriels. Les nobles gouvernaient, les bourgeois et les industriels les payaient.

Aujourd'hui, la nation n'est plus partagée qu'en deux classes : les bourgeois, qui ont fait la Révolution et qui l'ont dirigée dans leur intérêt, ont anéanti le privilège exclusif des nobles d'exploiter la fortune publique ; ils se sont fait admettre dans la classe des gouvernants, de manière que les industriels doivent aujourd'hui payer les nobles et les bourgeois. Avant la Révolution, la nation payait 500 millions de contributions, aujourd'hui elle paye un milliard, et le milliard ne suffit pas ; le gouvernement fait fréquemment des emprunts considérables.

La tranquillité publique sera de plus en plus menacée, parce que les charges iront nécessairement toujours en augmentant. Le seul moyen d'empêcher les insurrections qui pourraient arriver consiste à charger les industriels les plus importants du soin d'administrer la fortune publique, c'est-à-dire du soin de faire le budget.

D. *Ce que* vous *venez de dire est très bon, fort intéressant et de la* plus *grande importance ; mais cela ne nous instruit pas directement de ce que nous désirons savoir. Le point que nous* vous *prions d'éclaircir est celui-ci : est-il possible de faire sortir la haute direction des intérêts pécuniaires de la société, des mains des nobles, des militaires, des légistes et des rentiers ; en un mot, des classes qui ne sont pas industrielles, pour la faire passer dans les mains des industriels, sans employer des moyens violents ?*

R. Les moyens violents sont bons pour renverser, pour détruire, mais ils ne sont bons que pour cela. Les moyens pacifiques sont les seuls qui puissent être employés pour édifier, pour construire, en un mot, pour établir des constitutions solides. Or l'acte d'investir les industriels les plus importants de la direction suprême des intérêts pécuniaires de la nation est un acte de construction, c'est la disposition politique la plus importante qui puisse être admise ; cette disposition servira de base à tout le nouvel édifice social ; cette disposition terminera la révolution, elle mettra la nation à l'abri de toute nouvelle secousse. Les industriels les plus importants rempliront gratuitement la fonction de faire le budget, et il en résultera que cette fonction ne sera que faiblement désirée. Les industriels qui feront le budget se proposeront pour base l'économie dans l'administration des affaires publiques. Ainsi, ils n'accorderont aux fonctionnaires que des traitements modérés. Les places n'étant que médiocrement recherchées, le nombre en sera considérablement diminué, de manière que celui des prétendants diminuera également, et il s'établira nécessairement un ordre dans lequel un grand nombre de places seront exercées gratuitement, parce que les riches oisifs ne trouveront pas d'autre moyen de se procurer de la considération.

Quand on étudie le caractère des industriels et la conduite qu'ils ont tenue pendant la Révolution, on reconnaît qu'ils sont essentiellement pacifiques. Ce ne sont point les industriels qui ont fait la Révolution, ce sont les bourgeois, c'est-à-dire, ce sont les militaires qui n'étaient pas nobles, les légistes qui étaient roturiers, les rentiers qui n'étaient pas privilégiés. Encore aujourd'hui, les industriels ne jouent qu'un rôle secondaire dans les partis politiques existants et ils n'ont point d'opinion ni de parti politique qui leur soit propre. Ils portent plus d'intérêt au côté gauche qu'au côté droit, parce que les prétentions des bourgeois choquent moins les idées d'égalité que celles des nobles ; mais ils ne s'abandonnent point aux idées des libéraux ; c'est la tranquillité qu'ils désirent par-dessus tout. Les meneurs des libéraux, au-dedans et au-dehors de la Chambre, sont des généraux, des légistes et des rentiers. Les nobles et les bourgeois désirent être chargés de l'administration de la fortune publique, principalement pour l'exploiter à leur profit. Les principaux industriels désireraient en être chargés, au contraire, pour y mettre la plus grande économie possible.

Les industriels sentent bien qu'ils sont les plus capables de bien diriger les intérêts pécuniaires de la nation, mais ils ne mettent point cette idée en avant, par la crainte de troubler momentanément la tranquillité ; ils attendent patiemment que l'opinion se forme à ce sujet, et qu'une doctrine vraiment sociale les appelle au timon des affaires.

De ce que nous venons de dire, nous concluons que les moyens pacifiques, c'est-à-dire, que les moyens de discussion, de démonstration et de persuasion seront les seuls que les industriels emploieront ou appuieront pour faire sortir l'administration de la fortune publique des mains des nobles, des militaires, des légistes, des rentiers et des fonctionnaires publics, pour la faire passer dans celles des plus importants d'entre eux.

D. *Nous admettons provisoirement que les industriels ne chercheront point à employer la violence pour faire sortir des mains des nobles et des bourgeois la haute direction des intérêts pécuniaires de la société et pour la faire passer dans celles des plus importants d'entre eux ; mais des intentions pacifiques des industriels, il ne résulte pas la preuve que cette classe de la société soit en mesure de se placer au premier rang. Nous vous prions donc de nous dire quels sont les moyens des industriels pour opérer dans la société le changement radical dont il est question.*

R. Les industriels composent plus des 24/25 de la nation ; ainsi ils possèdent la supériorité sous le rapport de la force physique.

Ce sont eux qui produisent toutes les richesses ; ainsi ils possèdent la force pécuniaire.

Ils possèdent la supériorité sous le rapport de l'intelligence, car ce sont leurs combinaisons qui contribuent le plus directement à la prospérité publique.

Enfin, puisqu'ils sont les plus capables de bien administrer les intérêts pécuniaires de la nation, la morale humaine, ainsi que la morale divine, appelle les plus importants d'entre eux à la direction des finances.

Les industriels sont donc investis de tous les moyens nécessaires ; ils sont investis de moyens irrésistibles pour opérer la transition dans l'organisation sociale qui doit les faire passer de la classe des gouvernés dans celle des gouvernants.

D. Vous êtes trop tranchant, trop absolu, trop exclusif ; vous voudriez qu'il n'y eut qu'une seule classe, celle des industriels ; cela est absolument impraticable, car les industriels eux-mêmes ont besoin de militaires, de légistes, etc. Pouvez-vous vous justifier du reproche que nous vous adressons ?

R. Produire un système, c'est produire une opinion qui est, par sa nature, tranchante, absolue et exclusive : voilà notre réponse à la première partie de votre objection. Vous dites ensuite que nous voulons qu'il n'existe plus qu'une seule classe dans la société, celle des industriels ; vous vous trompez : ce que nous voulons, ou plutôt ce que les progrès de la civilisation veulent, c'est que la classe industrielle soit constituée la première de toutes les classes ; c'est que les autres classes lui soient subordonnées.

Dans les temps d'ignorance, la direction de l'activité nationale a été principalement militaire, et secondairement industrielle. À cette époque, toutes les classes de la société ont dû être subordonnées à la classe militaire : telle a été effectivement l'organisation sociale de cette époque, et elle aurait été mauvaise si elle n'avait pas eu ce caractère tranchant, exclusif, absolu. Les progrès de la civilisation ont amené un état de choses dans lequel la direction de la population en France est essentiellement industrielle ; donc, la classe industrielle doit être constituée la première de toutes ; donc, les autres classes doivent lui être subordonnées. Certainement les industriels ont besoin d'une armée ; certainement ils ont besoin de tribunaux ; certainement les propriétaires ne doivent point être forcés d'engager leurs capitaux dans l'industrie ; mais c'est une chose monstrueuse que ce soient les militaires, les légistes et les propriétaires oisifs qui soient les principaux directeurs de la fortune publique dans l'état présent de la civilisation.

D. Arrêtez-vous, vous vous étendez beaucoup trop pour le moment ; vous entrez dans la discussion du fond de la question, et vous perdez de vue que le point d'examen qui nous occupe présentement a pour objet de préciser le caractère de l'état présent des choses en politique. Donnez-nous donc votre résumé à cet égard.

R. Voici, en deux mots, le résumé que vous nous demandez : L'ÉPOQUE ACTUELLE EST UNE ÉPOQUE DE TRANSITION.

D. Passons à la considération de l'avenir, et dites-nous clairement quel sera, en définitive, le sort politique des industriels ?

R. Les industriels se constitueront première classe de la société ; les industriels les plus importants se chargeront gratuitement de diriger l'administration de la fortune publique ; ce sont eux qui feront la loi, ce sont eux qui fixeront le rang que les autres classes occuperont entre elles ; ils accorderont à chacune d'elles une importance proportionnée aux services que chacune d'elles rendra à l'industrie ; tel sera inévitablement le résultat final de la révolution actuelle ; et quand ce résultat sera obtenu, la tranquillité sera complètement assurée, la prospérité publique marchera avec toute la rapidité possible, et la société jouira de tout le bonheur individuel et collectif auquel la nature humaine pourrait prétendre.

Voilà notre opinion sur l'avenir des industriels et sur celui de la société. Voici les considérations sur lesquelles cette opinion est fondée :

1° La récapitulation du passé de la société nous a prouvé que la classe industrielle avait continuellement acquis de l'importance, tandis que les autres en avaient toujours perdu ; et nous devons conclure de là que la classe industrielle doit finir par se constituer la plus importante de toutes.

2° Le simple bon sens a placé, dans tous les individus, le raisonnement suivant : les hommes ayant toujours travaillé à l'amélioration de leur sort, le but vers lequel ils ont toujours tendu a été celui de l'établissement d'un ordre social dans lequel la classe occupée des travaux utiles soit la plus considérée. C'est ce but que la société finira nécessairement par atteindre.

3° Le travail est la source de toutes les vertus ; les travaux les plus utiles sont ceux qui doivent être les plus considérés ; ainsi la morale divine et la morale humaine appellent également la classe industrielle à jouer le premier rôle dans la société.

4° La société se compose d'individus ; le développement de l'intelligence sociale ne peut être que celui de l'intelligence individuelle sur une plus grande échelle ; si l'on observe la marche que suit l'éducation des individus, on remarque, dans les écoles primaires, l'action de gouverner comme étant la plus forte ; et dans les écoles d'un rang plus élevé, on voit l'action de gouverner les enfants diminuer toujours d'intensité, tandis que l'enseignement joue un rôle de plus en plus important. Il en a été de même pour l'éducation de la société ; l'action militaire, c'est-à-dire l'action féodale, a dû être la plus forte à son origine ; elle a toujours dû décroître, tandis que l'action administrative a toujours dû acquérir de l'importance, et le pouvoir administratif doit nécessairement finir par dominer le pouvoir militaire. Les militaires et les légistes doivent finir par être aux ordres des hommes les plus capables en administration ; car une société éclairée n'a besoin que d'être administrée ; car, dans une société éclairée, la force des lois et celle des militaires pour faire obéir à la loi ne doivent être employées que contre ceux qui entreprendraient de troubler l'administration. Les conceptions directrices de la force sociale doivent être produites par les hommes les plus capables en administration ; or, les industriels les plus importants étant ceux qui ont fait preuve de la plus grande capacité en administration, puisque c'est à leur capacité dans ce genre qu'ils doivent l'importance qu'ils ont acquise, ce sont eux qui, en définitive, seront nécessairement chargés de la direction des intérêts sociaux.

XIX

FÉNELON

LE BONHEUR DANS LA VERTU

Fénelon, *Les Aventures de Télémaque*, GF-Flammarion, 1968, p. 205-210.

Les Aventures de Télémaque, que Fénelon rédige pour le duc de Bourgogne dont il est le précepteur, sera le livre de chevet du XVIIIe siècle. L'ouvrage contient plusieurs « îlots utopiques enchâssés dans le cours du récit » (R. Trousson, *Voyages...*, p. 97), et en particulier, les descriptions de Salente (livre X) et de Bétique (livre VII). Cette dernière constitue ce que l'on pourrait appeler une « anti-utopie » : ne s'identifiant ni aux « contre-utopies », « utopies en sens contraire », ni aux utopies proprement dites, qui décrivent un idéal construit par l'homme. La perfection dont jouit la Bétique est en effet *donnée*, et conservée : le bonheur s'y trouve directement prodigué par la nature, et non point arraché à elle par le travail et par l'effort.

La Bétique bénéficie, d'abord, d'un climat et d'un terrain propices : au contraire, les pays utopiques sont généralement décrits comme hostiles, arides, afin de manifester avec plus d'éclat le triomphe de l'homme sur les éléments. Son nom même n'est pas celui d'un « grand législateur », comme c'est le cas pour l'*Utopie* de More ou l'*Icarie* de Cabet, mais, simplement, celui du fleuve qui l'arrose. Pareillement, si la Bétique est protégée de l'extérieur, c'est par des barrières naturelles, et non par des défenses artificielles réalisées à cet effet. Cette antithèse exacte du volontarisme utopique se retrouve enfin dans les vertus que Fénelon prête à la population. Fidélité, frugalité, sobriété, douceur et modestie, ne sont pas le résultat d'une décision consciente, ni même d'un effort soutenu (comme chez les Troglodytes de Montesquieu : cf. texte n° 6), mais l'effet de dispositions spontanées, presque instinctives.

Voilà du reste pourquoi la Bétique peut se passer d'un pouvoir politique, de même qu'elle n'a nul besoin de lois ni de juges : « leur propre conscience » y pourvoit, et suffit à les maintenir dans le droit chemin. « Ce pays semble avoir *conservé* les délices de l'Âge d'or », Astrée « est encore ici-bas cachée parmi les hommes » : ultime opposition à la pensée utopique, qui rêve la reconstruction d'un paradis sur terre, alors que Fénelon décrit sa survivance. Ce qui, rapporté au commentaire qu'il en donnera, évoquant à ce propos « l'aimable simplicité du monde naissant » (cité par A. Caen, *Les Aventures de Télémaque*, Hachette, 1923, t. I, p. 324), rattache décidément les félicités de la Bétique à l'antique tradition de l'Âge d'or.

SEPTIÈME LIVRE

Cependant Télémaque dit à Adoam :

– Je me souviens que vous m'avez parlé d'un voyage que vous fîtes dans la Bétique depuis que nous fûmes partis d'Égypte. La Bétique est un pays dont on raconte tant de merveilles qu'à peine peut-on les croire. Daignez m'apprendre si tout ce qu'on en dit est vrai.

– Je serai fort aise – répondit Adoam – de vous dépeindre ce fameux pays, digne de votre curiosité, et qui surpasse tout ce que la renommée en publie.

Aussitôt il commença ainsi :

« Le fleuve Bétis coule dans un pays fertile et sous un ciel doux, qui est toujours serein. Le pays a pris le nom du fleuve, qui se jette dans le grand Océan, assez près des colonnes d'Hercule et de cet endroit où la mer furieuse, rompant ses digues, sépara autrefois la terre de Tharsis d'avec la grande Afrique. Ce pays semble avoir conservé les délices de l'Âge d'or. Les hivers y sont tièdes, et les rigoureux aquilons n'y soufflent jamais. L'ardeur de l'été y est toujours tempérée par des zéphyrs rafraîchissants, qui viennent adoucir l'air vers le milieu du jour. Ainsi toute l'année n'est qu'un heureux hymen du printemps et de l'automne, qui semblent se donner la main. La terre, dans les vallons et dans les campagnes unies, y porte chaque année une double moisson. Les chemins y sont bordés de lauriers, de grenadiers, de jasmins et d'autres arbres toujours verts et toujours fleuris. Les montagnes sont couvertes de troupeaux, qui fournissent des laines fines recherchées de toutes les nations connues. Il y a plusieurs mines d'or et d'argent dans ce beau pays ; mais les habitants, simples et heureux dans leur simplicité, ne daignent pas seulement compter l'or et l'argent parmi leurs richesses : ils n'estiment que ce qui sert véritablement aux besoins de l'homme. Quand nous avons commencé à faire notre commerce chez ces peuples, nous avons trouvé l'or et l'argent parmi eux employés aux mêmes usages que le fer, par exemple, pour des socs de charrue. Comme ils ne faisaient aucun commerce au-dehors, ils n'avaient besoin d'aucune monnaie. Ils sont presque tous bergers ou laboureurs. On voit en ce pays peu d'artisans : car ils ne veulent souffrir que les arts qui servent aux véritables nécessités des hommes ; encore même la plupart des hommes en ce pays, étant adonnés à l'agriculture ou à conduire des troupeaux, ne laissent pas d'exercer les arts nécessaires pour leur vie simple et frugale.

Les femmes filent cette belle laine, et en font des étoffes fines d'une merveilleuse blancheur ; elles font le pain, apprêtent à manger, et ce travail leur est facile, car on vit en ce pays de fruits ou de lait, et rarement de viande. Elles emploient le cuir de leurs moutons à faire une légère chaussure pour elles, pour leurs maris et pour leurs enfants ; elles font des tentes, dont les unes sont de peaux cirées et les autres d'écorce d'arbres ; elles font, elles lavent tous les habits de la famille, et tiennent les maisons dans un ordre et une propreté admirables. Leurs habits sont aisés à faire – car, en ce doux climat, on ne porte qu'une pièce d'étoffe fine et légère, qui n'est point taillée, et que chacun met à longs plis autour de son corps pour la modestie, lui donnant la forme qu'il veut.

Les hommes n'ont d'autres arts à exercer, outre la culture des terres et la conduite des troupeaux, que l'art de mettre le bois et le fer en œuvre ; encore même ne se servent-ils guère du fer, excepté pour les instruments nécessaires au labourage. Tous les arts qui regardent l'architecture leur sont inutiles ; car ils ne bâtissent jamais de maison. " C'est disent-ils – s'attacher trop à la terre, que de s'y faire une demeure qui dure beaucoup plus que nous ; il suffit de se défendre des injures de l'air. " Pour tous les autres arts estimés chez les Grecs, chez les Égyptiens et chez tous les autres peuples bien policés, ils les détestent, comme des inventions de la vanité et de la mollesse.

Quand on leur parle des peuples qui ont l'art de faire des bâtiments superbes, des meubles d'or et d'argent, des étoffes ornées de broderies et de pierres précieuses, des parfums exquis, des mets délicieux, des instruments dont l'harmonie charme, ils répondent en ces termes : " Ces peuples sont bien malheureux d'avoir employé tant de travail et d'industrie à se corrompre eux-mêmes ! Ce superflu amollit, enivre, tourmente ceux qui le possèdent : il tente ceux qui en sont privés de vouloir l'acquérir par l'injustice et par la violence. Peut-on nommer bien un superflu qui ne sert qu'à rendre les hommes mauvais ? Les hommes de ces pays sont-ils plus sains et plus robustes que nous ? Vivent-ils plus longtemps ? Sont-ils plus unis entre eux ? Mènent-ils une vie plus libre, plus tranquille, plus gaie ? Au contraire, ils doivent être jaloux les uns des autres, rongés par une lâche et noire envie, toujours agités par l'ambition, par la crainte, par l'avarice, incapables des plaisirs purs et simples, puisqu'ils sont esclaves de tant de fausses nécessités dont ils font dépendre tout leur bonheur. "

C'est ainsi, continuait Adoam, que parlent ces hommes sages, qui n'ont appris la sagesse qu'en étudiant la simple nature. Ils ont horreur de notre politesse ; et il faut avouer que la leur est grande dans leur aimable simplicité. Ils vivent tous ensemble sans partager les terres ; chaque famille est gouvernée par son chef, qui en est le véritable roi. Le père de famille est en droit de punir chacun de ses enfants ou petits-enfants qui fait une mauvaise action ; mais, avant que de le punir, il prend les avis du reste de la famille. Ces punitions n'arrivent presque jamais ; car l'innocence des mœurs, la bonne foi, l'obéissance et l'horreur du vice habitent dans cette heureuse terre. Il semble qu'Astrée, qu'on dit qui est retirée dans le ciel, est encore ici-bas cachée parmi ces hommes. Il ne faut point de juges parmi eux, car leur propre conscience les juge. Tous les biens sont communs : les fruits des arbres, les légumes de la terre, le lait des troupeaux sont des richesses si abondantes, que des peuples si sobres et si modérés n'ont pas besoin de les partager. Chaque famille, errante dans ce beau pays, transporte ses tentes d'un lieu en un autre, quand elle a consumé les fruits et épuisé les pâturages de l'endroit où elle s'était mise. Ainsi, ils n'ont point d'intérêts à soutenir les uns contre les autres, et ils s'aiment tous d'une amour fraternelle que rien ne trouble. C'est le retranchement des vaines richesses et des plaisirs trompeurs qui leur conserve cette paix, cette union et cette liberté. Ils sont tous libres et tous égaux. On ne voit parmi eux aucune distinction que celle qui vient de l'expérience des sages vieillards ou de la sagesse extraordinaire de quelques jeunes hommes qui égalent les vieillards consommés en vertu. La fraude, la violence, le parjure, les procès, les guerres ne font jamais entendre leur voix cruelle et empestée dans ce pays chéri des dieux. Jamais le sang humain n'a rougi cette terre ; à peine y voit-on couler celui des agneaux. »

XX

ROBESPIERRE

VERS LA FÉLICITÉ UNIVERSELLE

Robespierre, *Discours sur les principes de morale politique*, *Textes choisis*, Éditions sociales, 1958, t. III, p. 111-113.

Maximilien de Robespierre n'est pas simplement, ni même foncièrement, un utopiste. Son œuvre intellectuelle, quelques brochures, mais surtout un millier de discours prononcés devant les assemblées ou aux jacobins, n'est pas non plus assimilable au « genre utopique ». Et pourtant, la vision des choses de ce rousseauiste fervent, sa conception de l'histoire, de l'homme et de la politique, des fins qu'il leur assigne, ce va-et-vient constant entre l'idéal et une réalité qu'il faut refaire à son image, tout ceci renvoie irrésistiblement à l'utopie.

« Nous voulons fonder Salente », écrit-il à Lindet (cité par R. Ruyer, p. 95). Salente ? Moins la cité idéale du *Télémaque* de Fénelon, que le règne sans partage d'une vertu rigoureuse qui, selon Robespierre *se confond* avec la démocratie, et se traduira par l'instauration de la « félicité universelle ». Robespierre ou l'utopie au pouvoir : au cœur même de sa pensée, il y a en effet cette volonté d'une subordination totale de la politique aux « principes ». « Robespierre, observera Hegel, posa le principe de vertu comme l'objet suprême, et l'on peut dire que cet homme prit la vertu au sérieux » (cité par G. Labica, *Robespierre, une politique de la philosophie*, PUF, 1991, p. 26).

L'histoire humaine dans son ensemble, observe-t-il, manifeste l'affrontement sans merci du Bien et du Mal, de la vertu et du vice : « Ils font les destins de la terre, ce sont deux génies opposés qui se la disputent » (Robespierre, t. III, p. 159). Dans l'ordre politique, ce conflit recoupe exactement le combat entre le peuple, incarnant le bien (« en général il n'y a rien d'aussi juste ni d'aussi bon que le peuple », *Ibid.*, t. I, p. 73), et ses ennemis, rois, aristocrates, etc., qui sont l'immoralité même. Jusqu'à maintenant, c'est le mal qui l'a emporté : « Les siècles et la terre sont le partage du crime et de la tyrannie ; la liberté et la vertu se sont à peine reposées un instant sur quelque point du globe » (*Ibid.*, t. III, p. 156). Et l'on retrouve ici la dynamique de l'utopie, avec la description de l'« avant » catastrophique qui précède l'entrée dans l'Âge d'or. En l'espèce, la Révolution va jouer le rôle de pivot, permettre le passage du mal ancien au bien à venir : et c'est d'ailleurs du fait de son rôle historique qu'il importe à tout prix, fût-ce par la Terreur, de la défendre contre ses ennemis, et de l'aider à accoucher des « temps nouveaux ».

« C'est la terreur du crime qui fait la sécurité de l'innocence » (*Ibid.*, t. III, p. 189), avant d'assurer le triomphe de la vertu et du bonheur. Tel est en effet, au terme du « passage » révolutionnaire, l'aboutissement que prophétise Robespierre, et vers lequel tend l'histoire : un état qui sera « le chef-d'œuvre de la vertu et de la raison humaine », et dont il décrit les merveilles dans son *Discours sur les principes de morale politique*, scandé sous la forme d'objectifs à moyen terme : « Nous voulons »... Des objectifs auxquels correspondent des moyens, et tout d'abord, l'instauration d'une démocratie véritable dont l'effort principal consistera, à « rendre meilleurs » (*Ibid.*, t. III, p. 158) les individus, à replonger « les vices dans le néant », et ainsi, à restaurer entre des êtres « régénérés » la bienheureuse unité perdue des origines.

Il est temps de marquer nettement le but de la révolution, et le terme où nous voulons arriver ; il est temps de nous rendre compte à nous-mêmes, et des obstacles qui nous en éloignent encore, et des moyens que nous devons adopter pour l'atteindre ; idée simple et importante, qui semble n'avoir jamais été aperçue. Eh ! comment un gouvernement lâche et corrompu aurait-il osé la réaliser ? Un roi, un sénat orgueilleux, un César, un Cromwell doivent avant tout couvrir leurs projets d'un voile religieux, transiger avec tous les vices, caresser tous les partis, écraser celui des gens de biens, opprimer ou tromper le peuple, pour arriver au but de leur perfide ambition. Si nous n'avions pas eu une plus grande tâche à remplir, s'il ne s'agissait ici que des intérêts d'une faction ou d'une aristocratie nouvelle, nous aurions pu croire, comme certains écrivains plus ignorants encore que pervers, que le plan de la révolution française était écrit en toutes lettres dans les livres de Tacite et de Machiavel, et chercher les devoirs des représentants du peuple dans l'histoire d'Auguste, de Tibère ou de Vespasien ou même dans celle de certains législateurs français ; car, à quelques nuances près de perfidie ou de cruauté, tous les tyrans se ressemblent.

Pour nous, nous venons aujourd'hui mettre l'univers dans la confidence de vos secrets politiques, afin que tous les amis de la patrie puissent se rallier à la voix de la raison et de l'intérêt public ; afin que la nation française et ses représentants soient respectés dans tous les pays de l'univers où la connaissance de leurs véritables principes pourra parvenir ; afin que les intrigants qui cherchent toujours à remplacer d'autres intrigants soient jugés sur des règles sûres et faciles.

Il faut prendre de loin ses précautions pour remettre les destinées de la liberté dans les mains de la vérité qui est éternelle, plus que dans celles des hommes qui passent, de manière que si le gouvernement oublie les intérêts du peuple, ou qu'il retombe entre les mains des hommes corrompus, selon le cours naturel des choses, la lumière des principes reconnus éclaire ses trahisons, et que toute faction nouvelle trouve la mort dans la seule pensée du crime.

Heureux le peuple qui peut arriver à ce point ! car, quelques nouveaux outrages qu'on lui prépare, quelles ressources ne présente pas un ordre de choses où la raison publique est la garantie de la liberté !

Quel est le but où nous tendons ? la jouissance paisible de la liberté et de l'égalité ; le règne de cette justice éternelle dont les lois ont été gravées, non sur le marbre et sur la pierre, mais dans les cœurs de tous les hommes, même dans celui de l'esclave qui les oublie, et du tyran qui les nie.

Nous voulons un ordre de choses où toutes les passions basses et cruelles soient enchaînées, toutes les passions bienfaisantes et généreuses éveillées par les lois ; où l'ambition soit le désir de mériter la gloire et de servir la patrie ; où les distinctions ne naissent que de l'égalité même ; où le citoyen soit soumis au magistrat, le magistrat au peuple, et le peuple à la justice ; où la patrie assure le bien-être de chaque individu pour qu'il jouisse avec orgueil de la prospérité et de la gloire de la patrie ; où toutes les âmes s'agrandissent par la communication continuelle des sentiments républicains, et par le besoin de mériter l'estime d'un grand peuple ; où les arts soient des décorations de la liberté qui les ennoblit, le commerce la source de la richesse publique et non seulement de l'opulence monstrueuse de quelques maisons.

Nous voulons substituer dans notre pays la morale à l'égoïsme, la probité à l'honneur, les principes aux usages, les devoirs aux bienséances, l'empire de la raison à la tyrannie de la mode, le mépris du vice au mépris du malheur, la fierté à l'insolence, la grandeur d'âme à la vanité, l'amour de la gloire à l'amour de l'argent, les bonnes gens à la bonne compagnie, le mérite à l'intrigue, le génie au bel esprit, la vérité à l'éclat, le charme du bonheur aux ennuis de la volupté, la grandeur de l'homme à la petitesse des grands, un peuple magnanime, puissant, heureux, à un peuple aimable, frivole et misérable, c'est-à-dire toutes les vertus et tous les miracles de la république, à tous les vices et à tous les ridicules de la monarchie.

Nous voulons, en un mot, remplir les vœux de la nature, accomplir les destins de l'humanité, tenir les promesses de la philosophie, absoudre la providence du long règne du crime et de la tyrannie. Que la France, jadis illustre parmi les pays esclaves, éclipsant la gloire de tous les peuples libres qui ont existé, devienne le modèle des nations, l'effroi des oppresseurs, la consolation des opprimés, l'ornement de l'univers, et qu'en scellant notre ouvrage de notre sang, nous puissions voir au moins briller l'aurore de la félicité universelle... Voilà notre ambition, voilà notre but.

Quelle nature de gouvernement peut réaliser ces prodiges ? Le seul gouvernement démocratique ou républicain : ces deux mots sont synonymes, malgré les abus du langage vulgaire ; car l'aristocratie n'est pas plus la république que la monarchie. La démocratie n'est pas un état où le peuple, continuellement assemblé, règle par lui-même toutes les affaires publiques, encore moins celui où cent mille fractions du peuple, par des mesures isolées, précipitées et contradictoires, décideraient du sort de la société entière : un tel gouvernement n'a jamais existé, et il ne pourrait exister que pour ramener le peuple au despotisme.

La démocratie est un état où le peuple souverain, guidé par des lois qui sont son ouvrage, fait par lui-même tout ce qu'il peut bien faire, et par des délégués tout ce qu'il ne peut faire lui-même.

C'est donc dans les principes du gouvernement démocratique que vous devez chercher les règles de votre conduite politique.

XXI

BULWER-LYTTON

AMBIGUÏTÉS DU BONHEUR UTOPIQUE

Bulwer-Lytton, *La Race à venir*, trad. H. Destouches, Verviers, Marabout, 1973, p. 224-231.

La question que pose l'utopie, et à laquelle elle répond par l'affirmative, fut longtemps celle de sa *possibilité* : la perfection est-elle accessible, humainement réalisable ? Cependant, depuis le XVIIIe siècle, mais surtout à partir de la seconde moitié du siècle suivant, une seconde interrogation vient s'ajouter à la première, et va même tendre, peu à peu, à s'y substituer : une telle perfection serait-elle supportable ? En admettant qu'il y parvienne, ce que l'évolution politique, scientifique et technique rend de moins en moins invraisemblable, l'homme se construirait-il autre chose qu'une prison dorée, un « palais de cristal » (Dostoïevsky) incompatible avec sa nature profonde ? Telle est, au fond, l'interrogation centrale que suggère le roman d'Edward Bulwer-Lytton, *La Race à venir* (1871). Visitant une galerie de mine, le narrateur pénètre, par hasard, dans un monde souterrain où prospère une civilisation extraordinairement avancée, les Vril-ya. Diverses causes, et notamment l'usage d'une source d'énergie pratiquement illimitée, le « vril », ont amené ce peuple des abîmes au seuil de la

« perfection idéale ». Tous les « rêves de nos philanthropes » s'y trouvent réalisés, la paix, la liberté, l'égalité, la vertu bien sûr, et jusqu'à la longévité. « Il est donc incontestable, observe le narrateur, que l'existence des Vril-ya est, dans son ensemble, infiniment plus heureuse que celle des races terrestres. » À des humains, elle paraîtrait pourtant littéralement invivable.
À la suite de Bulwer-Lytton, de nombreux auteurs vont décliner cette idée. « Ordre, règlement, mécanisme, confort, mais le souhait de l'aventure, des *risques* de la vie libre et aventureuse ? » s'interroge déjà Émile Zola à propos du *Familistère* fouriériste de Guise (cité par H. Desroches, *La Société festive, du fouriérisme écrit aux fouriérismes pratiqués,* p. 330). La satiété et la stabilité, l'absence d'inquiétude, de passion ou de lutte engendrent par contrecoup un ennui profond, irrémédiable, auquel on n'échappe que par l'usage de drogues (D. Halévy, *Histoire de quatre ans*, *1997-2001*, p. 20 sq.), le suicide ou la fuite (I. Levin, *Un bonheur insoutenable*, p. 199 et sq.). En outre, et l'on retrouve ici la leçon, plus ancienne, de Mandeville et de sa *Fable des abeilles* (1714), les vices et les guerres eux-mêmes sont indispensables à la créativité et à l'héroïsme, à ce qui constitue la grandeur spécifique de l'espèce. Leur disparition risquerait de la plonger dans une hébétude uniforme et désespérante.
« Quels que soient nos rêves de perfectibilité, [...] nous ne sommes pas faits pour jouir longtemps de ce bonheur même auquel [...] nous aspirons. »

Après ma conversation avec Zee, je tombai dans une profonde mélancolie. [...]. La vie pacifique et vertueuse d'un peuple qui m'avait d'abord paru auguste, par son contraste avec les passions, les luttes et les vices du monde supérieur, commençait à m'oppresser, à me paraître ennuyeuse et monotone. La sereine tranquillité de l'atmosphère même me fatiguait. J'avais envie de voir un changement, fût-ce l'hiver, un orage ou l'obscurité. Je commençais à sentir que quels que soient nos rêves de perfectibilité, nos aspirations impatientes vers une sphère meilleure, plus haute, plus calme, nous, mortels du monde supérieur, nous ne sommes pas faits pour jouir longtemps de ce bonheur même que nous rêvons et auquel nous aspirons.

Dans cette société des Vril-ya, c'était chose merveilleuse de voir comment ils avaient réussi à unir et à mettre en harmonie, dans un seul système, presque tous les objets que les divers philosophes du monde supérieur ont placés devant les espérances humaines, comme l'idéal d'un avenir chimérique. C'était un État dans lequel la guerre, avec toutes ses calamités, était impossible, un État dans lequel la liberté de tous et de chacun était assurée au suprême degré, sans une seule de ces animosités qui, dans notre monde, font dépendre la liberté des luttes continuelles des partis hostiles. Ici, la corruption qui avilit nos démocraties était aussi inconnue que les mécontentements qui minent les trônes de nos monarchies. L'égalité n'était pas un nom, mais une réalité. Les riches n'étaient pas persécutés, parce qu'ils n'étaient pas enviés. Ici, ces problèmes sur les labeurs de la classe ouvrière, encore insolubles dans notre monde et qui créent tant d'amertume entre les différentes classes, étaient résolus par le procédé le plus simple : ils n'avaient pas de classe ouvrière distincte et séparée. Les inventions mécaniques, construites sur des principes qui déjouaient toutes nos recherches, mues par un moteur infiniment plus puissant et plus gouvernable que tout ce que nous avons pu obtenir de la vapeur ou de l'électricité, aidées par des enfants dont les forces n'étaient jamais excédées, mais qui aimaient leur travail comme un jeu et une distraction, suffisaient à créer une richesse publique si bien employée au bien commun que jamais un murmure ne se faisait entendre. Les vices qui corrompent nos grandes villes n'avaient ici aucune prise. Les amusements abondaient, mais ils étaient tous innocents. Aucune fête ne poussait à l'ivresse, aux querelles, aux maladies. L'amour existait avec toutes ses ardeurs, mais il était fidèle dès qu'il était satisfait. L'adultère, le libertinage, la débauche étaient des phénomènes inconnus dans cet État, que pour trouver même les noms qui les désignaient on eût été obligé de remonter à une littérature hors d'usage, écrite il y a plusieurs milliers d'années. Ceux qui ont étudié sur notre terre les théories philosophiques savent que tous ces écarts étranges de la vie civilisée ne font que donner un corps à des idées qui ont été étudiées, mises aux voix, ridiculisées, contestées, essayées quelquefois d'une façon partielle, et consignées dans des œuvres d'imagination, mais qui ne sont jamais arrivées à un résultat pratique. Le peuple que je décris ici avait fait bien d'autres progrès vers la perfection idéale. Descartes a cru sérieusement que la vie de l'homme sur cette terre pouvait être prolongée, non jusqu'à atteindre ici-bas une durée éternelle, mais jusqu'à ce qu'il appelle l'âge des patriarches, qu'il fixait modestement entre cent et cent cinquante ans. Eh bien ! ce rêve des sages s'accomplissait ici, était même dépassé ; car la vigueur de l'âge mûr se prolongeait même au-delà de la centième année. Cette longévité était accompagnée d'un bienfait plus grand que la longévité même, celui d'une bonne santé inaltérable. Les maladies qui frappent notre race étaient facilement guéries par le savant emploi de cette force naturelle, capable de donner la vie et de l'ôter, qui est inhérente au vril. Cette idée n'est pas inconnue sur la terre, bien qu'elle n'ait guère été professée que par des enthousiastes ou des charlatans et qu'elle ne repose que sur les notions confuses du mesmérisme, de la force odique, etc. [...].

Il est donc incontestable que l'existence des Vril-ya est, dans son ensemble, infiniment plus heureuse que celle des races terrestres, et que, réalisant les rêves de nos philanthropes les plus hardis, elle répond presque à l'idée qu'un poète pourrait se faire de la vie des anges. Et cependant si on prenait un millier d'êtres humains, les meilleurs et les plus philosophes qu'on puisse trouver à Londres, à Paris, à Berlin, à New York, et même à Boston, et qu'on les plaçât au milieu de cette heureuse population, je suis persuadé qu'en moins d'une année ils y mourraient d'ennui, ou essayeraient une révolution par laquelle ils troubleraient la paix de la communauté et se feraient réduire en cendres à la requête du Tur.

Assurément je ne veux pas glisser dans ce récit

quelque sotte satire contre la race à laquelle j'appartiens. J'ai au contraire tâché de faire comprendre que les principes qui régissent le système social des Vril-ya l'empêchent de produire ces exemples de grandeur humaine qui remplissent les annales du monde supérieur. [...]. Mais si je ne veux pas critiquer mes semblables en montrant combien les motifs, qui stimulent l'activité et l'ambition des individus dans une société de luttes et de discussions, disparaissent ou s'annulent dans une société qui tend à assurer à ses citoyens une félicité calme et innocente qu'elle présume être l'état des puissances immortelles ; je n'ai pas non plus l'intention de représenter la république des Vril-ya comme la forme idéale de la société politique, vers laquelle doivent tendre tous nos efforts. Au contraire, c'est parce que nous avons si bien combiné, à travers les siècles, les éléments qui composent un être humain, qu'il nous serait tout à fait impossible d'adopter la manière de vivre des Vril-ya, ou de régler nos passions d'après leur façon de penser ; c'est pour cela que je suis arrivé à cette conviction : ce peuple, qui non seulement a appartenu à notre race, mais qui, d'après les racines de sa langue, me paraît descendre de quelqu'un des ancêtres de la grande famille aryenne, source commune de toutes les civilisations de notre monde ; ce peuple qui, d'après ses traditions historiques et mythologiques, a passé par des transformations qui nous sont familières forme maintenant une espèce distincte avec laquelle il serait impossible à toute race du monde supérieur de se mêler. Je crois de plus que, s'ils sortaient jamais des entrailles de la terre, suivant l'idée traditionnelle qu'ils se font de leur destinée future, ils détruiraient pour la remplacer la race actuelle des hommes.

XXII

PLATON

L'UNITÉ, IDÉAL DU POLITIQUE

Platon, *République*, trad. R. Baccou, GF-Flammarion, 1966, p. 216-221.

En dépit de « l'évidence » alléguée par certains (ainsi, F. Châtelet, *Platon*, Idées-Gallimard, 1965, p. 236), on ne peut considérer la *République* de Platon comme proprement utopique. En fait, il faut constater les innombrables ressemblances existant entre les utopies (en particulier celles de More ou de Campanella), et la *Callipolis*, la « cité pleinement réussie » décrite par Platon, qu'il s'agisse de son caractère imaginaire (« cet État a son existence en des paroles, vu qu'il n'y a, je pense, aucun lieu de la terre où il se trouve », 592b), de ses principes ou de ses moyens. Pourtant, on ne saurait en déduire une véritable identité : sitôt dépassée l'analogie, indiscutable mais superficielle, on constate que la *République* se situe dans une perspective foncièrement étrangère à la pensée utopique.

La cité platonicienne « considère l'ordre du monde, l'organisation de la cité et l'agencement de l'âme comme devant posséder *naturellement* une analogie ou une homologie des structures. Plus précisément, le cosmos [...] fournit une sorte de plan [...] indiquant comment se peuvent ordonner [...] l'univers politique et le monde individuel. » (F. Châtelet, p. 194). Le projet de Platon est de montrer, à travers la *République*, ce que c'est que la Justice. Et c'est en l'observant qu'il en vient à conclure qu'elle est harmonie, conformité à l'ordre des choses. Il s'agit donc, non de plier la nature à sa propre convenance, non de la faire « sienne », mais de s'y conformer, en particulier pour ce qui concerne l'organisation de la cité et les fonctions assignées à chacune des classes qui la composent. En outre, la *Callipolis* platonicienne n'a pas la prétention, caractéristique de l'utopie, d'échapper au malheur de la temporalité. Comme toute chose matérielle, elle se sait condamnée à (et par) l'histoire, vouée au déclin qui la fera passer de la timocratie, règne de l'honneur, à l'oligarchie, puis à la démocratie et à la tyrannie (*République*, livre VIII). Vision cyclique et tragique incompatible avec la conception progressive de l'histoire qui caractérise l'utopie.

En fait, ce que l'on décrit un peu vite comme une évidence paraît relever de l'illusion rétrospective, elle-même imputable à un fait capital : si la *République* n'est pas une utopie, elle en est l'ancêtre direct et irrécusable – les utopies n'étant dans bien des cas qu'une paraphrase modernisée des perspectives platoniciennes. Il en va ainsi, notamment, à propos de l'*unité*, décrite par Platon comme le « plus grand bien », le « plus grand mal pour une cité » étant, à l'inverse, « ce qui la divise et la rend multiple au lieu d'une ».

La cité « excellemment organisée » est celle qui reproduit la cohérence du cosmos ou l'unité de la personne humaine. Or cette unité dépendra directement de celle qui se trouve réalisée au niveau de la classe intermédiaire (entre les producteurs, âmes désirantes, et les philosophes, âmes raisonnantes), celle des gardiens, à laquelle Platon accorde, dans cette partie du dialogue, le meilleur de son attention. Dans cette classe, il s'agira donc de parvenir à une véritable unanimité, à cette substitution complète du « nous » au « je » individuel, d'où naîtra un véritable « moi » collectif – naissance dont rêveront la plupart des utopistes. À Platon, ces derniers empruntent également, en totalité ou en partie, les moyens qu'il propose pour réaliser cet objectif : et d'abord, l'idée d'une substitution, autoritaire et généralisée, du « nôtre » au « mien » et au « tien ». Dans la cité parfaite, « chacun n'aura à soi que son corps [...]. Tout le reste sera commun ».

Tout le reste ? Non seulement les biens, meubles et immeubles, mais aussi les femmes et les enfants, et à travers eux, les affections et les attachements. À la famille biologique fait place une famille élargie aux dimensions de la cité, où les aînés sont considérés comme les frères de tous leurs contemporains et les parents de tous les plus jeunes. D'où une cohésion sociale absolue, sans failles : en même temps que les appropriations, disparaît tout ce qui menaçait autrefois l'unité du groupe. « Ainsi, de par nos lois » et conformément à l'ordre des choses, « les guerriers jouiront entre eux d'une paix parfaite » qui s'imposera, par suite, au reste du corps social.

Lénine y songe-t-il lorsqu'il écrit que « la société tout entière ne sera plus qu'un seul bureau et un seul atelier, avec égalité de travail et égalité de salaire » (*L'État et la Révolution*, *Œuvres*, Moscou, t. II, p. 424) ? Toujours est-il qu'à l'exception de l'Ancien et du Nouveau Testament, il est sans doute peu de textes antiques qui soient aussi riches ou, si l'on préfère, aussi lourds d'avenir que celui-ci.

– Or, comme point de départ de notre accord, ne devons-nous pas nous demander à nous-mêmes quel est, dans l'organisation d'une cité, le plus grand bien, celui que le législateur doit viser en établissant ses lois, et quel est aussi le plus grand mal ? Ensuite ne faut-il pas examiner si la communauté que nous avons décrite tout à l'heure nous met sur la trace de ce grand bien et nous éloigne de ce grand mal ?

– On ne peut mieux dire.

– Mais est-il plus grand mal pour une cité que ce qui la divise et la rend multiple au lieu d'une ? Est-il plus grand bien que ce qui l'unit et la rend une ?

– Non.

– Eh bien ! la communauté de plaisir et de peine n'est-elle pas un bien dans la cité, lorsque, autant que possible, tous les citoyens se réjouissent ou s'affligent également des mêmes événements heureux ou malheureux ?

– Si, très certainement.

– Et n'est-ce pas l'égoïsme de ces sentiments qui la divise, lorsque les uns éprouvent une vive douleur, et les autres une vive joie, à l'occasion des mêmes événements publics ou particuliers ?

– Sans doute.

– Or, cela ne vient-il pas de ce que les citoyens ne sont point unanimes à prononcer ces paroles : ceci me concerne, ceci ne me concerne pas, ceci m'est étranger ?

– Sans aucun doute.

– Par conséquent, la cité dans laquelle la plupart des citoyens disent à propos des mêmes choses : ceci me concerne, ceci ne me concerne pas, cette cité est excellemment organisée ?

– Certainement.

– Et ne se comporte-t-elle pas, à très peu de choses près, comme un seul homme ? Je m'explique : quand un de nos doigts reçoit quelque coup, la communauté du corps et de l'âme, qui forme une seule organisation, à savoir celle de son principe directeur, éprouve une sensation ; tout entière et simultanément, elle souffre avec l'une de ses parties : aussi disons-nous que l'homme a mal au doigt. Il en est de même de toute autre partie de l'homme, qu'il s'agisse du malaise causé par la douleur, ou du mieux être qu'entraîne le plaisir.

– Il en est de même, en effet. Et pour en revenir à ce que tu demandais, une cité bien gouvernée se trouve dans une condition très voisine de celle de l'homme.

– Qu'il arrive donc à un citoyen un bien ou un mal quelconque, ce sera surtout une pareille cité qui fera siens les sentiments qu'il éprouvera, et qui, tout entière, partagera sa joie ou sa peine.

– Il y a nécessité qu'il en soit ainsi dans une cité aux bonnes lois.

– Maintenant, il serait temps de revenir à notre cité, et d'examiner si les conclusions de notre discours s'appliquent tout particulièrement à elle, ou s'appliquent plutôt à quelque autre cité.

– Oui, nous devons procéder ainsi.

– Or donc, dans les autres cités n'y a-t-il pas magistrats et gens du peuple, comme dans la nôtre ?

– Si.

– Et tous se donnent entre eux le nom de citoyens ?

– Comment non ?

– Mais, outre ce nom de citoyens, quel nom particulier le peuple donne-t-il, dans les autres cités, à ceux qui le gouvernent ?

– Dans la plupart il les appelle maîtres, et dans les gouvernements démocratiques, archontes.

– Et dans notre cité ? Quel nom, outre celui de citoyens, le peuple donnera-t-il aux chefs ?

– Celui de sauveurs et de défenseurs, répondit-il.

– Ceux-ci, à leur tour, comment appelleront-ils le peuple ?

– Distributeur du salaire et de la nourriture.

– Mais dans les autres cités, comment les chefs traitent-ils les peuples ?

– D'esclaves.

– Et comment se traitent-ils entre eux ?

– De collègues dans l'autorité.

– Et dans la nôtre ?

– De collègues dans la garde.

– Pourrais-tu me dire si, dans les autres cités, les chefs en usent en amis avec tel de leurs collègues, et en étrangers avec tel autre ?

– Beaucoup agissent de la sorte.

– Ainsi, ils pensent et disent que les intérêts de l'ami les touchent, et non ceux de l'étranger.

– Oui.

– Mais chez tes gardiens ? En est-il un seul qui puisse penser ou dire d'un de ses collègues qu'il lui est étranger ?

– Point du tout, puisque chacun croira voir dans les autres un frère ou une sœur, un père ou une mère, un fils ou une fille, ou quelque autre parent dans la ligne ascendante ou descendante.

– Très bien dit, observai-je ; mais réponds encore à ceci : légiféreras-tu simplement pour qu'ils se donnent des noms de parenté, ou pour que toutes leurs actions soient en accord avec ces noms, pour qu'ils rendent à leurs pères tous les devoirs de respect, de sollicitude et d'obéissance que prescrit la loi à l'égard des parents – sous peine d'encourir la haine des dieux et des hommes, en agissant autrement ? Car agir autrement c'est commettre une impiété et une injustice. Sont-ce ces maximes ou d'autres que tous tes citoyens feront, de bonne heure, sonner aux oreilles des enfants, en les entretenant de leurs pères, qu'ils leur désigneront, et de leurs autres parents ?

– Celles-là mêmes, répondit-il. Il serait en effet ridicule qu'ils eussent à la bouche ces noms de parenté sans remplir les devoirs qu'ils impliquent.

– Ainsi dans notre État, plus que dans tous les autres, les citoyens prononceront d'une seule voix, quand il arrivera du bien ou du mal à l'un d'eux, nos paroles de tout à l'heure : mes affaires vont bien, ou mes affaires vont mal.

– Rien de plus vrai.

– Mais n'avons-nous pas dit qu'en conséquence de cette conviction et de cette manière de parler il y aurait entre eux communauté de joies et de peines ?

– Si, et nous l'avons dit avec raison.

– Nos citoyens seront fortement unis dans ce qu'ils nommeront leur intérêt propre, et, unis de la sorte, éprouveront joies et peines en parfaite communion.

– Oui.

– Or, quelle en sera la cause sinon – en dehors de nos autres institutions – la communauté des femmes et des enfants établie chez les gardiens ?

– Assurément c'en sera la principale cause.

– Mais nous sommes convenus que cette union d'intérêts était, pour la cité, le plus grand bien, lorsque nous comparions une cité sagement organisée au corps, dans la façon dont il se comporte à l'égard d'une de ses parties, pour ce qui est du plaisir et de la douleur.

– Et nous en sommes convenus à bon droit.

– Par suite, il est pour nous démontré que la cause du plus grand bien qui puisse arriver à la cité est la communauté, entre les auxiliaires, des enfants et des femmes.

– Certainement.

– Ajoute que nous sommes d'accord avec nos précédents propos. Car, avons-nous dit, ils ne doivent avoir en propre ni maisons, ni terres, ni aucune autre possession, mais, recevant des autres citoyens leur nourriture, comme salaire de la garde, ils la doivent mettre en commun, s'ils veulent être de vrais gardiens.

– Fort bien.

– Dès lors n'ai-je pas raison d'affirmer que nos dispositions antérieures, jointes à celles que nous venons de prendre, feront d'eux, plus encore, de vrais gardiens, et les empêcheront de diviser la cité, ce qui arriverait si chacun ne nommait pas *siennes* les mêmes choses, mais des choses différentes ; si, habitant séparément, ils tiraient dans leurs maisons respectives tout ce dont ils pourraient s'assurer la possession pour eux seuls ; et si, ayant femme et enfants différents, ils se créaient des jouissances et des peines personnelles – tandis qu'avec une croyance identique touchant ce qui leur appartient, ils auront tous le même but et éprouveront, autant que possible, mêmes joies et mêmes douleurs ?

– C'est incontestable.

– Mais quoi ? ne verra-t-on pas à peu près disparaître procès et accusations réciproques d'une cité où chacun n'aura à soi que son corps, et où tout le reste sera commun ? Ne s'ensuit-il pas que nos citoyens seront à l'abri de toutes les dissensions que fait naître parmi les hommes la possession de richesses, d'enfants et de parents ?

– Il y a grande nécessité qu'ils soient délivrés de tous ces maux.

– De plus, aucune action pour violences ou voies de fait ne sera légitimement intentée chez eux ; car nous leur dirons qu'il est noble et juste que des égaux se défendent contre leurs égaux, et nous leur ferons un devoir de veiller à leur sécurité corporelle.

– Bien, dit-il.

– Cette loi, repris-je, a encore l'avantage que voici : lorsqu'un citoyen s'emportera contre un autre, s'il assouvit sa colère de cette façon, il sera moins porté, ensuite, à aggraver le différend.

– Sans doute.

– Nous aurons donné au plus âgé autorité sur quiconque sera plus jeune, avec droit de punir.

– C'est évident.

– Il l'est aussi que les jeunes gens n'essaieront pas, sans un ordre des magistrats, d'user de violence à l'égard d'hommes plus âgés, ni de les frapper ; ils ne les outrageront pas non plus, je crois, d'aucune autre manière, car deux gardiens suffiront à les empêcher : la crainte et le respect, le respect en leur montrant un père dans la personne qu'ils veulent frapper, la crainte en leur faisant appréhender que les autres ne se portent au secours de la victime, ceux-ci en qualité de fils, ceux-là en qualité de frères ou de pères.

– Il ne peut en être autrement.
– Ainsi, de par nos lois les guerriers jouiront entre eux d'une paix parfaite.
– D'une grande paix, certes.
– Mais s'ils vivent eux-mêmes dans la concorde, il n'est point à craindre que la discorde se mette entre eux et les autres citoyens, ou qu'elle divise ces derniers.
– Non, assurément.
– Quant aux moindres des maux dont ils seront exempts, j'hésite, par respect pour les convenances, à les mentionner : pauvres, ils ne sont pas dans la nécessité de flatter les riches ; ils ne connaîtront pas les embarras et les ennuis que l'on éprouve à élever des enfants, à amasser du bien, et qui résultent de l'obligation où l'on est, pour cela, d'entretenir des esclaves ; ils n'auront pas, tantôt à emprunter, tantôt à renier leurs dettes, tantôt à se procurer de l'argent par tous les moyens pour le mettre à la disposition de femmes et de serviteurs, en leur confiant le soin de le ménager : ils ignoreront enfin, mon ami, tous les maux que l'on endure dans ces cas – maux évidents, sans noblesse, et indignes d'être cités.
– Oui, ils sont évidents, même pour un aveugle.
– Ils seront délivrés de toutes ces misères et mèneront une vie plus heureuse que la vie bienheureuse des vainqueurs olympiques.

XXIII

ENGELS

DE LA RÉCONCILIATION AU DÉPÉRISSEMENT DE L'ÉTAT

Engels, *Anti-Dühring*, trad. Bracke, A. Costes, 1933, t. III, p. 44-52.

« Quel aurait été le destin historique d'un marxisme amputé de tout appel messianique, réduit aux seules données d'un système conceptuel et d'une méthode d'analyse ? » (R. Girardet, *Mythes et mythologies politiques*, Seuil, 1986, p. 11). Dans les premières années du XXe siècle, on avait répondu par avance à cette question, à propos du socialiste allemand Bebel, qui écrivait que « l'Âge d'or dont l'homme a rêvé depuis des millénaires va finir par arriver » (A. Bebel, *Woman and Socialism*, cité par V. Geoghegan, *Utopianism and Marxism*, Londres, Methuen, 1988, p. 62). Cette peinture de l'avenir, affirmait alors un observateur, « a fait indubitablement plus pour la diffusion des opinions socialistes dans les esprits populaires, que la mordante critique, par Karl Marx, de l'économie bourgeoise » (*Ibid.*). Or la remarque ne vaut pas pour le seul Bebel mais, au sein du courant marxiste, pour toutes les anticipations des temps futurs – et en particulier, pour celles que Friedrich Engels développe dans l'*Anti-Dühring* (1877), puis dans *L'Origine de la famille, de la propriété privée et de l'État* (1884). Dans ces ouvrages prennent corps deux des principaux mythes de la pensée marxiste, le communisme, stade ultime de l'histoire humaine, et le dépérissement de l'État, devenu inutile suite à la disparition des antagonismes de classes.

Ces deux thèmes, étroitement articulés l'un à l'autre, sont directement issus des « socialismes utopiques » du XIXe siècle. Dans l'*Anti-Dühring*, c'est à Saint-Simon qu'est empruntée la formule célèbre « le gouvernement des hommes a fait place à l'administration des choses » ; à propos de *L'Origine de la famille, de la propriété privée et de l'État*, Engels dit avoir voulu « montrer à quel point le génie de Fourier avait anticipé » sur la réalité du communisme (lettre à Kautsky, cité par V. Geoghegan, p. 59).

Au-delà, ces thèmes renvoient, de façon moins directe mais non moins certaine, à l'utopisme classique, et à quelques-uns de ses idéaux les plus significatifs : domination, libération, réconciliation. Autre trait notable, la démonstration d'Engels paraît calquée sur la démarche baconienne. Il y a, selon Engels, identité de structure entre « les forces de la nature » et « les forces d'action sociale ». Le projet de Bacon, connaître la nature afin de la dominer, projet d'ailleurs accompli par la révolution industrielle, peut donc être transposé dans l'ordre économique et social. Le but est d'ailleurs identique, « soumettre » ces forces sociales « de plus en plus à notre volonté », « les transformer, de maîtresses despotiques, en servantes dociles ». La démonstration entreprise dans l'*Anti-Dühring* suit, pas à pas, ce programme.

Connaître : l'observation « scientifique » constate d'abord que la division en classes opposées a une « certaine légitimité historique » ; elle procède nécessairement d'un certain état, relativement arriéré, de la technologie et de la production.

Cette division, quoique moralement condamnable, était historiquement inévitable, de même que l'apparition d'un État, c'est-à-dire, d'« un pouvoir spécial de répression » chargé d'assurer l'hégémonie de « la classe exploitrice de l'époque ». Mais l'évolution actuelle rend cette division en classes non seulement superflue, mais gênante : celle-ci est devenue « un anachronisme » et, donc, une « entrave à l'évolution », au « développement des forces productives ». Il y a contradiction entre l'état technologique désormais atteint et l'état social et politique, contradiction qui ne peut se résoudre que par l'adaptation de ce dernier. D'où, la nécessaire et inéluctable appropriation sociale : « Le prolétariat s'empare de la puissance de l'État et transforme les moyens de production tout d'abord en propriété de l'État. » Ce faisant, « il s'abolit lui-même en tant que prolétariat ; par là, il abolit toutes les différences et tous les antagonismes de classes ».

De la connaissance, on passe alors à la réconciliation. Le prolétariat instaure en effet, par cet acte, l'unité. Il n'y a plus de contradiction entre production et consommation, plus de rupture entre le producteur et son outil de production, plus de division entre les classes, plus d'exploiteurs ni d'exploités. Il n'existe plus, dès lors, qu'une seule *société*. Réconciliation première et fondamentale : elle entraîne en effet, automatiquement, la disparition de l'État, rendu inutile par la cessation des antagonismes qu'il avait pour fonction de gérer. « L'État n'est pas " aboli " ; il meurt », faute d'usage. Avec lui, disparaissent également les divisions entre gouvernés et gouvernants, ainsi que les sujétions, commandements, etc., qui manifestaient son pouvoir. Désormais, la société s'occupe seule d'elle-même, devenue maîtresse de son propre destin.

Et l'on arrive au bout de la démonstration, où les liens avec le prométhéisme baconien, et avec la vision utopique, se dévoilent avec la plus grande netteté. « Au terme de la philosophie marxiste de l'histoire, écrivait Mircea Eliade, se trouve ainsi l'Âge d'or de l'eschatologie archaïque. En ce sens, il est vrai de dire que Marx [...] a revalorisé à un niveau exclusivement humain le mythe primitif de l'Âge d'or », placé « exclusivement au terme de l'histoire » (M. Eliade, *Le Mythe de l'éternel retour*, Idées-Gallimard, 1969, p. 173). Conformément au projet cartésien, les hommes deviennent en effet, dans le cadre du nouveau système socio-économique et grâce à lui, maîtres et possesseurs « conscients et véritables de la nature ». Par « cet acte libérateur », l'humanité se débarrasse à jamais de la résistance des choses et des pesanteurs de l'histoire, de tout ce qui faisait écran à sa volonté et à son initiative. Elle passe « d'un saut du règne de la nécessité au règne de la liberté », autrement dit, du règne de la nature au sien propre.

Les forces d'action sociale agissent absolument comme les forces de la nature : aveuglement, violemment, destructivement, tant que nous ne les reconnaissons pas et ne comptons pas avec elles. Mais, une fois reconnues par nous, une fois leur action, leur direction, leurs effets saisis, il ne dépend plus que de nous de les soumettre de plus en plus à notre volonté et d'atteindre nos fins par elles. Et cela est particulièrement vrai des puissantes forces productives d'aujourd'hui. Tant que nous nous obstinons à refuser d'en comprendre la nature et le caractère – et le mode de production capitaliste et ses défenseurs s'opposent à ce qu'on les comprenne – ces formes agissent malgré nous, contre nous, et elles nous dominent, comme nous l'avons montré en détail. Mais une fois saisies dans leur nature, elles peuvent, entre les mains des producteurs associés, être transformées, de maîtresses despotiques, en servantes dociles. C'est la différence qu'il y a entre la puissance destructrice de l'électricité dans l'éclair de l'orage et l'électricité maîtrisée du télégraphe et de l'arc électrique, la différence entre l'incendie et le feu au service de l'homme. Quand on traitera ainsi conformément à leur nature enfin reconnue les forces productives actuelles, à l'anarchie de la production sociale se substituera une réglementation sociale systématique de la production en raison des besoins de la communauté ainsi que de chaque individu ; ainsi, le mode d'appropriation capitaliste, où le produit asservit tout d'abord son producteur, mais ensuite également son propriétaire, sera remplacé par un mode d'appropriation des produits ayant sa racine dans la nature même des moyens modernes de production : d'une part, appropriation sociale directe comme moyen de maintenir et de développer la production, d'autre part, appropriation individuelle directe comme moyen d'existence et de jouissance.

En transformant progressivement la grande majorité de la population en prolétaires, le mode de production capitaliste crée la force qui, sous peine de mort, est contrainte d'accomplir cette révolution. En poussant progressivement à transformer les grands moyens de production socialisés en propriété de l'État, il indique lui-même la voie qui mène à l'accomplissement de cette révolution. Le prolétariat s'empare de la puissance de l'État et transforme les moyens de production tout d'abord en propriété de l'État. Mais, par là, il s'abolit lui-même en tant que prolétariat ; par là, il abolit toutes les différences et tous les antagonismes de classes, et par là aussi, l'État en tant qu'État. L'ancienne société, qui se mouvait dans les antagonismes de classes, avait absolument besoin de l'État, c'est-à-dire d'une organisation de la classe exploitrice de l'époque, faite pour assurer la persistance de ses conditions extérieures de production, notamment, en conséquence, pour maintenir par la force la classe exploitée dans les conditions d'oppression exigées par le mode de production existant (esclavage, servage, travail salarié). L'État était le représentant officiel de la société tout entière ; sa synthèse en un corps visible, mais il ne l'était que dans la mesure où il était l'État de la classe qui elle-même représentait pour son époque la société tout entière : dans l'Antiquité : État des citoyens propriétaires d'esclaves ; au Moyen Âge : État de la noblesse féodale ; de nos jours : État de la bourgeoisie. Mais, du fait qu'il devient enfin le représentant effectif de la société tout entière, lui-même se rend superflu. Dès qu'il n'y a plus de classe sociale à maintenir dans l'oppression ; dès qu'avec la domination de classe et la lutte pour l'existence individuelle antérieurement fondée sur l'anarchie de la production, disparaissent aussi les collisions et les excès qui en résultent, il n'y a plus à réprimer rien de ce qui rendait nécessaire un pouvoir spécial de répression, un État. Le premier acte par lequel l'État se manifeste réellement comme représentant de la société tout entière, la prise de possession des moyens de production au nom de la société, est en même temps son dernier acte caractéristique d'État. L'intervention d'un pouvoir d'État dans les rapports sociaux devient superflue dans un domaine après l'autre, et entre ensuite d'elle-même en sommeil. Le gouvernement des personnes fait place à l'administration des choses et à la direction d'opérations de production. L'État n'est pas « aboli » ; il meurt. Cela permet de juger ce que vaut la formule « État démocratique libre », tant pour ce qui la justifie provisoirement pour la propagande que pour son insuffisance définitive au point de vue de la science ; ce que vaut également la revendication des dénommés « anarchistes » qui veulent que, du jour au lendemain, l'État soit « aboli ».

La prise de possession de tous les moyens de production par la société a, depuis les débuts du mode de production capitaliste dans l'histoire, bien souvent plus ou moins vaguement flotté devant les yeux tant d'individus isolés que de sectes entières, comme idéal d'avenir. Mais elle ne pouvait devenir possible, devenir une nécessité historique, qu'une fois données les conditions matérielles de sa réalisation. Cette prise de possession, comme tout autre progrès social, devient praticable, non pas du fait qu'on se sera rendu compte que l'existence des classes est contraire à la Justice, à l'égalité, etc., non pas par la seule volonté d'abolir ces classes, mais en vertu de certaines conditions économiques nouvelles. La division de la société en une classe exploitrice et une classe exploitée, en une classe régnante et une classe opprimée, a été la conséquence nécessaire du faible développement de la production dans le passé. Tant que le travail total de la société ne fournit qu'un rendement de très peu supérieur au strict nécessaire pour assurer l'existence de tous, tant que le travail réclame par conséquent tout ou presque tout le temps de la grande majorité des membres de la société, celle-ci se divise nécessairement en classes. À côté de cette grande majorité exclusivement vouée à la corvée du travail, se constitue une classe libérée de travail directement productif et qui se charge des affaires communes de la société : direction du travail, gouvernement, justice, sciences, arts, etc. C'est donc la loi de la division du travail qui est à la base de la division en classes. Cela n'empêche pas, d'ailleurs, que cette division en classes n'ait été établie par la violence et le vol, la ruse et la fraude, et que la classe dominante, une fois mise en selle, n'ait jamais manqué d'affermir son pouvoir aux dépens de la classe ouvrière et de transformer la direction de la société en exploitation des masses.

Mais si, d'après cela, la division en classes a une certaine légitimité historique, elle ne l'a pourtant que pour un temps donné, pour des conditions sociales déterminées. Elle était fondée sur l'insuffisance de la production ; elle sera balayée par le plein épanouissement des forces productives modernes. Et, en effet, l'abolition des classes sociales suppose un degré de l'évolution historique où l'existence, non seulement de telle ou telle classe dominante, mais d'une classe dominante en général, de la distinction même entre des classes, est devenue un anachronisme, une vieillerie. Elle suppose donc l'évolution de la production parvenue à un niveau où l'appropriation par une certaine classe de la société des moyens de production et des produits, et par là de la souveraineté politique, du monopole d'éducation et de direction intellectuelle, sera devenue non seulement une superfétation, mais aussi économiquement, politiquement et intellectuellement, une entrave à l'évolution. Ce point est aujourd'hui atteint. Si la faillite politique et intellectuelle de la bourgeoisie est à peine encore un secret pour elle-même, sa faillite économique se renouvelle régulièrement tous les dix ans. À chaque crise, la société étouffe sous le faix de ses propres forces productives et de ses produits inutilisables pour elle ; elle se heurte impuissante à cette contradiction absurde que les producteurs n'ont rien à consommer parce qu'on manque de consommateurs. La force d'expansion des moyens de production fait éclater les sangles que lui avait mises le mode de production capitaliste. Leur libération est l'unique condition préalable d'un développement des forces productives ininterrompu et constamment accéléré, et par là un accroissement pratiquement illimité de la production elle-même. Ce n'est pas tout. L'appropriation sociale des moyens de production ne supprime pas seulement la gêne artificielle dont souffre actuellement la production, mais aussi le gaspillage et la destruction effective de forces productives et de produits, escorte inévitable de la production présente, qui atteignent leur paroxysme dans les crises. Elle rend libre et disponible pour la collectivité une masse de moyens de production et de produits en supprimant le luxe et la prodigalité stupides des classes actuellement dominantes et de leurs représentants politiques. La possibilité d'assurer à tous les membres de la société par le moyen de la production sociale une existence non seulement parfaitement suffisante et plus riche de jour en jour au point de vue matériel, mais leur garantissant encore le développement et la mise en œuvre absolument libres de leurs facultés physiques et intellectuelles, cette possibilité existe aujourd'hui pour la première fois, mais elle existe.

Par la prise de possession sociale des moyens de production, la production marchande cesse et, par là même, la domination du produit sur les producteurs. L'anarchie au sein de la production sociale est remplacée par une organisation consciente et systématique. La lutte pour l'existence individuelle prend fin. Par là, pour la première fois, l'homme sort, en un certain sens, définitivement du règne animal, passe de conditions animales d'existence à des conditions vraiment humaines. L'ensemble des conditions de vie, milieu qui, jusqu'ici, dominait l'homme, entre enfin sous la domination et le contrôle des hommes qui, pour la première fois, deviennent les maîtres conscients et véritables de la nature parce qu'en tant qu'ils deviennent les maîtres de leur propre organisation en société. Les lois de leur propre action sociale, qui, jusqu'ici, se dressaient devant eux en lois de la nature, étrangères à eux et les dominant, sont dès lors appliquées et dominées par les hommes en pleine connaissance de cause. L'organisation propre de la société des hommes, qui, jusqu'ici, leur était comme étrangère et octroyée par la nature et l'histoire, devient un acte de leur propre et libre initiative. Les forces objectives, étrangères, qui, jusqu'alors, dominaient l'histoire, passent sous le contrôle des hommes eux-mêmes. Ce n'est qu'à partir de ce moment que les hommes feront eux-mêmes leur histoire en pleine conscience ; ce n'est qu'à partir de ce moment que les causes sociales, mises en mouvement par eux, auront, en majeure partie et dans une mesure toujours croissante, les effets voulus par eux. C'est l'humanité passant d'un saut du règne de la nécessité dans le règne de la liberté.

Accomplir cet acte libérateur du monde, voilà la mission historique du prolétariat moderne. En étudier les conditions historiques et, par là même, la nature, et donner ainsi à la classe aujourd'hui opprimée, qui est appelée à l'action, la pleine conscience des conditions et de la nature de son action propre, c'est la tâche du socialisme scientifique, expression théorique du mouvement prolétarien.

XXIV

ORWELL

LANGAGE ET UNITÉ POLITIQUE

Orwell, *1984*, trad. A. Audiberti, Gallimard, 1950, p. 359-370.

Suivant une première lecture, le *1984* de George Orwell (1903-1950) apparaît comme une dénonciation mordante du totalitarisme stalinien – le « petit père des peuples » se profilant derrière le personnage du « Grand Frère », « Big Brother ». Même les passages relatifs au « Novlangue » paraissent viser la multiplication, typiquement soviétique, des néologismes, des raccourcis et des abréviations (Komintern, etc.), ainsi que la tendance à élaborer un langage spécifique, une « langue de bois » à l'usage des serviteurs du système. Pourtant, dans une lettre à son éditeur, Orwell se défend d'avoir voulu dénoncer un pays précis : ce qu'il condamne, c'est « la direction que prend le monde actuel ; quelque chose de *1984* pourrait arriver. [...]. La morale à tirer est simple : ne permettez pas que cela arrive : cela dépend de vous » (cité par B. Crick, *George Orwell*, Balland, 1982, p. 484). Bien au-delà du pamphlet, *1984* se situe donc dans une perspective typiquement contre-utopique. Typique, également, son procédé, cette « rhétorique du retournement » qui consiste à placer sous un angle négatif ce que l'utopisme avait jusqu'alors valorisé : en l'occurrence, ce qui touche au langage.

En effet, « si More ne visait pas précisément à l'invention d'une langue autre [...] lorsqu'il suggérait l'existence d'une langue " riche, harmonieuse, fidèle interprète de la pensée " [...], il posait les principes sur lesquels d'autres bâtiraient » (L. Leibacher-Ouvrard, p. 17). De fait, dès le XVIIe siècle, alors que Descartes et Mersenne correspondent à propos d'un « programme de langue artificielle » (Descartes, *Œuvres*, Gallimard, Bibliothèque de la Pléiade, 1953, p. 915), les utopistes les plus radicaux ne manquent pas d'imaginer des langages dont la perfection correspondrait à celle de la cité qu'ils décrivent. « On ne peut dire ni concevoir la perfection avec les mots de son contraire » (E. Marsala, « La langue de verre », *Réaction*, n° 4, 1992, p. 19) : aux utopistes, il faut donc une langue conforme à la raison ; une langue dont le vocabulaire serait comme une algèbre logique, rendant sensibles à chacun les choses, les idées et leurs connexions ; et dont la grammaire constituerait une méthode pour conduire la pensée « à ses fins par les voies les plus parfaites » (E. Pons, « Les langues imaginaires dans le voyage utopique », *Revue de littérature comparée*, 1930, p. 590).

La langue doit être organisée. Ce qui signifie, là encore, que la « nature » (c'est-à-dire, en l'occurrence, le passé historique, la coutume et l'habitude, tels que les manifeste l'étymologie) doit être évacuée au nom d'une « nature des choses » que la raison seule peut appréhender, que l'art saura mettre en œuvre et que la loi finira par imposer. Alors seulement, elle pourra devenir cette « langue universelle » dont le fouriériste Victor Considérant prédit l'instauration prochaine : « Le chaos des langues convient au chaos social. Quand les peuples sont isolés, parqués dans d'étroites nationalités [...], quand les nations se haïssent, se pillent, s'égorgent [...] ce n'est pas merveille, sans doute, qu'il y ait autant de langues divergentes que d'intérêts opposés [...]. Mais en Harmonie, c'est autre chose ; et l'unité de langage, comme les unités industrielles, politiques, administratives, religieuses, etc., se déploie sur le globe entier : la langue harmonique universelle est le VERBE de l'Humanité constituée dans son unité » (*Théorie de l'éducation naturelle et attrayante*, Librairie de l'École sociétaire, 1844, p. 188). Dans la perspective utopique, la « langue unitaire » constitue à la fois une fin (il faut qu'en toutes choses l'unité se manifeste) et un moyen d'accélérer le progrès, l'unification, et, tout d'abord, de supprimer les obstacles sur le chemin de la raison triomphante.

C'est essentiellement à cette dimension instrumentale que va s'attacher Orwell, en la retournant dans le sens du pire.

LES PRINCIPES DU NOVLANGUE

Le Novlangue a été la langue officielle de l'Océania. Il fut inventé pour répondre aux besoins de l'Angsoc, ou socialisme anglais.

En l'an 1984, le Novlangue n'était pas la seule langue en usage, que ce fût oralement ou par écrit. Les articles de fond du *Times* étaient écrits en Novlangue, mais c'était un tour de force qui ne pouvait être réalisé que par des spécialistes. On comptait que le Novlangue aurait finalement supplanté l'Ancilangue (nous dirions la langue ordinaire) vers l'année 2050.

Entre-temps, il gagnait régulièrement du terrain. [...].

Nous nous occupons ici de la version finale, perfectionnée, telle qu'elle est donnée dans la onzième édition du dictionnaire.

Le but du Novlangue était, non seulement de fournir un mode d'expression aux idées générales et aux habitudes mentales des dévots de l'Angsoc, mais de rendre impossible tout autre mode de pensée.

Il était entendu que lorsque le Novlangue serait une fois pour toutes adopté et que l'Ancilangue serait oublié, une idée hérétique – c'est-à-dire une idée s'écartant des principes de l'Angsoc – serait littéralement impensable, du moins dans la mesure où la pensée dépend des mots.

Le vocabulaire du Novlangue était construit de telle sorte qu'il pût fournir une expression exacte, et souvent très nuancée, aux idées qu'un membre du Parti pouvait, à juste titre, désirer communiquer. Mais il excluait toutes les autres idées et même la possibilité d'y arriver par des méthodes indirectes. L'invention de mots nouveaux, l'élimination surtout des mots indésirables, la suppression dans les mots restants de toute signification non orthodoxe et, autant que possible, de toute signification secondaire, quelle qu'elle fût, contribuaient à ce résultat.

Ainsi le mot *libre* existait encore en Novlangue, mais ne pouvait être employé que dans des phrases comme « le chemin est libre ». Il ne pouvait être employé dans le sens ancien de « liberté politique » ou de « liberté intellectuelle ». Les libertés politique et intellectuelle n'existaient en effet plus, même sous forme de concept. Elles n'avaient donc nécessairement pas de nom.

En dehors du désir de supprimer les mots dont le sens n'était pas orthodoxe, l'appauvrissement du vocabulaire était considéré comme une fin en soi et on ne laissait subsister aucun mot dont on pouvait se passer. Le Novlangue était destiné, non à étendre, mais à diminuer le domaine de la pensée et la réduction au minimum du choix des mots aidait indirectement à atteindre ce but.

Le Novlangue était basé sur la langue que nous connaissons actuellement, bien que beaucoup de phrases Novlangue, même celles qui ne contiennent aucun mot nouveau, seraient à peine intelligibles à notre époque.

Les mots Novlangue étaient divisés en trois classes distinctes, connues sous les noms de vocabulaire A, vocabulaire B (aussi appelé mots composés) et vocabulaire C. Il sera plus simple de discuter de chaque classe séparément, mais les particularités grammaticales de la langue pourront être traitées dans la partie consacrée au vocabulaire A, car les mêmes règles s'appliquent aux trois catégories.

Vocabulaire A. Le vocabulaire A comprenait les mots nécessaires à la vie de tous les jours [...]. Mais en comparaison avec le vocabulaire actuel, il y en avait un très petit nombre et leur sens était délimité avec beaucoup plus de rigidité. On les avait débarrassés de toute ambiguïté et de toute nuance. Autant que faire se pouvait, un mot Novlangue de cette classe était simplement un son *staccato* exprimant un seul concept clairement compris. Il eût été tout à fait impossible d'employer le vocabulaire A à des fins littéraires ou à des discussions politiques ou philosophiques. Il était destiné seulement à exprimer des pensées simples, objectives, se rapportant en général à des objets concrets ou à des actes matériels.

La grammaire Novlangue renfermait deux particularités essentielles. La première était une interchangeabilité presque complète des différentes parties du discours. Tous les mots de la langue (en principe, cela s'appliquait même à des mots très abstraits comme *si* ou *quand*) pouvaient être employés comme verbes, noms, adjectifs ou adverbes. Il n'y avait jamais aucune différence entre les formes du verbe et du nom quand ils étaient de la même racine.

Cette règle du semblable entraînait la destruction de beaucoup de formes archaïques. Le mot *pensée*, par exemple, n'existait pas en Novlangue. Il était remplacé par *penser* qui faisait office à la fois de nom et de verbe. On ne suivait dans ce cas aucun principe étymologique. Parfois c'était le nom originel qui était choisi, d'autres fois, c'était le verbe.

Même lorsqu'un nom et un verbe de signification voisine n'avaient pas de parenté étymologique, l'un ou l'autre était fréquemment supprimé. Il n'existait pas, par exemple, de mot comme *couper,* dont le sens était suffisamment exprimé par le nom-verbe *couteau.*

Les adjectifs étaient formés par l'addition du suffixe *able* au nom-verbe, et les adverbes par l'addition du suffixe *ment* à l'adjectif. Ainsi, l'adjectif correspondant à vérité était *véritable*, l'adverbe, *véritablement.*

[...]. De plus, et ceci s'appliquait encore en principe à tous les mots de la langue, n'importe quel mot pouvait prendre la forme négative par l'addition du préfixe *in*. On pouvait en renforcer le sens par l'addition du préfixe *plus* ou, pour accentuer davantage, du préfixe *doubleplus.* Ainsi *incolore* signifie pâle, tandis que *pluscolore* et *doublepluscolore* signifient respectivement « très coloré » et « superlativement coloré ».

Il était aussi possible de modifier le sens de presque tous les mots par des préfixes, prépositions tels que *anté, post, haut, bas,* etc.

Grâce à de telles méthodes, on obtint une considérable diminution du vocabulaire. Étant donné par exemple le mot *bon*, on n'a pas besoin du mot *mauvais*, puisque le sens désiré est également, et, en vérité, mieux exprimé par *inbon*. Il fallait simplement, dans les cas où deux mots formaient une paire naturelle d'antonymes, décider lequel on devait supprimer. *Sombre*, par exemple, pouvait être remplacé par *inclair*, ou clair par *insombre*, selon la préférence.

La seconde particularité de la grammaire Novlangue était sa régularité. Toutes les désinences, sauf quelques exceptions mentionnées plus loin, obéissaient aux mêmes règles. C'est ainsi que le passé défini et le participe passé de tous les verbes se terminaient indistinctement en *é*. Le passé défini de *voler* était *volé*, celui de *penser* était *pensé* et ainsi de suite. Les formes telles que *nagea*, *donnât*, *cueillit*, *parlèrent*, *saisirent*, étaient abolies.

Le pluriel était obtenu par l'adjonction de *s* ou *es* dans tous les cas. Le pluriel *d'œil*, *bœuf*, *cheval*, était, respectivement, *œils*, *bœufs*, *chevals.*

Les adjectifs comparatifs et superlatifs étaient obtenus par l'addition de suffixes invariables. Les vocables dont les désinences demeuraient irrégulières étaient, en tout et pour tout, les pronoms, les relatifs, les adjectifs démonstratifs et les verbes auxiliaires. Ils suivaient les anciennes règles. *Dont*, cependant, avait été supprimé, comme inutile.

Il y eut aussi, dans la formation des mots, certaines irrégularités qui naquirent du besoin d'un parler rapide et facile. Un mot difficile à prononcer ou susceptible d'être mal entendu, était *ipso facto* tenu pour mauvais. En conséquence, on insérait parfois dans le mot des lettres supplémentaires, ou on gardait une forme archaïque, pour des raisons d'euphonie. [...].

Vocabulaire B. Le vocabulaire B comprenait des mots formés pour des fins politiques, c'est-à-dire des mots qui, non seulement, dans tous les cas, avaient une signification politique, mais étaient destinés à imposer l'attitude mentale voulue à la personne qui les employait. [...].

Mis à part la précision du sens, l'euphonie, en Novlangue, dominait toute autre considération. Les règles de grammaire lui étaient toujours sacrifiées quand c'était nécessaire. Et c'était à juste titre, puisque ce que l'on voulait obtenir, surtout pour des fins politiques, c'étaient des mots abrégés et courts, d'un sens précis, qui pouvaient être rapidement prononcés et éveillaient le minimum d'écho dans l'esprit de celui qui parlait.

Les mots du vocabulaire B gagnaient même en force, du fait qu'ils étaient presque tous semblables. Presque invariablement, ces mots – *bienpensant*, *Minipax*, *Prolealim*, *crimesex*, *joiecamp*, *Angsoc*, *ventresent penséepol*... – étaient des mots de deux ou trois syllabes dont l'accentuation était également répartie de la première à la dernière syllabe. Leur emploi entraînait une élocution volubile, à la fois martelée et monotone. Et c'était exactement à quoi l'on visait. Le but était de rendre l'élocution autant que possible indépendante de la conscience, spécialement l'élocution traitant de sujets qui ne seraient pas idéologiquement neutres.

Pour la vie de tous les jours, il était évidemment nécessaire, du moins quelquefois, de réfléchir avant de parler. Mais un membre du Parti appelé à émettre un jugement politique ou éthique devait être capable de répandre des opinions correctes aussi automatiquement qu'une mitrailleuse sème des balles. Son éducation lui en donnait l'aptitude, le langage lui fournissait un instrument grâce auquel il était presque impossible de se tromper, et la texture des mots, avec leur son rauque et une certaine laideur volontaire, en accord avec l'esprit de l'Angsoc, aidait encore davantage à cet automatisme.

Le fait que le choix des mots fût très restreint y aidait aussi. Comparé au nôtre, le vocabulaire Novlangue était minuscule. On imaginait constamment de nouveaux moyens de le réduire. Il différait, en vérité, de presque tous les autres en ceci qu'il s'appauvrissait chaque année au lieu de s'enrichir. Chaque réduction était un gain puisque, moins le choix est étendu, moindre est la tentation de réfléchir.

XXV

HARRINGTON

CONSTRUIRE LA CITÉ IMMORTELLE

Harrington, *La République d'Océana*,
in *Œuvres politiques*,
Leclère, an III, t. II, p. 126-131.

Aristocrate anglais, ami de Milton, James Harrington (1611-1677) avait soutenu le régime de Cromwell. *La République d'Océana* (1656) revêt ainsi un caractère programmatique et comporte des références transparentes aux problèmes de l'époque ; néanmoins, cette œuvre se rattache au courant utopique tant par sa forme, imitée de Thomas More, ou par ses références (Platon), que par les thèses qu'elle défend. Et singulièrement, par l'idée qu'une république parfaitement conçue et organisée pourrait durer toujours.

La pensée utopique a toujours été obsédée par cette question de la *durée*. Depuis More, la cité idéale se caractérise par son refus du temps destructeur, par sa prétention à échapper au malheur de l'histoire : que serait, en effet, un Éden condamné à dépérir, à s'altérer aussitôt qu'établi ? Au fond, on peut dire qu'il n'y a d'utopie que lorsque les structures et les valeurs de l'État sont conçues pour durer éternellement. Cette idée se manifeste de plusieurs manières. D'abord, dans les textes classiques, par l'affirmation de l'extrême ancienneté des États, pourtant florissants, que visitent les narrateurs : la création de l'*Utopie* de More remonte à 1 760 ans, la *Bensalem* de Bacon à « environ 1 900 ans », durées fabuleuses, en particulier si on les rapporte à celle que l'on suppose alors à l'humanité. Mais cette durée ne doit rien au hasard, qui n'a pas sa place dans l'utopie. Elle est le résultat d'un projet politique délibéré. « Ce roi », explique un personnage de Bacon, « jugea alors que rien ne manquait pour poursuivre ses [...] desseins, sinon d'assurer, aussi loin que la prévoyance humaine en est capable, la perpétuité de ce qui était, de son temps, établi avec tant de bonheur ». La suite n'est pas moins significative : « Voilà pourquoi l'une des lois fondamentales qu'il légua à ce royaume a pour objet d'interdire ou de réglementer l'accès de notre territoire aux étrangers » (*La Nouvelle Atlantide*, p. 103). Et telle n'est pas la seule règle que suscite ce désir de durer : en ce sens, on pourrait citer aussi l'intangibilité des lois fondamentales, établies une fois pour toutes ; ou encore, l'égalité, qui dans bien des cas, renvoie moins à l'idéal de justice, qu'à la nécessité d'éviter les déséquilibres produits par les différences sociales. On peut observer enfin que ce rêve d'une instauration *définitive* du bien n'est pas propre aux premières utopies : on le retrouve tout aussi nettement dans les utopies récentes, où la perfection résulte directement d'un progrès général, conçu comme nécessaire et irréversible. Dans ces hypothèses aussi, le temps se découpe en deux tronçons, avant et *depuis*, depuis que la perfection a été conquise : étant entendu qu'il n'y aura point d'*après*.

Le discours du législateur d'*Océana*, Milord Archon – *alter ego* littéraire d'Olivier Cromwell –, s'intègre parfaitement dans cette perspective. Ce qu'il entend démontrer n'est pas tant la possibilité d'établir une cité éternelle, que l'impossibilité du déclin d'une république « parfaite dès sa naissance » (t. I, p. 164). L'intérêt du texte tient notamment à ce caractère explicite et à l'argumentation logique employée en ce sens. Il n'y a pas d'effet sans cause, donc pas de corruption d'un État lorsque sa constitution ne contient pas les germes de sa décadence. Or ceux-ci sont peu nombreux : ce sont les contradictions et l'inégalité – dans la répartition des terres et dans la rotation du pouvoir politique, les deux points qui forment l'objet des « lois fondamentales ». Par suite, « une république égale » sur ces deux plans, étant « sans défauts », renfermera « en elle l'entière perfection du gouvernement » (t. I, p. 104). Dans un tel cadre, « il ne peut y avoir de discorde » (*Ibid.*), il n'y aura donc aucune raison pour que la cité se corrompe. Il suffit d'éliminer préventivement les causes de corruption pour parvenir à rendre la république immortelle, car ne renfermant « aucun principe de mortalité ».

Dès lors, la cité « ne peut aller ni à droite ni à gauche, que par quelque obstacle » étranger ; de même, seule une « cause extérieure » pourra entraîner sa chute. Mais, là encore, c'est à elle qu'il appartiendra de s'en prémunir : c'est pourquoi la volonté de puissance et les projets impérialistes accompagnent généralement la prétention utopique à l'éternité. La sécurité, la perfection, ne seront assurées que lorsqu'il n'y aura plus aucune menace extérieure, c'est-à-dire, à terme, plus d'*extérieur*.

Milord Archon, après l'établissement des trois derniers ordres, fit cette harangue à la tête de son armée :

« Chers lords et excellents patriotes, notre gouvernement est celui d'une république, formée pour l'agrandissement. Les défauts et les inconvénients des républiques formées seulement pour la conservation ont déjà été suffisamment démontrés : leurs racines sont étroites, sans fibres, et ne peuvent s'étendre ; leurs cimes sont sans feuilles et dangereusement exposées à toutes les intempéries de l'air ; à moins qu'on n'en trouve une comme Venise, plantée, pour ainsi dire, dans une espèce de pot de fleurs. Mais pour peu qu'une telle République s'accroisse, sa cime devient trop pesante, et la fait succomber aussi ; cependant vous ne pourrez planter un chêne dans un pot de fleurs, cet arbre doit enfoncer ses racines dans la terre, et élever ses branches jusqu'aux cieux. [...].

On a dit que Rome succomba sous son propre poids, mais on ne l'a dit que poétiquement : car le poids sous lequel on prétend qu'elle fut écrasée, les empereurs le soutinrent sur une base bien plus étroite, et il n'y a rien de plus connu, par l'expérience ordinaire d'une bonne architecture, que les bâtiments se soutiennent le plus fermement et le plus longtemps par leur propre poids ; et ne périssent que parce que leurs matériaux sont sujets à la corruption. Mais un peuple ne meurt pas ; et un corps politique n'est sujet à aucune autre corruption que celle qui est produite par son gouvernement ; à moins qu'un homme ne nie l'enchaînement des causes, cas auquel il doit nier aussi l'existence de Dieu, il est forcé de reconnaître l'enchaînement des effets. C'est pourquoi donc il ne peut y avoir d'effet dans la nature, qui ne soit le produit d'une cause première, et de ces anneaux successifs de la chaîne, sans laquelle il n'eût point été. Maintenant, à moins qu'un homme ne puisse montrer le contraire [...] dans une République, s'il n'y a pas eu de cause de corruption dans sa formation, celle-ci ne doit point exister dans les effets. Que la superstition de personne ne vienne accuser d'impiété cette assertion, car quoique l'homme soit sujet au péché, l'univers est cependant parfait, de même un citoyen peut être sujet au péché, et la République être cependant parfaite. L'univers étant parfait, aucun homme ne peut commettre de péché, qui détruise cette perfection, ou conduise à une dissolution naturelle ; de même le citoyen, quand la République est parfaite, ne peut jamais commettre de crime qui la rende imparfaite ou la conduise à la dissolution naturelle. Ayons en ce moment recours à l'expérience ; *Venise*, quoique nous ayons trouvé quelques défauts en elle, est la seule République dans la constitution de qui, nul homme ne puisse trouver une cause de dissolution ; c'est pourquoi nous la voyons, quoiqu'elle soit composée d'hommes qui ne sont pas exempts d'erreurs, nous la voyons, dis-je, après mille ans et par l'effet de quelque cause intérieure, aussi jeune, aussi fraîche, aussi exempte d'infirmités, ou même de leur apparence, que si elle venait de naître [. T]out ce qui dans la nature, après mille ans, n'annonce aucune décadence, peut subsister pendant toute la durée de la nature ; c'est pourquoi par suite de ce calcul, une République convenablement ordonnée peut, malgré tous les malheurs que l'on voudra s'imaginer, être, par des causes intérieures, aussi immortelle, ou vivre aussi longtemps que le monde. Si ce raisonnement est juste, toutes ces Républiques dont la chute a été naturelle, doivent avoir été ruinées par quelque vice dans leur élévation. [...]. Ces causes de dissolution [...] ne sont que de deux sortes, elles viennent de la contradiction ou de l'inégalité : si une République est en contradiction, elle doit nécessairement se détruire elle-même, et si elle est inégale elle est sujette aux divisions, et les divisions conduisent à la ruine [...].

Faites-y une sérieuse attention, milord, car s'il y a quelque contradiction ou quelque inégalité dans notre

République, elle doit succomber ; mais si elle n'en a point, elle ne renferme conséquemment aucun principe de mortalité. Ne m'accusez pas d'impudence, si c'est la vérité, je commettrais une grossière indiscrétion à vous la cacher. Je suis certain que *Machiavel* se déclare pour l'immortalité d'une République fondée sur de plus faibles principes. " Si une République " dit-il, " était assez heureuse pour trouver des hommes capables, lorsqu'elle s'éloigne de ses principes, de la ramener à ceux de son institution, elle serait immortelle. " Mais une République, ainsi que nous l'avons pu voir, ne s'écarte de ses principes que par les vices de son institution. Si elle n'a pas quelque défaut en naissant, sa marche par toute cause intérieure doit être droite, comme l'est celle de *Venise*. Elle ne peut aller ni à droite ni à gauche, que par quelque obstacle, dont la cause n'est qu'extérieure. [...]. Une République convenablement instituée ne peut s'écarter de ses fondements ; et une République mal constituée ne peut jamais être ramenée par réduction à ses premiers principes. »

XXVI

CONDORCET

DE LA LONGÉVITÉ CORPORELLE À LA STABILITÉ POLITIQUE

Condorcet, *Esquisse d'un tableau historique des progrès de l'esprit humain*, GF-Flammarion, 1988, p. 293-296.

La dixième et dernière « Époque » de l'*Esquisse* (1794), où Condorcet tente de « tracer avec quelque vraisemblance le tableau des destinées futures de l'espèce humaine d'après les résultats de son histoire », n'a, sur un plan formel, rien d'une utopie. Pour l'auteur, il ne s'agit que de prévoir « les progrès futurs de l'esprit humain » à partir de ceux qu'il a déjà réalisés et de la loi que l'on peut en déduire – celle d'un progrès nécessaire et illimité. La dimension utopique du propos apparaît, en revanche, dès lors que l'on considère cette dixième Époque comme un ensemble doté d'une réelle cohérence. Ce qui doit y arriver ne résultera pas du hasard, mais d'un processus que l'Époque précédente, de la révolution cartésienne à la Révolution française, manifestait déjà, et qui a désormais acquis sa vitesse de croisière. Le ruisselet du progrès est devenu un fleuve dont tout dépend, et qui confère à cette dixième Époque son caractère et son unité. On est entré dans l'ère des certitudes. Certitude que se produiront bientôt « la destruction de l'inégalité entre les nations, les progrès de l'égalité dans un même peuple ; enfin, le perfectionnement réel de l'humanité ». « Il arrivera [...], ce moment où le soleil n'éclairera plus sur la terre que des hommes libres, ne reconnaissant d'autre maître que leur raison. »

« La nature n'a mis *aucun terme* à nos espérances » : si le principe ressortit de la pensée utopique, il en va de même de ses conséquences, et singulièrement, de l'idée que la « perfectibilité de l'homme est infinie », tant sur le plan intellectuel que sur le plan physique. Car il existe un lien de causalité entre le perfectionnement des corps et le progrès scientifique. C'est ce dernier, notamment médical, qui permettra l'amélioration de la santé et, par suite, l'allongement de la durée de la vie humaine. Or ce développement du savoir n'ayant pas de limites, on peut en déduire, avec vraisemblance, que le perfectionnement de l'espèce sera lui aussi sans fin, et que l'homme parviendra, ou peu s'en faut, à vaincre la mort.

Cet espoir, qui tourne parfois à l'obsession, apparaît comme l'un des lieux communs de la pensée « moderne » dont l'utopie constitue l'avant-poste : Campanella, Bacon l'ont évoqué avant Descartes ou l'abbé de Saint-Pierre. À la fin du XVIIe siècle, Mlle de Saint-Quentin fait paraître un « traité pour établir la possibilité de l'immortalité corporelle » où elle démontre que « c'est l'ignorance qui cause notre mort », et elle seule. « On pourra m'objecter, écrit-elle, que nous ne pouvons pas toujours vivre. Je demanderais volontiers quelle difficulté il peut y avoir pour vivre une année plutôt qu'une autre, et pourquoi, quand on en a vécu une, on n'en peut pas vivre cent, et mille, et cent mille, puisqu'il ne faut pour vivre l'espace de tous ces temps (à l'égard de la qualité qui fait la vie) que celle qu'il a fallu pour vivre une seule heure. » Il suffirait donc de connaître la nature et de savoir l'utiliser pour pouvoir vivre à jamais : et ainsi, « ce monde serait un paradis terrestre » (*Mercure Galant*, novembre 1692, p. 33-34, et janvier 1693, p. 120 et 124).

Il est à noter que cet auteur utilise à peu près le même raisonnement que James Harrington, dans son *Océana*, à propos de l'immortalité de la république parfaite (cf. texte n° 25). On peut observer en outre que le législateur d'*Océana*, Lord Archon, ne disparaît qu'à l'âge de cent seize ans : le rapport entre la longévité du microcosme corporel et celle du macrocosme politique n'est évidemment pas dépourvu de signification. Dans la cité parfaite, on meurt centenaire, en attendant de ne plus mourir du tout. De même que (depuis Platon) la cité doit prendre modèle sur le corps humain, sur sa cohérence et son unité, de même celui-ci, corps glorieux, pourra, grâce à la science, être rendu semblable à l'espace inaltérable où il s'inscrit, mis définitivement à l'abri des injures du temps. Ce perfectionnement ultime révèle ainsi, plus qu'aucun autre, la souveraineté de la raison et du savoir, qui promet l'instauration de ce que Bacon appelait « le règne de l'Homme ».

Toutes ces causes du perfectionnement de l'espèce humaine, tous ces moyens qui l'assurent, doivent, par leur nature, exercer une action toujours active, et acquérir une étendue toujours croissante.

Nous en avons exposé les preuves qui, dans l'ouvrage même, recevront par leur développement, une force plus grande ; nous pourrions donc conclure déjà, que la perfectibilité de l'homme est indéfinie ; et cependant, jusqu'ici, nous ne lui avons supposé que les mêmes facultés naturelles elles-mêmes. Quelles seraient donc la certitude, l'étendue de ses espérances, si l'on pouvait croire que ces facultés naturelles elles-mêmes, cette organisation, sont aussi susceptibles de s'améliorer ? et c'est la dernière question qu'il nous reste à examiner.

La perfectibilité ou la dégénération organiques des races dans les végétaux, dans les animaux, peut être regardée comme une des lois générales de la nature.

Cette loi s'étend à l'espèce humaine, et personne ne doutera, sans doute, que les progrès dans la médecine conservatrice, l'usage d'aliments et de logements plus sains, une manière de vivre qui développerait les forces par l'exercice, sans les détruire par des excès ; qu'enfin, la destruction des deux causes les plus actives de dégradation, la misère et la trop grande richesse, ne doivent prolonger, pour les hommes, la durée de la vie commune, leur assurer une santé plus constante, une constitution plus robuste. On sent que les progrès de la médecine préservatrice, devenus plus efficaces par ceux de la raison et de l'ordre social, doivent faire disparaître à la longue les maladies transmissibles ou contagieuses, et ces maladies générales qui doivent leur origine aux climats, aux aliments, à la nature des travaux. Il ne serait pas difficile de prouver que cette espérance doit s'étendre à presque toutes les autres maladies, dont il est vraisemblable que l'on saura un jour reconnaître les causes éloignées. Serait-il absurde, maintenant, de supposer que ce perfectionnement de l'espèce humaine doit être regardé comme susceptible d'un progrès indéfini, qu'il doit arriver un temps où la mort ne serait plus que l'effet, ou d'accidents extraordinaires, ou de la destruction de plus en plus lente des forces vitales, et qu'enfin la durée de l'intervalle moyen entre la naissance et cette destruction n'a elle-même aucun terme assignable ? Sans doute l'homme ne deviendra pas immortel ; mais la distance entre le moment où il commence à vivre et l'époque commune où naturellement, sans maladie, sans accident, il éprouve la difficulté d'être, ne peut-elle s'accroître sans cesse ? Comme nous parlons ici d'un progrès susceptible d'être représenté avec précision par des quantités numériques ou par des lignes, c'est le moment où il convient de développer les deux sens dont le mot indéfini est susceptible.

En effet, cette durée moyenne de la vie qui doit augmenter sans cesse, à mesure que nous nous enfonçons dans l'avenir, peut recevoir des accroissements, suivant une loi telle qu'elle approche continuellement d'une étendue illimitée, sans pouvoir l'atteindre jamais ; ou bien suivant une loi telle que cette même durée puisse acquérir, dans l'immensité des siècles, une étendue plus grande qu'une quantité déterminée quelconque qui lui aurait été assignée pour limite. Dans ce dernier cas, les accroissements sont réellement indéfinis dans le sens le plus absolu, puisqu'il n'existe pas de borne, en deçà de laquelle ils doivent s'arrêter.

Dans le premier, ils le sont encore par rapport à nous, si nous ne pouvons fixer ce terme, qu'ils ne peuvent jamais atteindre, et dont ils doivent toujours s'approcher ; surtout si, connaissant seulement qu'ils ne doivent point s'arrêter, nous ignorons même dans lequel de ces deux sens le terme d'indéfini leur doit être appliqué ; et tel est précisément le terme de nos connaissances actuelles sur la perfectibilité de l'espèce humaine ; tel est le sens dans lequel nous pouvons l'appeler indéfinie.

Ainsi, dans l'exemple que l'on considère ici, nous devons croire que cette durée moyenne de la vie humaine doit croître sans cesse, si des révolutions physiques ne s'y opposent pas ; mais nous ignorons quel est le terme qu'elle ne doit jamais passer ; nous ignorons même si les lois générales de la nature en ont déterminé un au-delà duquel elle ne puisse s'étendre.

Mais les facultés physiques, la force, l'adresse, la finesse des sens, ne sont-elles pas au nombre de ces qualités dont le perfectionnement individuel peut se transmettre ? L'observation des diverses races d'animaux domestiques doit nous porter à le croire, et nous pourrons les confirmer par des observations directes faites sur l'espèce humaine.

Enfin, peut-on étendre ces mêmes espérances jusque sur les facultés intellectuelles et morales ? Et nos parents, qui nous transmettent les avantages ou les vices de leur conformation, de qui nous tenons, et les traits distinctifs de la figure, et les dispositions à certaines affections physiques, ne peuvent-ils pas nous transmettre aussi cette partie de l'organisation physique, d'où dépendent l'intelligence, la force de tête, l'énergie de l'âme ou la sensibilité morale ? N'est-il pas vraisemblable que l'éducation, en perfectionnant ces qualités, influe sur cette même organisation, la modifie et la perfectionne ? L'analogie, l'analyse du développement des facultés humaines, et même quelques faits, semblent prouver la réalité de ces conjectures, qui reculeraient encore les limites de nos espérances.

IV

LE PARADIS RECONSTRUIT

XXVII

ABBÉ DE SAINT-PIERRE

EN ROUTE VERS L'ÂGE D'OR

Abbé de Saint-Pierre, « Projet pour perfectionner le gouvernement des États », *Ouvrages de politique*, Rotterdam, J. D. Beman, 1733, t. III, p. 229-231.

Dans la littérature et la pensée antiques, le thème de l'Âge d'or manifeste d'ordinaire la nostalgie d'un passé heureux, la condamnation de l'actuel Âge de fer et, par suite, l'identification de l'histoire à un irrésistible mouvement de décadence. L'aventure humaine se résume alors à une dégradation, qui fait passer l'humanité d'un État d'innocence et de concorde à une situation où règnent « l'injustice, la discorde, la violence et la pauvreté ». Au début du XVIIIe siècle, la perspective s'est inversée. Suivant l'abbé de Saint-Pierre (1658-1743), non seulement les Anciens se sont (et nous ont) trompés en prétendant que l'Âge d'or « a été le premier » ; mais leur erreur même permet de démontrer que cet Âge d'or doit advenir, dans le futur, au terme du processus historique. En effet, s'ils ont pu croire en leur propre fable, c'est précisément parce qu'ils étaient anciens, et donc moins éclairés, moins raisonnables que leurs successeurs, parce qu'ils se situaient à un stade antérieur, et donc *inférieur*, de l'évolution intellectuelle de l'humanité. « Voilà jusqu'où ont été les lumières et les fictions des anciens poètes » : il était impossible qu'ils aillent plus loin, qu'ils ne se fourvoient pas, de même qu'il est normal que nous puissions discerner leurs erreurs. À lui seul, le *progrès* explique tout ceci, de même qu'il nous donne la certitude de parvenir, dans un proche avenir, à cet Âge d'or que les Anciens croyaient disparu à jamais.

L'abbé de Saint-Pierre, « Saint-Pierre d'Utopie » comme l'appelait Voltaire, philosophe mineur mais (démesurément) influent, est resté célèbre pour son *Projet pour rendre la paix perpétuelle en Europe* (1713), où il suggère la mise sur pied d'une fédération européenne chargée d'arbitrer les conflits entre États-membres, et d'empêcher ainsi tout conflit armé. Mais son principal intérêt est sans doute d'avoir, le premier, su donner une formulation systématique à l'idée de progrès, alors en gestation depuis un demi-siècle : un progrès conçu comme global, nécessaire et perpétuel, et qui va sous-tendre chacun de ses innombrables projets et démonstrations. Dans les dernières pages de son « Projet pour perfectionner le gouvernement des États », l'abbé de Saint-Pierre brosse ainsi un tableau d'ensemble de l'histoire humaine depuis les origines. Se réclamant de l'histoire, de la philosophie et de l'expérience, il reprend en l'inversant la vieille théorie des âges successifs, pour expliquer que « les hommes ont commencé [...] par être dans la pauvreté et dans la disette », l'ignorance et la violence. Le premier temps, « vrai Âge de fer », ressemble à l'épouvantable « état de nature » décrit dans le *Léviathan* de Thomas Hobbes, que l'abbé tient d'ailleurs en haute estime. Comme chez Hobbes, c'est « la crainte d'être tués ou pillés » et le désir d'être mieux, d'« augmenter [leur] bonheur », qui va peu à peu pousser les hommes à sortir de leur isolement, pour tisser des liens sociaux de plus en plus denses et étendus. Car c'est leur *intérêt* qui meut les hommes : ceux-ci ont le désir, mais aussi le devoir, moral et social, de faire toujours ce qui leur est « le plus avantageux », l'abbé de Saint-Pierre étant persuadé que de la combinaison de ces intérêts individuels naîtra forcément le bonheur collectif. À cet égard, le progrès de la raison permet « de discerner et de choisir toujours les partis » les plus profitables, « tant pour la diminution des maux que pour l'augmentation des biens de la vie ». Les hommes, estime l'abbé, seront donc de plus en plus capables de choisir la meilleure solution, de plier leurs comportements à leur véritable intérêt. Et c'est justement cette certitude qui lui permet d'annoncer l'adoption prochaine de son plan de paix perpétuelle. Cette adoption reproduirait, au niveau international, le passage initial de l'état de nature à un état politique, réglé et pacifié : ce qui signifie que l'« arbitrage européen » qui assurera cette paix serait aussi profitable aux différents États, que le fut, à l'origine, la naissance des sociétés pour les individus isolés. Aussi avantageux et, par conséquent, aussi nécessaire : la démonstration de l'abbé a pour but de souligner le parallélisme, l'analogie entre ces deux passages, au début et à la fin de l'histoire. À terme, les souverains ne sauraient manquer de comprendre l'intérêt d'un tel arbitrage, et ils ne pourront donc que l'adopter. Supprimant les conflits internationaux, cette décision ferait alors entrer les États européens dans l'Âge d'or, puis, à leur suite, « tous les autres peuples ». D'où l'unification de l'humanité sous l'égide de la raison, l'entrée dans une « espèce de paradis sur la terre », peuplé « de saints qui jouiront d'une félicité éternelle » (abbé de Saint-Pierre, *Annales politiques*, Londres, 1747, t. II, p. 633).

Chapitre X

Cette méthode amènera l'Âge d'or

Les Poëtes ont feint l'âge d'or du temps de Saturne et de Rée, c'est-à-dire qu'ils ont imaginé des siècles où les hommes vivant dans la justice, dans l'innocence, dans la concorde et dans l'abondance, étaient parfaitement heureux, mais ils ont feint follement que cet âge a été le premier.

Ils ont feint que l'âge d'argent a succédé à l'âge d'or, c'est-à-dire, que dans le second âge du monde, les hommes vivaient avec moins de justice, moins de concorde, moins d'abondance, et étaient par conséquent beaucoup moins heureux.

Ils ont dit de même que l'âge d'airain beaucoup moins heureux avait succédé à l'âge d'argent.

À l'égard du dernier âge où ces Poëtes ont vécu, ils l'ont appelé l'*âge de fer*, c'est-à-dire le temps où régnaient l'injustice, la discorde, la violence et la pauvreté ; voilà jusqu'où ont été les lumières et les fictions des anciens Poëtes.

Mais l'Histoire, la Philosophie et l'expérience nous apprennent tout le contraire, elles nous apprennent que les hommes ont commencé réellement par ignorer les Arts et par être par conséquent dans la pauvreté, et dans la disette. Ils trouvaient à la vérité plus de liberté, moins de contradictions dans les habitations séparées pour vivre dans leur famille, chacun à sa fantaisie ; ils cherchèrent ensuite dans la société de plusieurs familles et dans un même village plus de sûreté contre les violences des voleurs et des ennemis, ils y cherchèrent plus de commodité et de secours pour la vie dans le commerce qui se fait par échange.

La crainte d'être tués ou pillés par les villages voisins et le désir d'être encore mieux leur inspira de *convenir* entre eux de certaines conditions de société qui leur apportèrent divers grands avantages, ils convinrent d'établir une société entre plusieurs villages, de former quelques lois et de choisir un certain nombre d'hommes propres, et de faire observer les lois faites, et d'en former de nouvelles à mesure que l'on s'apercevait qu'il leur en manquait pour augmenter le bonheur de leurs petites sociétés.

Comme souvent les plus forts, les plus impatients ne voulaient pas s'assujettir ni aux lois, ni aux juges, ils usaient de violence, et alors discorde, haine, combat, meurtre, pillage, représailles et désolation entre citoyens d'une petite société composée de quelques villages, puis entre petites sociétés voisines composées de villages, de bourgades et de villes : tel a été le premier âge des peuples les plus civilisés d'Europe et d'Asie, tel est encore le premier âge de quelques Tartares d'Asie, et des sauvages d'Afrique et d'Amérique, vrai âge de fer, parce que l'art de la société n'y est encore que de la première enfance.

À cet âge de fer a succédé parmi les Nations mieux policées l'âge d'airain, c'est-à-dire, une police moins grossière, un plus grand nombre de bonnes lois, et le commencement des arts les plus nécessaires pour éviter les incommodités de saisons, et pour diminuer les besoins de la vie, mais la discorde sur le partage des biens a jusqu'ici toujours armé les sociétés les unes contre les autres, et y a causé souvent de grands ravages.

À cet âge d'airain a succédé l'âge d'argent, c'est l'âge où nous sommes en Europe ; l'art de la société y est dans l'adolescence parce que nos règlements se sont beaucoup augmentés et perfectionnés ; mais nos guerres Civiles, et Étrangères sur le partage de différents biens tiennent encore beaucoup de l'âge d'airain, puisqu'il est évident que les biens, que les hommes peuvent acquérir sur ces guerres, ne valent pas la vingtième partie des biens dont ils sont privés par ces mêmes guerres, et par la cessation de la paix, et du commerce, qui leur eussent apporté vingt fois plus de biens réels que les biens qu'ils peuvent tirer des guerres ; or c'est en cela particulièrement que la Raison humaine, que l'art du Gouvernement, que la police générale de la société humaine paraissent encore dans l'Enfance parmi nous.

Le plus noble emploi de la Raison pour chaque famille, et par conséquent pour chaque société, c'est de discerner, et de choisir toujours les partis qui, à tout peser pour le présent et pour l'avenir, sont les plus avantageux, tant pour la diminution des maux que pour l'augmentation des biens de la vie ; et c'est apparemment ce que nos Pères ignorants appelaient sagesse, habileté, science du bien et du mal, connaissance sûre et évidente de tout ce qui cause les maux les plus grands, et d'une plus longue durée, connaissance de tout ce qui prouve les biens les plus sensibles, et les durables.

Nous sommes donc véritablement dans un âge d'argent, qui tient encore un peu d'un côté de l'âge d'airain, et de l'autre un peu de l'âge d'or, car notre Raison est déjà perfectionnée au point que nous cherchons, et à finir les guerres, et à prolonger la paix, mais nous n'avons pas encore assez bien estimé les biens que la guerre fait perdre, les maux qu'elle cause, et par conséquent tous les biens que produirait la paix perpétuelle, fondée par un arbitrage permanent entre Souverains.

Il est vrai que nous touchons à ce degré de raison et de discernement, les souverains commencent à trouver de la raison et du bonheur dans l'idée de l'arbitrage européen pour assurer l'exécution des Traités entre Souverains, et j'espère qu'avant un siècle avec un peu d'habitude à tâter les vrais principes de la Raison et leur vrais intérêts, ils parviendront à terminer sans guerre tous leurs différends présents et futurs.

Nous avons le secret par les lois et par la force des magistrats de faire vivre les grands seigneurs de chaque Nation sans discorde, du moins sans guerre entre canton et canton, entre seigneur et seigneur comme autrefois.

Il est vrai que nous n'avons pas encore assez perfectionné nos lois, au point de faire distinguer clairement ce qui appartient à l'un de ce qui appartient à l'autre, mais nous sommes dans la voie de perfectionner ces lois, et c'est le but de l'ouvrage que j'ai donné *Pour diminuer tous les jours les sources des procès*.

Mais à dire le vrai il nous manque pour entrer dans l'âge d'or un grand désir d'être justes envers tout le monde, une grande crainte de déplaire à Dieu par des actions qui nuisent au prochain et un grand désir de plaire à cet Être souverainement bienfaisant en procurant aux hommes ou des plaisirs présents ou des plaisirs à venir, c'est-à-dire de grands avantages, soit à ceux qui nous environnent, soit à la Patrie entière, et c'est proprement l'effet que doit naturellement produire *dans toutes les Nations* la nouvelle méthode pour perfectionner la forme du gouvernement.

Ainsi nous touchons, pour ainsi dire, au commencement de l'âge d'or, nous n'avons plus besoin pour y entrer que de quelques règnes sages dans nos États européens, car l'Europe une fois parvenue à cet âge d'or, à cette espèce de Paradis sur la terre, y ferait en peu de temps entrer tous les autres peuples, qui n'ont, non plus que nous, d'autre but, d'autre intérêt que de diminuer leurs maux, d'augmenter leurs biens dans cette vie et de s'assurer par l'observation de la justice, et par la pratique de la bienfaisance une vie future remplie de délices ; or tels seront les effets admirables du nouveau plan général de gouvernement que les rois et les républiques peuvent facilement exécuter.

XXVIII

ZOLA

L'ÉDEN RECONQUIS

Zola, *Travail*, Fasquelle, 1901, p. 640-649.

« Un peuple fraternel, réconcilié dans le commun idéal, dans le royaume du ciel mis enfin sur la terre. » Sur plusieurs plans parallèles, les dernières pages du roman d'Émile Zola, *Travail* (1901), paraissent constituer un aboutissement.

Aboutissement, d'abord, de son propre cheminement idéologique. Il s'agit, écrit-il, de « la conclusion de toute mon œuvre.

Après la longue consultation de la réalité, un prolongement dans demain [de] mon amour de la force et de la santé, de la fécondation et du travail, mon besoin de vérité et de justice éclatant enfin » (cité par H. Desroches, *La Société festive...*, p. 337). Mais ce point final se veut prophétique : « J'ouvre le siècle de demain, tout cela basé sur la science [...]. C'est là la grandeur de mon livre, [...] de se prolonger jusqu'à la fin du XXe siècle par l'utopie, *le rêve de ce qui sera* » (*Ibid.*, p. 337 et 339).

Le roman apparaît ainsi comme l'accomplissement de l'utopisme du XIXe siècle : à la fois synthèse de ses courants et dépassement de ses contradictions. Synthèse : Luc, le héros du roman, se réclamant principalement de Fourier, fait fréquemment allusion aux thèses de celui-ci : les passions, « non plus combattues, étouffées », mais « cultivées, comme les forces mêmes de la vie », le travail rendu « facile et délicieux », « l'Harmonie », enfin. Mais Zola ne s'enferme pas pour autant dans l'orthodoxie fouriériste : il semble avoir été marqué aussi par la lecture du best-seller de Bellamy, *Looking Backward* (cf. texte n° 12), par la « commune anarchiste » de son ami Kropotkine et même par la pensée saint-simonienne (« ce que veut Luc n'est pas un gouvernement, mais une administration contrôlée », cité par H. Desroches, p. 331). Cette synthèse se manifeste en particulier par l'importance qu'il accorde, comme tous ses prédécesseurs, à ce qui fut par excellence le mythe du XIXe siècle, le progrès, qui, dans cette perspective utopique, acquiert une ampleur considérable. Le progrès *technique*, manifesté par l'essor du machinisme et par l'usage de l'énergie solaire, accepté sans restriction, permet le développement des loisirs, et par suite, le progrès *intellectuel* de toute la population : « Il naissait un artiste en chaque ouvrier industriel. » Tout s'améliore, de plus en plus vite, sans que l'on puisse assigner un terme à ce mouvement : « Le rêve restera toujours sans limites, il y aura toujours » à lutter pour « élargir sans cesse » le bonheur, « pour en faire un festin immense » aux dimensions de l'univers.

Par ces affirmations, ce texte se situe, enfin, à l'aboutissement de la perspective utopique, construction par l'homme d'un « rêve de paradis sur terre » (cité par H. Desroches, p. 341). À la « Crêcherie », où est établie la communauté, se trouvent réunies les conditions d'une « société de satisfaction complète », d'une réalisation plénière de l'humanité. « Les prétendues utopies du bonheur universel devenaient possibles » : c'est-à-dire qu'elles se révèlent n'être pas chimériques, mais prophétiques. Les haines, les crimes s'y trouvent « vidés de sens » par la disparition de la propriété et de ses conséquences ; les passions, organisées, deviennent des « vertus sociales » ; l'homme, libéré, est soumis à « l'unique loi du travail », qui lui apporte joie et accomplissement. Et c'est ainsi que « le bonheur de chacun, pratiquement fait du bonheur de tous », s'accroît au même rythme, sans limites assignables. « L'humanité équilibrée enfin comme les astres, par l'attraction, la loi de justice, de solidarité et d'amour, voyagerait désormais heureuse, au travers de l'éternel infini » : l'ultime caractéristique de l'Éden reconquis étant de n'avoir pas de fin...

Aussi, partie de l'expérience de Fourier, la Cité nouvelle devait-elle, à chaque étape, se transformer, avancer vers plus de liberté et plus d'équité, faire en chemin la conquête des socialistes de sectes ennemies, les collectivistes, les anarchistes eux-mêmes, pour finir par les grouper tous en un peuple fraternel, réconcilié dans le commun idéal, dans le royaume du ciel mis enfin sur la terre.

Et c'était l'admirable, le victorieux spectacle que Luc avait sans cesse sous les yeux, la Cité du bonheur dont les toitures aux couleurs vives, parmi les arbres, se déroulaient devant sa fenêtre. La marche en avant que la première génération, imbue des antiques erreurs, gâtée par le milieu inique, avait si douloureusement commencée, au milieu de tant d'obstacles, de tant de haines encore, les générations nouvelles, instruites, refaites par les Écoles, par les Ateliers, la poursuivaient d'un pas allègre, atteignant les horizons déclarés jadis chimériques. Grâce au continuel devenir, les enfants, les enfants des enfants semblaient avoir d'autres cœurs et d'autres cerveaux, et la fraternité leur devenait facile, dans une société où le bonheur de chacun était pratiquement fait du bonheur de tous. Avec le commerce, le vol avait disparu. Avec l'argent, toutes les cupidités criminelles s'en étaient allées. L'héritage n'existait plus, il ne naissait plus d'oisifs privilégiés, on ne s'égorgeait plus autour des testaments. À quoi bon se haïr, s'envier, chercher à s'emparer du bien d'autrui par la ruse ou la force, puisque la fortune publique appartenait à tous, chacun naissant, vivant et mourant aussi fortuné que le voisin ? Le crime devenait vide de sens, stupide, tout l'appareil sauvage de répression et de châtiment, institué pour protéger le vol des quelques riches contre la révolte de l'immense foule des misérables, avait croulé comme inutile, les gendarmeries, les tribunaux, les prisons. Il fallait vivre au milieu de ce peuple ignorant l'atrocité des guerres, obéissant à l'unique loi du travail, dans une solidarité faite simplement de raison et d'intérêt personnel bien entendu, pour comprendre à quel point les prétendues utopies du bonheur universel devenaient possibles, avec un peuple sauvé des monstrueux mensonges religieux, instruit enfin, sachant la Vérité, voulant la justice. Depuis que les passions, au lieu d'être combattues, étouffées, se trouvaient cultivées au contraire, comme les forces mêmes de la vie, elles perdaient leur âcreté de crimes, elles devenaient des vertus sociales, des floraisons continues d'énergies individuelles. Le bonheur légitime était dans le développement, dans l'éducation des cinq sens et du sens d'amour, car tout l'homme devait jouir, se satisfaire sans hypocrisie, au plein soleil. Le long effort de l'humanité en lutte aboutissait à la libre expansion de l'individu, à une société de satisfaction complète, l'homme étant tout l'homme et vivant toute la vie. Et la Cité heureuse s'était ainsi réalisée dans la religion de la vie, la religion de l'humanité enfin libérée des dogmes, trouvant en elle-même sa raison d'être, sa fin, sa joie et sa gloire.

Mais Luc, surtout, assistait au triomphe du travail sauveur, créateur et régulateur du monde. Dès le premier jour, il avait voulu la disparition, la mort du salariat inique, source de misère et de souffrance, base pourrie de l'ancien édifice social, qui croulait de toutes parts. Et il avait rêvé l'autre chose, la réorganisation du travail, le nouveau pacte qui permettrait une juste répartition des richesses. Seulement, que d'étapes il avait fallu franchir, avant de faire de ce rêve une réalité, cette Cité heureuse fondée par lui ! Ici encore, l'évolution était partie de Fourier, l'association des travailleurs, les ateliers aux besognes variées, réduites, attrayantes, les groupes se sériant, se séparant pour se rejoindre, se mêlant en un continuel jeu des libres organes, qui est la vie même. Toute la commune libertaire était en germe car, s'il a répudié la révolution brutale, s'il a commencé par utiliser les rouages de la société existante, le résultat de son effort, son espoir du lendemain tendait à la destruction de cette société. Longtemps encore, le salariat avait donc agonisé, à l'usine de la Crêcherie, en passant par les états intermédiaires de l'association, le partage des bénéfices, le tant pour cent d'intérêts dans l'œuvre commune. Puis, il s'était même transformé au point de satisfaire les collectivistes, le jour où il avait réalisé leur formule, toute une circulation réglementée de bons de travail. Il n'était pourtant toujours que le salariat atténué, déguisé, refusant de mourir. Et, seule, la commune libertaire l'avait détruit, emporté, en une dernière étape, celle de la délivrance par la liberté et par la justice totales, la chimère d'autrefois, l'unité, l'harmonie enfin vivantes. Aucune autorité n'existait plus, le nouveau pacte social se fondait uniquement sur le lien du travail nécessaire, accepté par tous, devenu la loi et le culte. Une infinité de groupes le pratiquaient, partis des anciens groupes du bâtiment, du vêtement, des métaux, des ouvriers industriels, des ouvriers de la terre, mais se multipliant, se variant sans fin, se pénétrant les uns les autres, de façon à se plier à toutes les volontés individuelles, à tous les besoins de la communauté. Rien n'arrêtait plus l'expansion de chacun, le citoyen évoluait à son gré dans son devoir de travailleur, faisait partie d'autant de groupes qu'il voulait, passait du travail de la terre au travail de l'usine, donnait ses heures au gré de ses facultés et de son désir. Et il n'y avait ainsi plus de lutte de classes, puisqu'une classe unique existait, tout un peuple d'artisans, également riches, également heureux, de même instruction, de même éducation, sans nulle différence ni dans le costume, ni dans le logement, ni dans les mœurs. Et c'était le travail roi, le travail seul guide, seul maître et seul dieu, d'une noblesse souveraine, ayant racheté l'humanité qui se mourait de mensonge et d'injustice, la rendant enfin à la vigueur, à la joie de vivre, à l'amour et à la beauté.

Luc en riait d'aise, lorsqu'un souffle de la brise matinale lui apportait les rires et les chants, dont la gaieté sonore montait sans cesse de sa ville. Quel bon travail, facile et délicieux ! À peine quelques heures par jour, et d'une besogne de surveillance, tellement les nouvelles machines, puissantes, ingénieuses, avaient fini par avoir des pieds et des mains, comme les anciens esclaves. Elles soulevaient des montagnes, elles prenaient les objets les plus délicats, les façonnaient avec un soin infini. Elles marchaient, elles obéissaient, pareilles à des êtres ignorant la souffrance, s'usant sans fatigue. Grâce à elles, l'homme achevait de conquérir la nature, d'en faire sa dépendance et son paradis. Et de quelle prodigieuse richesse elles le comblaient, une abondance toujours croissante des fleurs et des fruits de la terre, un luxe de plus en plus grand des objets manufacturés, chaque citoyen regorgeant de tous les biens, vivant en prince de ses quelques heures de travail, lui que la faim étranglait autrefois, après d'abominables corvées de dix heures ! Et quel admirable essor ce travail si réduit, d'un effort si léger, avait donné aux études des savants, aux œuvres des artistes, en ouvrant le champ de l'intelligence à tous, en libérant tant d'heures des basses et grossières besognes ! Dans les laboratoires, ouverts largement aux recherches, il ne se passait pas de semaine sans qu'on fît des découvertes merveilleuses. Une mentalité se créait de jour en jour supérieure, depuis que le peuple entier était instruit dans la vérité, par les méthodes expérimentales ; et les grandes intelligences cessaient d'être l'exception rare, les producteurs de génie se levaient en foule. La chimie déjà révolutionnait l'alimentation, la terre aurait pu ne plus produire de blé, ni d'oliviers, ni de vignes, il serait sorti quand même des laboratoires assez de pain, d'huile et de vin, pour en fournir la ville entière. En physique, en matière d'électricité surtout, les inventions continuaient à reculer les bornes du possible, donnaient aux hommes la toute-puissance des dieux, sachant tout, voyant tout, pouvant tout. Puis, c'était l'envol des artistes, la beauté élargie, accrue, devenue une floraison immense, universelle, où tous pouvaient se fleurir et se parfumer. Il n'était pas de produits modestes, d'objets d'usage courant, d'ustensiles de ménage, où l'art ne s'épanouit en charmantes imaginations, dans la forme, la couleur, l'expression même. Lange, avec ses briques émaillées, ses faïences et ses grès polychromes, avait le premier embelli la vie quotidienne des foules, et maintenant des légions d'artistes se levaient, il naissait un artiste en chaque ouvrier industriel, le travail de tous les métiers n'allait plus sans la beauté innée, la beauté grande et simple de l'œuvre vécue, voulue, adaptée au service qu'elle devait rendre. Puis, c'était une extraordinaire végétation de tous les arts, depuis que l'âme de la foule battait dans toutes les âmes, et que toute la vie était vécue, avec toutes les passions libérées, tout l'amour donné et reçu. [...].

Et Luc, plein de sérénité, sans crainte pour l'avenir, regardait sa ville croître encore, comme une belle et forte personne, d'une éternelle jeunesse. Elle était descendue des gorges de Brias, entre les deux promontoires des Monts Bleuses, elle envahissait maintenant les prairies de la Roumagne. Par les beaux temps, ses façades blanches riaient au milieu des verdures, sans qu'une fumée ternît la pureté de l'air ; car les cheminées étaient abolies, l'électricité ayant remplacé partout les chauffages au bois et au charbon. Le grand ciel bleu la tendait de sa soie légère, immaculée, sans une poussière de suie. Et elle restait comme neuve, d'une gaieté luisante, sous la brise qui la rafraîchissait ; tandis qu'on entendait monter de partout, des maisons, des édifices, des avenues, des fontaines innombrables, un bruit d'eaux chantantes, le ruissellement cristallin des sources, dont la pureté et la santé l'entretenaient dans une perpétuelle allégresse. La population s'accroissait toujours, des maisons se bâtissaient, des jardins se créaient. Un peuple heureux, libre et fraternel, est un foyer d'attraction, où tous les peuples voisins viennent forcément se fondre. Les petites villes des environs, Saint-Cron, Formeries, Magnolles, avaient dû suivre l'exemple de Beauclair, s'étaient peu à peu groupées, associées, puis avaient fini par être un simple prolongement de la ville initiatrice. Il suffisait d'avoir tenté l'expérience en petit, on gagnait de proche en proche l'arrondissement, le département, le pays entier. C'était l'irrésistible bonheur en marche, rien ne pourra faire obstacle à la force du bonheur réalisé, quand les hommes en auront la perception nette et décisive. Il n'y a jamais eu qu'une lutte humaine, la lutte pour le bonheur, et elle est au fond de toute religion, de tout gouvernement. L'égoïsme n'est que l'effort individuel pour tirer à soi le plus de bonheur possible ; et pourquoi chaque citoyen ne mettrait-il pas son égoïsme à traiter les autres citoyens en frères, le jour où il sera convaincu que la félicité de chacun est dans la félicité de tous ? Si les intérêts se trouvaient en lutte, c'était que l'ancien pacte social les voulait différents, les opposait les uns aux autres, en faisant de la guerre la nécessité vivante, l'âme même des sociétés. Mais que le contraire soit démontré, que le travail réorganisé répartisse justement la richesse, que les passions libérées et agissantes aboutissent à l'unité, à l'harmonie, et aussitôt la paix se fait, le bonheur s'établit, en un fraternel contrat de solidarité. Pourquoi se battre, lorsque les intérêts ne s'opposent plus ? Depuis tant de siècles, si l'humanité avait mis à conquérir le monde, à soumettre les forces naturelles, les efforts acharnés et douloureux des générations, cette somme prodigieuse des efforts, du sang et des larmes, qu'elle a dépensés à s'entre-dévorer, il y a longtemps qu'elle serait la reine indiscutée, souverainement joyeuse, des êtres et des choses. Le jour où elle s'est aperçue de son imbécile démence, où l'homme a cessé d'être un loup pour l'homme, tous unis dans l'œuvre commune du bonheur, dépensant à être les maîtres des éléments le génie et la richesse gaspillés à s'anéantir de créature à créature, de nation à nation, les peuples se sont mis en marche pour la Cité heureuse. Et il n'est pas vrai qu'un peuple dont tous les besoins seraient satisfaits, n'ayant plus à lutter pour l'existence, perdrait peu à peu la force de vivre, tomberait bientôt à la torpeur, à l'engourdissement final. Le rêve restera toujours sans limites, il y aura toujours beaucoup d'inconnu à conquérir. À chaque besoin nouveau contenté, le désir en fera succéder un autre, dont la satisfaction exaltera les hommes, fera d'eux des héros de la science et de la beauté. Comme le rêve, le désir est infini, et si l'on s'est longtemps battu entre soi pour se voler le bonheur, on luttera tous ensemble pour l'élargir sans cesse, pour en faire un festin immense, resplendissant de joie et de gloire, capable d'assouvir les passions décuplées de plusieurs milliards d'hommes. Et il n'y aura plus que des héros, et tout enfant à sa naissance recevra un cadeau de bienvenue, la terre entière, le ciel sans bornes, le soleil paternel, source de l'immortelle vie.

VADE-MECUM

ÂGE D'OR

Il existe deux versions, non seulement distinctes mais en partie contraires, du thème de l'âge d'or : une version « originale », apparue dès l'Antiquité, et une version moderne, qui n'est formulée explicitement qu'à partir du XVIIIe siècle.

La première, commune à de nombreuses civilisations anciennes, trouve ses expressions classiques en Grèce (Hésiode, *Les Travaux et les jours*, v. 106-201), et sa dénomination dans la Rome du Ier siècle avant J.-C., en particulier chez Horace (« *Tempus aureum* », *Épode*, XVI, v. 84), Ovide (*Métamorphoses*, I, v. 89) et Virgile (*Géorgiques*, II). Dans ce sens, le terme désigne le tout premier âge de l'humanité, caractérisé par la paix, l'absence totale de conflits, l'abondance d'une Nature ordonnée comme un jardin et le règne bienveillant de la justice. À cet âge de plénitude harmonieuse ont succédé l'âge d'argent, l'âge d'airain, et enfin, tout au fond, l'actuel âge de fer, où dominent la guerre, la misère et l'injustice. La thématique initiale de l'Âge d'or est donc étroitement liée à celle de la décadence irrémédiable d'une humanité définitivement déchue de son bonheur natif, et dont l'histoire tout entière est celle d'un éloignement croissant de l'idéal – l'état présent apparaissant comme l'*exact inverse* des splendeurs passées. C'est d'ailleurs cette dimension pessimiste qui lui a valu d'être reprise jusqu'à nos jours, sur un mode mythique ou rhétorique, par un certain nombre de doctrines contestataires.

La version moderne du thème de l'Âge d'or opère un « renversement » d'un tout autre genre. Selon elle, l'Âge d'or n'est plus « derrière », aboli à jamais et simple objet de regrets, mais « devant » nous, situé dans un avenir d'autant plus proche, que l'humanité y travaillera avec plus d'ardeur. Il n'est plus la manifestation d'un déclin, mais la promesse du progrès. Cette nouvelle conception, popularisée au siècle des Lumières, triomphe au XIXe siècle, en même temps que l'idéologie du progrès et l'optimisme industriel. Cependant, ce sont les « socialistes utopiques » qui la reprennent avec le plus d'éclat, à l'instar de Saint-Simon qui en fait l'une de ses devises : « L'Âge d'or du genre humain n'est point derrière nous, il est au-devant » (Saint-Simon, *De la réorganisation de la société européenne*, 1814,

Les Presses françaises, 1925, p. 97). En même temps, ce sont eux qui tendent à infléchir le contenu même du mythe, en renversant le rapport antique de l'humanité à la nature : « L'homme, proclame ainsi le fouriériste Victor Considérant, est appelé à commander aux éléments, à parer et à embellir la terre, à régner sur ce monde [...]. Hâtons-nous, et qu'à force de charité, d'intelligence et de dévouement, nous obligions bientôt les ténèbres elles-mêmes à bénir les rayons qui les feront lumière » (*Le Socialisme devant le vieux monde, ou le vivant devant les morts*, Librairie phalanstérienne, 1848, p. 218-219). Cette dimension activiste vient de ce que l'Âge d'or n'est plus, dans la perspective des Modernes, un donné temporaire, mais un acquis définitif, la somme des résultats de l'effort humain : « Il est dans la perfection de l'ordre social ; nos pères ne l'ont point vu, nos enfants y arriveront un jour : c'est à nous de leur frayer la route » (Saint-Simon, *De la réorganisation*..., p. 97). D'où, dans cette seconde version, ses profondes affinités avec la thématique de l'utopie.

Cf. Communisme, État de nature, Primitivisme, Progrès.

COMMUNISME

À l'origine, le « communisme » désigne l'état social des gardiens de la Cité décrits par Platon dans la *République*, caractérisé par la communauté des biens, des femmes et des enfants : « Les femmes de nos guerriers seront communes toutes à tous ; aucune d'elles n'habitera en particulier avec aucun d'eux ; de même les enfants seront communs, et les parents ne connaîtront pas leurs enfants, ni ceux-ci leurs parents » (*République*, livre V, éd. citée, p. 212). Cette idée d'une suppression radicale de toute appropriation privative a été fréquemment reprise dans les systèmes utopiques – qui cependant sont rarement allés jusqu'à reproduire le communisme « intégral » de Platon. D'ordinaire, ils se bornent à remplacer la propriété individuelle des biens par une propriété collective, ou étatique. Et encore ne s'agit-il, au fond, que d'un détail – non de l'essence ou du critère de l'utopie. Un détail, puisque le communisme n'est que la *conséquence* d'une *certaine manière* d'envisager la perfection, et qu'il existe par suite de nombreuses utopies d'où il est absent ; un détail qui n'est d'ailleurs apparu caractéristique qu'au XIXe siècle, à l'époque où la sacralisation juridique de la propriété privée le faisait apparaître comme l'aspect le plus manifeste de l'opposition au système existant. C'est alors qu'Alfred Sudre intitule son étude sur les origines de l'utopie *Histoire du communisme* (1849) ; c'est également par ce mot que Marx désigne, dans une première période de son évolution philosophique, les doctrines utopistes de Cabet, Weitling, etc., évoquant par ce mot la seule idée de la communauté des biens.

Ce n'est que par la suite, notamment avec *L'Idéologie allemande* (1846), que le terme « communisme » va acquérir dans la doctrine marxiste une signification spécifique, en lien avec sa conception de l'histoire. Le « matérialisme historique » discerne dans celle-ci une succession de phases, chacune d'elles caractérisée par l'affrontement entre une classe (économiquement et donc politiquement) dominante et une classe dominée. L'actuelle phase, capitaliste, est marquée par l'affrontement de la bourgeoisie et du prolétariat, incarnation ultime de l'aliénation humaine : elle débouchera *nécessairement*, du fait du mouvement même du capital, sur une phase socialiste, transitoire, au cours de laquelle l'État prolétarien se saisira de la totalité du pouvoir et des moyens de production.

Au cours de cette dernière étape seront réunies les conditions du passage à ce qui constitue l'aboutissement de l'histoire – ou plutôt, de la « pré-histoire » humaine –, le communisme, bond de l'humanité « du règne de la nécessité dans le règne de la liberté » (F. Engels, *Anti-Dühring*, t. III, p. 52). « Les forces objectives, étrangères qui, jusqu'alors, dominaient l'histoire, passent sous le contrôle des hommes eux-mêmes. Ce n'est qu'à partir de ce moment que les hommes feront eux-mêmes leur histoire en pleine conscience » (*Ibid.*).

Dans cette conception, le communisme ne se caractérise plus seulement par la suppression de la propriété : il implique aussi, avec la disparition des conflits de classe et des contradictions, la réconciliation générale et l'absolue maîtrise des choses, en même temps que le dépérissement de l'État et du droit... Réconciliation définitive : il n'y aura pas d'« après »-communisme, dans la mesure où il n'est rien au-delà de la perfection : d'où, un « suicide du matérialisme historique » (J. Robelin, in G. Labica, *Dictionnaire critique du marxisme*, p. 205), l'histoire à venir n'ayant plus rien de dialectique – et peut-être plus grand-chose d'« historique ». C'est d'ailleurs cette perspective d'une entrée dans l'immuable qui a conduit certains à juger, à l'instar de Paul Tillich, que le marxisme n'avait « jamais pu écarter de soi le soupçon d'une foi cachée dans l'utopie » (cité par M. Buber, p. 31).

Cf. Âge d'or, Dépérissement de l'État, Millénarisme.

COUTUME

Au sens juridique, la coutume se définit comme une règle de droit non écrite (même si elle peut être rédigée après coup), qui ne résulte pas d'une décision unilatérale de l'autorité publique, mais de la *répétition* invétérée, ininterrompue, d'un même type de comportement, lequel finit par être ressenti comme *obligatoire* au sein du groupe où il se pratique. La coutume procède ainsi (et se reconnaît à la présence) d'un double élément : « matériel » (la répétition fréquente d'une même attitude au cours d'une période suffisamment longue) ; et « intellectuel », l'« *opinio juris* », conviction généralisée qu'il s'agit d'une véritable obligation juridique, et que le comportement contraire serait sanctionné ou susceptible de l'être.

On devine ainsi pourquoi la coutume a pu être l'objet d'attaques systématiques de la part des « Modernes » en général, et des utopistes en particulier, pour lesquels elle figure l'antithèse exacte de ce que *doit être* une norme juridiquement satisfaisante. Sans même évoquer les raisons politiques et conjoncturelles, on peut noter que cette contestation prend appui sur deux séries de raison, pratiques et théoriques.

Sur un plan pratique, on reproche à la coutume les incertitudes portant sur son contenu exact, sur son champ d'application et le moment de son entrée en vigueur. On ne sait jamais précisément quelles sont la valeur et la portée de la règle que l'on doit respecter.

Mais c'est sur le plan des principes que la critique s'étoffe. Tout d'abord, la coutume sanctionne une habitude : elle transforme le fait en droit – un fait spontané, irréfléchi, d'autant plus dépourvu de valeur morale que ses auteurs sont jugés naturellement égoïstes et intéressés. L'usage reflète les inclinations, les tendances, les désirs souvent irrationnels de ses auteurs : c'est pourquoi il paraît scandaleux, notamment aux utopistes, de vouloir l'élever au rang de règle de droit...

Second défaut, la coutume confère à la *tradition* une valeur positive et même créatrice : le comportement ne devient coutume que s'il est pratiqué depuis assez longtemps, et celle-ci paraîtra d'autant plus respectable qu'elle sera plus ancienne. À quoi l'on peut apporter une nuance, perçue comme un défaut supplémentaire : la coutume est plus souple que la règle écrite, car susceptible d'évoluer insensiblement, en permanence, sans que l'autorité puisse en maîtriser le processus.

C'est également dans ce sens que va l'ultime reproche qui lui est fait : par définition, la coutume empiète sur l'empire de la loi et sur la souveraineté du pouvoir d'État. En même temps qu'elle en souligne les failles, elle porte atteinte à la cohérence du système en y introduisant des rationalités parallèles, sinon contradictoires ; enfin, elle entraîne ou perpétue le morcellement du corps social en autant de fragments qu'il existe de coutumes particulières.

Elle apparaît donc comme un obstacle insurmontable aux rêves d'*unité* que les théories de la « volonté générale » partagent avec les utopies, de même qu'à leur commune ambition de constituer un *commencement absolu*.

Cf. Loi, République.

CYCLIQUES (THÉORIES)

Suivant ces théories, le temps aurait une forme non pas linéaire, mais cyclique, marquée par des récurrences plus ou moins régulières, indépendantes de la volonté humaine.

Derrière ce terme générique se rangent en fait des hypothèses nettement distinctes, tant dans leurs principes que dans leurs conclusions. Parmi celles-ci, on peut évoquer en particulier la doctrine de l'« éternel retour », théorie d'origine stoïcienne issue des religions asiatiques selon laquelle, à la suite d'une période de plusieurs millénaires, la « Grande Année », toutes choses recommenceraient à l'identique. À côté de cette vision préchrétienne, renouvelée par Nietzsche à la fin du XIXe siècle (*Ainsi parlait Zarathoustra*), on rencontre des doctrines qui conçoivent l'histoire humaine sur le modèle du cycle organique. L'histoire, notamment politique, serait marquée par la répétition approximative d'un même processus : naissance, croissance, apogée, déclin et mort. Dans sa forme globale, la vie de la Cité reproduirait celle de l'individu et de tout être vivant. À quoi la pensée chrétienne ajoute qu'elle s'oppose ainsi à la linéarité majestueuse de l'histoire sainte, manifestant face à elle la fragilité, l'essentielle vanité des conquêtes humaines.

Si les théories de l'éternel retour révèlent un pessimisme radical, et celle du cycle organique un pessimisme relatif, la théorie des « grands siècles », qui refleurit à partir de la Renaissance, semble pencher du côté de l'optimisme. Établie afin de rendre compte de l'excellence du moment présent, elle décrit une histoire à peu près régulière au cours de laquelle surgiraient des « grands siècles », périodes fastes où l'humanité parviendrait subitement, en toutes choses, au sommet. Pourtant, cette dernière doctrine présente, elle aussi, une face « sombre » : nul ne sait quand ni pourquoi un « grand siècle » apparaît, mais personne n'ignore que l'on en retombera, sans qu'il soit possible d'y rien changer.

Dans toutes ces théories, établies sur le modèle de la nature, l'humanité reste soumise à des déterminations extérieures. Quel que soit son effort, elle demeure incapable de maîtriser significativement son propre destin.

Cf. Progrès.

DÉPÉRISSEMENT DE L'ÉTAT

Selon la pensée marxiste, l'État est une « superstructure » dirigée par la classe économiquement dominante et chargée d'arbitrer à son profit les conflits de classe : le rapport politique n'est que l'effet et l'expression de la domination de classe.

Ce qui, sur un plan historique, signifie deux choses. D'abord, comme le souligne Engels, en s'inspirant des travaux de l'anthropologue L. H. Morgan, que « l'État n'existe [...] pas de toute éternité. Il y a eu des sociétés qui se sont tirées d'affaire sans lui » (*L'Origine de la famille, de la propriété privée et de l'État*, chap. IX, cité par É. Balibar, in G. Labica, *Dictionnaire critique du marxisme*, p. 301). Ensuite, et surtout, que la disparition des classes et des conflits sociaux lors de cette phase ultime de l'histoire que constituera le « communisme » entraînera, automatiquement, le « dépérissement » de l'État et des divers instruments de coercition qui s'y rattachent. « Les classes, reprend Engels, tomberont aussi inévitablement qu'elles ont surgi autrefois. L'État tombe inévitablement avec elles. La société, qui réorganisera la production sur la base d'une association libre et égalitaire des producteurs, reléguera toute la machine de l'État [...] au musée des antiquités, à côté du rouet et de la hache de bronze » (*Ibid.*). Cette image de l'outil devenu inutile se retrouve chez Lénine : « Avec cette machine [...] nous anéantirons toute exploitation [...] ; et quand il ne restera plus sur la terre aucune possibilité d'exploiter autrui [...] alors seulement nous mettrons cette machine à la ferraille. Alors, il n'y aura plus d'État, plus d'exploitation » (*De l'État*, 1919, Pékin, Éditions en langues étrangères, 1966, p. 24).

C'est surtout sur cet « alors seulement » qu'ont insisté Staline et ses successeurs, jugeant que le moment n'était « pas encore venu », quitte à éliminer ceux qui, tel le juriste Pashukanis, s'obstinaient à répéter le principe et même à l'élargir. Pourtant, en dehors de l'aire soviétique, cette défiance à l'égard de l'État, du pouvoir, de la « domination de l'homme par l'homme » n'a cessé d'être proclamée par des penseurs situés aux marges du « marxisme occidental ». Ainsi, Ernst Bloch qui, dès 1923 (*L'Esprit de l'utopie*, p. 287), rappelle que « la vérité de l'État, [du] point de vue socialiste, est bien ceci : il dépérit, il se transforme en une réglementation internationale de la consommation et de la production, [dominant] l'inessentiel sans retenir à soi quoi que ce soit d'important ». En quoi il rejoint effectivement l'« esprit de l'utopie » : celui de Saint-Simon, auquel le marxisme doit la formule « remplacement du gouvernement des hommes par l'administration des choses » ; et au-delà, celui des systèmes où la dépersonnalisation du pouvoir va jusqu'à une suppression de l'appareil d'État, à cette différence près que c'est alors la vertu des citoyens et la perfection de l'ensemble qui rendent l'État inutile.

Cf. Communisme.

ÉTAT DE NATURE

Par-delà les différentes manières dont il a été conçu depuis le début du XVIIe siècle, l'état de nature peut se définir, par opposition à l'état civil, comme la condition où les hommes se trouvent placés par la nature, caractérisée par l'absence de pouvoir souverain, de subordination et de liens sociaux...

En un sens, il s'agit de la situation de l'homme, considéré *in abstracto*, une fois appliquée la méthode « résolutive-compositive » qui « dissout » hypothétiquement la société civile pour en dénuder, en dévoiler la « matière » (Hobbes, *Le Citoyen ou les fondements de la politique,* Préface, trad. S. Sorbière, GF-Flammarion, 1982, p. 71). Démarche qui n'est pas sans rappeler ce qu'A. Lalande appelait la « méthode utopique », « procédé qui consiste à représenter un état de choses fictif comme réalisé d'une manière concrète [...] afin de juger des conséquences qu'il implique » (*Vocabulaire technique et critique de la philosophie*, PUF, Quadrige, 1993, p. 1180). L'état de nature ainsi conçu a une pluralité de fonctions.

D'abord, celle de s'opposer à la conception aristotélicienne de la sociabilité naturelle de l'homme : dans cette perspective, l'homme, existant *isolément*, n'est plus, par essence, un « animal politique » ; son humanité ne dépend plus de ses rapports à autrui, de son environnement social, elle gît entièrement en lui-même. Ce qui signifie, parallèlement, qu'il est bien « le créateur – et non l'effet – de ses propres conditions d'existence » (J.-F. Spitz, in P. Raynaud et S. Rials, *Dictionnaire de philosophie politique*, PUF, 1996, p. 234) ; et, en particulier, que la société, la loi, etc., ont été construites, à un moment donné, par une décision conscience et rationnelle. Fait caractéristique de la modernité, sa volonté envahit ainsi le champ du politique – avec toutes les conséquences, très concrètes, qui peuvent en découler.

Autre innovation : l'individu en tant que tel acquiert une *consistance* (à la base, lui seul est doué de volonté et capable d'effort), mais aussi, en dehors de toute détermination sociale ou historique particulière, des obligations et des droits naturels. On remonte à l'individu tel qu'il est dans la nature, à ses caractères essentiels, pour en déduire, par-delà les contingences de temps et de lieu, les règles auxquelles, en tant qu'homme, il est tenu de se plier, et, réciproquement, celles que nulle autorité ne saurait transgresser...

Enfin, cette remontée hypothétique à l'état de nature a pour objectif de mettre en lumière les bienfaits de l'*état civil* – et au-delà, les raisons du passage de l'un à l'autre, et l'intérêt qu'il y a, à ne pas le remettre en cause, à ne pas risquer un retour en *arrière*. Retour intolérable, surtout lorsque cet état de nature est conçu comme une « triste condition » où « l'homme est un loup pour l'homme », un état de « guerre de chacun contre chacun » où rien n'est assuré, sinon « la crainte et le risque continuels d'une mort violente » (Hobbes, *Léviathan*, Sirey, 1971, p. 125-126).

Un retour *en arrière*, c'est-à-dire, vers le *passé* : car l'état de nature n'est pas seulement, chez ses théoriciens, un « en dehors » hypothétique ; c'est aussi, parallèlement, un « avant » (ou, ce qui revient au même, un « à côté » perçu comme régressif), avant la société et l'acte qui l'a constituée (le « contrat social »). Sans doute cette réalité historique de l'état de nature peut-elle paraître accessoire, au regard de « sa fonction logique de dévoilement des traits cruciaux de la nature humaine ». Attitude qui va, dans le cas de Rousseau, jusqu'à une récusation pure et simple : « Commençons donc par écarter tous les faits car ils ne touchent point à la question. Il ne faut pas prendre les recherches dans lesquelles on peut entrer sur ce sujet pour des vérités historiques, mais seulement pour les raisonnements hypothétiques et conditionnels, plus propres à éclairer la nature des choses qu'à en montrer la véritable origine » (J.-J. Rousseau, *Discours sur l'origine et les fondements de l'inégalité,* in *Du contrat social*, Garnier, 1962, p. 40). Mais de nombreux théoriciens de l'état de nature, Hobbes en particulier (*Léviathan*, p. 125), demeurent plus ambigus : s'ils lui refusent le statut de fondement du droit, ils n'excluent pas pour autant l'histoire au nom de la logique. Et, de fait, on peut se demander si ces deux aspects sont entièrement dissociables. Ainsi, la dimension historique, situant l'état de nature et le passage à l'état civil dans une perspective temporelle, dynamique, permet-elle (seule) de voir dans la perfectibilité, dans le « désir d'être mieux », l'un de ces « traits caractéristiques » de la nature humaine : un trait sans lequel on s'explique mal l'effort, prise de conscience et mobilisation des moyens, nécessaires à la sortie de l'état de nature.

Soulignant l'historicité de ce

dernier, on situe en outre le « passage » à l'état civil, assimilable à un « progrès », dans le cours général d'un mouvement ascendant : et l'on confirme du coup, en même temps que ses dangers, l'aberration que constituerait une « rechute » dans l'anomie primitive.
L'utopie, quant à elle, participe pleinement de cette logique de la modernité politique. Même lorsqu'elle ne s'y réfère pas explicitement, elle en admet les postulats, volontaristes et artificialistes, et les conclusions – en particulier, à partir de la seconde moitié du XVIIIe siècle, celles qui découlent de la version hobbienne de l'état de nature...

Cf. Âge d'or.

EUGÉNISME

Ensemble des techniques (actives ou préventives) visant à améliorer l'humanité sur un plan génétique, l'eugénisme occupe une place considérable dans la thématique de l'utopie. On le rencontre déjà chez ceux que l'utopisme reconnaît pour précurseurs, dans la *République* de Platon ou chez Lycurgue, mythique législateur de Sparte, tel que le glorifie Plutarque : Lycurgue qui juge absurde que l'on prenne la peine d'améliorer les races animales, tout en négligeant d'assurer le progrès de l'espèce humaine. Par la suite, Thomas More, Campanella (cf. texte n° 10) et leurs successeurs n'auront qu'à reproduire les mêmes arguments sur un mode systématique, en le rapportant à leur projet de construction d'une Cité parfaite.
Cette récurrence des thèses eugénistes s'explique sans difficulté. D'abord, elle se rattache à l'offensive de l'utopie contre la *nature* sous toutes ses formes : l'amélioration de l'humain apparaissant comme la manifestation extrême de cette volonté dominatrice, la visée suprême du savoir scientifique et du savoir-faire technique. L'eugénisme, qui, à la rigueur, prétend rendre l'homme semblable à Dieu, démontre du même coup qu'il dispose d'un pouvoir créateur similaire.

Parallèlement, il implique, et permet, une réduction (qui peut aller jusqu'à la suppression) du rôle de la famille : à cet égard, dans *Le Meilleur des mondes* (1932), A. Huxley se borne à reprendre les conclusions de Platon ou de Campanella. Dussent-ils en périr, la famille de même que l'individu ont l'obligation de se plier aux impératifs sociaux supérieurs.

Or ceux-ci paraissent particulièrement pressants : il s'agit, en effet, de conformer l'« utopien » à la Cité parfaite où il doit vivre – laquelle ne saurait être composée d'éléments en contradiction trop évidente avec son principe. C'est pourquoi, si certaines utopies se contentent d'établir un « apartheid » avant la lettre (les Sévarambes de Vairas exilent les handicapés et les contrefaits dans les cités périphériques), les plus logiques d'entre elles programment la naissance *physique* de l'« Homme nouveau », reflet vivant de son environnement régénéré.

Cf. Totalitarisme.

HERMAPHRODITE

Le mythe de l'Androgyne, auquel se rattache celui de l'Hermaphrodite, dérive d'une triple source antique : biblique (Genèse), platonicienne (*Le Banquet*) et poétique (Ovide, *Métamorphoses*, IV). Dans les deux premières, et spécialement dans la seconde, l'androgynie figure l'unité radicale des origines, le commencement paradisiaque où les deux sexes n'étaient pas encore scindés, arrachés l'un à l'autre. Dans la dernière, au contraire, il ne s'agit plus d'une perfection initiale, mais d'un aboutissement malheureux : Hermaphrodite, fils d'Hermès et d'Aphrodite, s'étant baigné dans une fontaine, la nymphe Salmacis qui y régnait s'éprit de lui, l'enlaça étroitement et obtint des Dieux qu'ils unissent leurs corps en un seul, à la fois homme et femme...

De là, un double sens possible. D'une part, l'hermaphrodite (ou l'androgyne) symbolise la monstruosité, une ambivalence amorale ou tragique. C'est ainsi qu'il apparaît dans la pseudo-utopie de Thomas Artus, *l'Isle des Hermaphrodites* (1605), qui n'est en réalité qu'une satire de la Cour dépravée d'Henri III et de ses « mignons » (éd. C. G. Dubois, Genève, Droz, 1996, p. 10). Mais l'hermaphrodite peut figurer également une « voie de perfection » (M. Miguet, in P. Brunet, *Dictionnaire des mythes littéraires*, Rocher, 1988, p. 70). Dans la fameuse utopie de G. de Foigny, *La Terre australe connue* (1676), les habitants de la Cité idéale, tous hermaphrodites, sont certes caractérisés par leurs vertus et leur raison, mais aussi, comme l'androgyne platonicien, par une surabondance de vie et de force physique...

Au-delà, il constitue un symbole qui, dans la perspective utopique, s'avère d'une remarquable fécondité. L'hermaphrodite manifeste, en effet, avec la disparition des différences sexuelles, le triomphe de l'égalité et de l'identité ; il incarne la fusion des contraires, ultime réconciliation dans la plénitude anthropologique. Parallèlement, il symbolise aussi le dépassement des désirs charnels et de leurs contraintes et, donc, la libération par rapport à la matière ; libération qui culmine dans l'autonomie, puisque, explique de Foigny, il n'a besoin de nul autre pour se reproduire. À tous égards, sauf l'immortalité, l'hermaphrodite reproduit dans son corps les caractéristiques de la Cité idéale ; être parfait, il annonce une variante tardive, mais promise elle aussi à un bel avenir : la figure utopique du *surhomme.*

LOI

Dans le sens qui intéresse l'utopie, la loi est une règle générale, impersonnelle et impérative, imposée aux sujets de droit par l'autorité publique (ou encore, par extension, l'ensemble des règles présentant ces caractères). Issue d'un *acte de volonté* et d'un *calcul rationnel*, elle se distingue à la fois de la coutume et des lois supérieures non écrites, divines ou naturelles, qui s'imposent à l'homme de l'extérieur, en dehors de toute décision. Quant à la référence aux lois de la nature, elle a une fonction principalement *critique*, visant d'abord à contester des lois humaines réputées contraires, et à en légitimer d'autres, que l'art aura su rendre plus « conformes » au modèle naturel.

Pour les Modernes, cependant, la première qualité de la loi tient à sa rationalité : « La raison humaine, spéculative et calculatrice, note Simone Goyard-Fabre à propos de Hobbes, suffit par la médiation de la souveraineté née du pacte social à fonder l'obligatoriété et l'extériorité de la loi » (in P. Raynaud, S. Rials, *Dictionnaire de philosophie politique*, p. 356). Résultat d'un calcul, d'une prévision réfléchie, la loi pourra envisager la totalité des hypothèses, ne pas laisser de lacunes, d'angles morts qui permettraient de la contourner et d'échapper à ses commandements. La complétude de la loi résulte, comme sa rationalité et sa certitude, de son mode de création, autoritaire et unilatéral.

La loi procède d'une source, d'une volonté unique (qui peut être celle du « législateur » mythique, comme celle de la totalité du corps social) : symétriquement, elle s'applique à un objet unique, au groupe tout entier. La généralité de la loi manifeste l'unité juridique du groupe et, du même coup, l'égalité de chacun face à la règle. C'est pourquoi Rousseau affirmera qu'il ne saurait exister de lois « particulières » : ou plutôt, que celles-ci ne concernent que des destinataires identifiables, des fractions définies du corps social, et ne sauraient être considérées comme des lois (avec tout ce qu'implique ce caractère), mais seulement comme des décrets.

Les premières qualités de la loi viennent de ce qu'elle provient d'un acte de volonté rationnel. Mais sa valeur juridique tient au fait que cette volonté est souveraine : et que seul le souverain est susceptible d'établir une obligation, une règle de droit. La loi est donc l'expression de la volonté souveraine – et d'elle seule : c'est pourquoi toute tentative d'y ajouter ou d'en retrancher quelque chose, notamment au stade de la mise en œuvre judiciaire, sera perçue comme une usurpation. À l'époque révolutionnaire, on ira, par le mécanisme du « référé législatif », jusqu'à contraindre le juge qui aurait un doute sur le sens précis d'une loi à en « référer » à l'Assemblée législative avant de l'appliquer – ce qui signifie lui interdire d'interpréter *lui-même* le texte, avec le risque d'altérer la règle et, donc, de déformer le vouloir souverain, d'attenter, ainsi, à la sacralité de la loi, métaphore d'un pouvoir enfin juste et rationnel...

Cf. Coutume, Raison d'État, République.

MÉCANISME

Remontant au XVIIe siècle (Descartes, Hobbes), le mécanisme affirme que l'ensemble des phénomènes peut être ramené à un système de déterminations mécaniques. Plus précisément, on va distinguer un mécanisme *ontologique*, considérant que le monde et la totalité des éléments naturels sont essentiellement des machines (ce qui l'oppose au vitalisme), d'un mécanisme *épistémologique*, utilisant le modèle de la machine pour construire une science de la nature, c'est-à-dire pour en expliquer les phénomènes – sans prendre parti sur l'existence réelle de ces mécanismes dans la nature...

L'un et l'autre ménagent un certain nombre d'ouvertures prometteuses à la connaissance, puis à l'agir humain.

D'une part, en effet, le mécanisme implique une négation des « puissances occultes », des « choses cachées » dans ou derrière les choses, et, en général, des « mystères » échappant par définition et, définitivement, à l'appréhension humaine... Même si elle ne l'est point encore, la machine peut être percée à jour, décrite et mesurée : ce qui signifie que la science est susceptible d'embrasser la totalité du réel, *sans exception.*

Parallèlement, le mécanisme exclut l'existence de finalités internes : de même que la machine ne vaut pas pour elle-même, mais à raison de ses résultats, la nature se trouve privée de toute valeur intrinsèque, et donc, entièrement offerte à l'action humaine. Il devient légitime d'en faire ce que l'on veut, de la transformer à son gré, en fonction de ses besoins, sans être arrêté par ce qu'elle est actuellement. Cette liberté d'action est d'autant plus large, que le mécanisme nie également la présence de « forces » internes, susceptibles d'opposer une résistance, un vouloir contraire, à la volonté organisatrice et technicienne. Celle-ci se retrouve donc seule en scène : c'est d'elle, de son effort et de son ingéniosité, et non plus de la nature, que tout dépendra désormais.

MILLÉNARISME

Le terme millénarisme désigne les doctrines professées par ceux qui attendaient le règne temporel du Messie, règne d'une durée généralement fixée à mille ans (d'où le synonyme chiliasme, établi à partir de l'étymologie grecque correspondante).

Ces conceptions remontent aux temps préchrétiens : à la suite des prophètes (Ézéchiel, Daniel), annonçant une ère de prospérité pour Israël régénéré, les auteurs des Apocalypses apocryphes se livrent à une description détaillée du bonheur des justes pendant le règne du Messie. Le Livre des Jubilés (XXII, 27) évoque ainsi les temps prochains où il n'y aura « plus de vieillards, personne qui ne soit rassasié de jours ».

Cette croyance va être transmise au christianisme naissant par l'intermédiaire de l'Apocalypse de Jean (XX, 1-3). « Je vis descendre du Ciel un ange qui avait la clef de l'abîme et une grande chaîne à la main. Il prit le dragon, l'antique serpent, qui est le diable et Satan, et l'enchaîna pour mille ans. Et l'ayant jeté dans l'abîme, il le ferma sur lui et le scella, afin qu'il ne réduisit plus les nations jusqu'à ce que ces mille ans soient accomplis. » Durant ces mille ans qui précèdent le jugement dernier, les justes régneront avec le Christ, dont ils seront les prêtres. Fondée sur cette interprétation littérale de l'Apocalypse, la croyance en un prochain retour du Christ sur la terre, accompagnée d'une paix universelle, d'une incroyable fertilité de la nature et d'une surabondance de félicités, va connaître un certain succès dans les premiers siècles de l'ère chrétienne. Défendue, au IIe siècle, par saint Irénée et Tertullien, il faut attendre le IIIe siècle pour rencontrer les premières réfutations systématiques (Origène), et le IVe pour qu'elle disparaisse en tant que telle.

Mais le destin du millénarisme ne s'arrête pas là, loin s'en faut. L'idée du « grand jour » où les choses se renverseront, où le bonheur et la justice se substitueront enfin à la misère et à l'iniquité, correspond à une tendance profonde de l'esprit judéo-chrétien. Au Moyen Âge, on la devine à l'arrière-plan du « troisième état » prophétisé par Joachim de Flore (1130-1202). Mais elle se manifeste encore plus clairement dans les différents mouvements mystico-politiques qui secouent l'Europe centrale, du XVe au XVIe siècle. Les taborites de Burkovk, en Bohème méridionale (1419-1437), affirment ainsi que le Christ, secrètement revenu sur terre, les a désignés pour préparer son règne en exterminant ceux qui refusent d'ajouter foi à son retour. Thomas Münzer (1489-1525), entouré d'un groupe de « prophètes », prend la tête d'un parti de paysans allemands, et combat les princes au nom d'un retour à la « nature, au Christ et au paradis ». Moins d'une décennie plus tard, Jean de Leyde et les anabaptistes de Münster (1534) proclament l'avènement d'un nouvel âge, dominé par un Dieu jaloux, où les saints seront vengés et triomphants : chiliasme orgiastique et destructeur qui, note K. Mannheim, « voit la révolution comme une valeur en soi, [...] comme le seul principe créateur du présent immédiat » (*Idéologie et utopie*, p. 163). Sous des formes diverses, l'espérance millénariste se poursuit dans l'Angleterre révolutionnaire du XVIIe siècle, plus tard au sein du Refuge (Jurieu), dans certaines sectes américaines ou encore, au XIXe siècle, chez certains socialistes utopiques (R. Owen). En 1850, enfin, Engels consacre une étude enthousiaste à Thomas Münzer et à la *Guerre des paysans* (trad. Bracke, A. Costes, 1936) : au point que Henri Desroches verra dans le millénarisme la quatrième source du marxisme (*Socialismes et sociologie religieuse*, Cujas, p. 85).

Le rapport entre ces conceptions et la pensée utopique apparaît donc assez complexe. Il est certain qu'il ne s'agit pas, comme l'a affirmé J. Servier, d'une simple opposition – l'utopie étant la réponse rassurante d'une classe sociale menacée par le grand vent révolutionnaire d'un millénarisme, exprimant quant à lui la révolte des opprimés. Si séduisante soit-elle, cette vision procède en fait d'une interprétation très discutable de l'un et l'autre phénomène. Sur un mode moins ambitieux, on peut se contenter de constater les évidentes différences, liées à la dimension religieuse du chiliasme et à l'intervention divine qu'il suppose, avant de recenser les coïncidences, souvent plus essentielles : ainsi, la ressemblance entre le « législateur » utopique et le Prophète annonçant l'ère nouvelle, le fait que les hommes peuvent aider à l'instauration de celle-ci ou, encore, la quasi-identité entre la « Cité des saints » et la Cité parfaite de l'utopie.

Cf. Communisme, Progrès, Totalitarisme.

MYTHE

Au sens où l'entend Georges Sorel, le mythe est la représentation d'un avenir, éventuellement fictif, exprimant les sentiments d'un groupe et visant à l'entraîner à l'action. Le mythe ne vaut pas pour sa véracité, pour sa fidélité au réel ou au possible, mais, uniquement, à raison de son efficacité révolutionnaire. C'est ainsi que Sorel conçoit le mythe syndicaliste de la grève générale, ou qu'en parle l'un de ses plus fameux disciples, Mussolini : « Nous avons forgé un mythe ; le mythe est une foi, un noble enthousiasme, il n'a nul besoin d'être une réalité, c'est une impulsion et une espérance » (*Discours de Naples*, 1922, cité par J.-M. Besnier, in P. Raynaud, S. Rials, *Dictionnaire de philosophie politique*, p. 408). Le mythe apparaît alors comme un *instrument* intellectuel, artificiellement construit dans un but précis – l'action politique, la conquête du pouvoir. Le mythe est un moyen d'« inventer l'avenir ».

Se pose alors la question de son rapport avec la pensée utopique – qui permet, par contrecoup, de s'interroger sur cette dernière. Ainsi, selon Sorel, l'utopie s'opposerait-elle exactement au « mythe » tel qu'il l'entend : elle serait « l'œuvre de théoriciens qui, après avoir observé et discuté les faits, cherchent à établir un modèle auquel on puisse comparer les sociétés existantes pour mesurer le bien et le mal qu'elles renferment », « une construction démontable dont certains morceaux ont été taillés de manière à pouvoir passer [...] dans une législation prochaine » (*Réflexions sur la violence*, Rivière, 2e éd., 1910, p. 39-40). Le mythe, essentiellement révolutionnaire et activiste, s'opposerait donc à l'utopie, intellectualiste et réformiste. Le défaut du raisonnement vient du caractère très discutable d'une telle définition, qui pourrait à la rigueur décrire certains systèmes socialistes du XIXe siècle, mais qui semble avoir pour fonction principale de faire pendant au mythe, d'en souligner la spécificité et l'utilité révolutionnaire. En somme, il s'agirait d'une image « mythique » de l'utopie. Faut-il en conclure alors qu'il y a identité entre les deux ? C'est ce qu'ont laissé entendre certains historiens plus récents, pour qui l'utopiste ne croit ni à la *véracité* de ce qu'il décrit (ce qui tombe sous le sens) ni à la *possibilité* de le réaliser, fût-ce partiellement : l'utopiste entendrait uniquement, à travers cette figure de la perfection, déstabiliser ou renverser le système existant. Où l'on retrouve l'idée d'une utopie, « moteur de l'histoire » – un moteur délibérément construit à cette fin.

La réalité est sans doute plus nuancée : l'utopie pouvant être conçue, soit comme devant (et pouvant) être réalisée dans sa totalité cohérente ; soit comme un simple moyen de secouer l'ordre existant, de pousser à sa destruction ; soit enfin, comme une combinaison des deux – ce qui est le cas, par exemple, du communisme de Marx, à la fois mythe et certitude.

PÉLAGIANISME

Développée par le moine Pélage au début du Ve siècle, et violemment combattue par saint Augustin, cette hérésie consiste pour l'essentiel en un acte de foi dans les forces de l'homme et de son libre arbitre : confiance qui conduit à supposer la non-transmission du péché originel et à nier la nécessité de la grâce divine.

Sur ces deux plans, le pélagianisme se trouve en contradiction avec l'orthodoxie chrétienne. Celle-ci enseigne, en effet, que le péché d'Adam a été transmis à ses descendants, qui sont par conséquent déchus, exposés à l'ignorance et à la concupiscence, inclinés invinciblement au mal et incapables de faire le bien sans la « grâce actuelle », secours intérieur de Dieu, éclairant leur esprit et fortifiant leur volonté, qui permet donc à leur liberté d'œuvrer dans le sens du salut.

Le pélagianisme est beaucoup plus optimiste – Cioran dira : « naïf » (*Histoire et utopie*, p. 134). Pour lui, la liberté humaine consiste dans l'*égale possibilité* de choisir entre le bien et le mal. Cette liberté est permanente, ce qui veut dire, d'abord, qu'elle n'est pas affaiblie par le fait du péché, viciée par ceux que le sujet a commis dans le passé. Mais cela implique surtout, de façon générale, la négation du péché originel ou, du moins, de sa transmission. Si péché il y eut, ce fut affaire purement personnelle, sans conséquences pour autrui : et si Adam est mort, soutient Pélage, ce n'est point pour cela, mais en raison de sa nature humaine.

Cette humanité « indemne », débarrassée du poids de la faute, il était inutile de venir la « racheter » : ce qui conduit le pélagianisme à affirmer que le Christ n'est pas le « Rédempteur des hommes », mais un simple *modèle*, chargé de nous encourager à devenir meilleurs – à choisir le bien. C'est d'ailleurs en ceci que consiste la *grâce* : en une aide purement externe, l'enseignement du Christ, qui, placée « derrière » le libre arbitre, va permettre à l'homme d'accomplir « *plus facilement* » « tous les préceptes divins » (saint Augustin, *De haeresibus*, cité par R. Hedde, E. Amann, in A. Vacant, *Dictionnaire de théologie catholique*, Letouzey, 1930, t. XII, p. 675). En définitive, c'est donc *par lui-même* qu'il pourra parvenir à la sainteté : il lui suffira pour cela de respecter une loi qu'il connaît – et personne ne saurait l'en empêcher.

On comprend ainsi la séduction que cette hérésie a pu exercer sur la pensée moderne, fondée sur la confiance de l'homme dans ses propres forces. Quant à l'utopie, elle apparaît presque comme une transposition du pélagianisme dans l'ordre politique. Sans vouloir en tirer de conséquences indues, on peut noter à ce propos une anecdote frappante : Érasme, très proche ami et principal interlocuteur de Thomas More, publia en 1516, l'année même de l'édition *princeps* de l'*Utopie*, l'*Expositio in Epistoles Pauli* de Pélage. Peu importe qu'il ait cru alors que ce texte était de saint Jérôme : le fait est là, laissant entrevoir une parenté qui deviendra de plus en plus manifeste.

Cf. Socinianisme.

PRIMITIVISME

Suivant le primitivisme, les premiers hommes étaient libres et paisibles, tels que le sont encore, au XVIIe siècle, les sauvages caraïbes : « [...] les plus contents, les plus heureux, les moins vicieux, les plus sociables, les moins contrefaits et les moins tourmentés de maladie de toutes les nations du monde [...] car [vivant] tels que la nature les a produits [...], tous égaux, sans que l'on connaisse presque aucune sorte de supériorité ni de servitude » (Du Tertre, *Histoire générale des Antilles*, 1667, cité par C. Rihs, p. 336). Tous les hommes vivaient ainsi, jusqu'à ce qu'un véritable « coup de force », fomenté par les plus forts ou les plus puissants, les arrache à cet état sauvage, en créant l'État et l'arsenal juridique et coercitif qui l'accompagne. Cette conception n'est pas sans rappeler le mythe antique de l'Âge d'or, à une double différence près : la chute n'est pas due ici à un déterminisme implacable et mystérieux, mais à une (mauvaise) action humaine, à une série de violences et de tromperies accomplies dans un intérêt égoïste. De là, un ressentiment à l'égard de ceux qui ont commis le forfait – les « riches » de Rousseau – et une condamnation « libertaire » de l'appareil d'État, qu'ils ont construit afin d'asservir leurs semblables. La seconde différence avec le mythe de l'Âge d'or est étroitement liée à la première : si ce sont des hommes qui ont provoqué la catastrophe, l'arrachement à la nature, celui-ci n'apparaît plus forcément irrémédiable. Alors que certains primitivistes se résignent à la nostalgie (Boulainvillers) ou à la constitution d'un état de substitution (Rousseau), d'autres continuent donc de rêver à un retour effectif à la situation première : c'est ce qu'on pourrait appeler la frange radicale du primitivisme, qui va des Indiens de N. Gueudeville (début XVIIIe siècle), « foulant les lois et les sceptres », aux théories anarchistes d'un Bakounine (fin XIXe siècle).

Comme le mythe de l'Âge d'or, le primitivisme offre certaines ressemblances avec l'utopie (dans la manière, banale, de concevoir l'idéal), mais s'en distingue par ses traits essentiels – au point qu'on a pu affirmer qu'il y avait entre eux une totale opposition (C. Marouby, p. 194). En effet, l'utopie est tout entière dans cette valorisation de l'agir humain sur la nature que réprouve le primitivisme : pour elle, c'est la *loi* qui va tirer l'homme hors de sa perversité native. C'est par l'artifice que l'on pourra atteindre la perfection, même lorsque celle-ci prétend s'inspirer de la nature. L'utopie est une apologie de la civilisation *totale*. Malgré cette opposition fondamentale, l'histoire des idées permet de constater certains rapprochements tactiques : l'utopie comme le primitivisme contestant l'ordre existant, l'alliance consistera à souligner sa contradiction avec ce qui « devrait être ». C'est dans cet esprit, par exemple, que le publiciste protestant N. Gueudeville entreprend, en 1715, la traduction de l'*Utopie* de Thomas More, en même temps qu'il poursuit la description émerveillée des sauvages d'Amérique.

Cf. Âge d'or, Cycliques (théories).

PROGRÈS (IDÉE DE)

D'après les théories relevant de cette idée, l'humanité est soumise à une mouvement d'amélioration graduel, nécessaire, irréversible et perpétuel. À un rythme variable suivant le lieu ou l'époque, mais de façon certaine, tout ce qui concerne l'homme – qu'il s'agisse de sa moralité ou de sa raison, de ses rapports avec ses semblables (droit, langage, politique) ou avec son environnement – tend à se perfectionner au cours du temps.

Bien qu'elle se rencontre à l'état embryonnaire dans l'Antiquité, notamment latine, ce n'est guère qu'à partir du XVIIe siècle, en Europe occidentale, que cette théorie commence à être formulée de manière explicite et complète – ayant alors trouvé un modèle, celui du développement scientifique et technique, ainsi qu'un « climat intellectuel », rationaliste, optimiste et conquérant, propice à son éclosion. Vers la fin du XVIIe siècle, à l'occasion de la « Querelle des Anciens et des Modernes » qui se déroule simultanément en France et en Angleterre, c'est chose faite : Fontenelle (1657-1757) peut alors parler d'un « système du progrès », auquel l'abbé de Saint-Pierre (1658-1743), puis le jeune Turgot donneront sa forme achevée (F. Rouvillois, *L'Invention du Progrès*, Kimé, 1996, p.131 sq.). Pourtant, cette théorie connaît, en France, un semblant d'éclipse au milieu du XVIIIe siècle, lors des « Lumières » proprement dites : elle se diffuse, se vulgarise, tout en étant, partiellement ou totalement, contestée par les « philosophes » les plus marquants, Rousseau bien sûr, mais aussi Voltaire, Diderot ou d'Alembert. Et elle ne retrouve toute son audience qu'avec la Révolution, à laquelle elle va donner une consistance philosophique et une légitimation historique nécessaires à son triomphe : de Sieyès à Robespierre, nul n'y échappe, et elle sera au centre du testament philosophique de Condorcet, l'*Esquisse d'un tableau historique des progrès de l'esprit humain* (1794).

Le XIXe siècle, marqué par l'explosion technologique et la révolution industrielle, en fera un

dogme, auquel se rallieront à peu près tous les courants de pensée – à l'exception de quelques auteurs marginalisés. Au XXe siècle, en revanche, suite aux chocs psychologiques des guerres mondiales, de la bombe atomique et de la Shoah, le mythe du progrès fait l'objet d'une remise en question par des intellectuels venus des horizons les plus divers. Ceux-ci – renouvelant des critiques fort anciennes – s'interrogent alors en effet sur le sens profond d'un tel mouvement, sur la valeur, humaine, de cet irrésistible « *pro-gressus* » – interloqués par le hiatus croissant entre les *pouvoirs* de l'homme et sa moralité, sur son incapacité de plus en plus flagrante à maîtriser les forces qu'il a déchaînées.
Derrière cette dénonciation de l'apprenti-sorcier, semble se dessiner un néoprimitivisme qui, comme son ancêtre, constate le développement mais en conteste l'opportunité : dénonçant un progrès de l'avoir qui ne se réalise qu'aux dépens de l'*être*, au prix d'une dégradation dramatique de ses conditions de vie, de sa liberté et de son bonheur. Néoprimitivisme coïncidant d'ailleurs avec la montée de la contre-utopie et tournant, comme celle-ci, autour de la contradiction entre le bien absolu que l'on recherche et le mal que l'on engendre...

Cf. Cycliques (théories), Primitivisme, Totalitarisme.

PROMÉTHÉE (MYTHE DE)

Le sens donné au mythe de Prométhée paraît d'une « exceptionnelle plasticité » (R. Trousson, in P. Brunet, *Dictionnaire des mythes littéraires*, p. 1139), évoluant au cours des siècles, à mesure que se modifiaient les attitudes dominantes sur le rôle de l'homme, son rapport à la divinité et sa place dans la nature.
Selon la mythologie grecque, le titan Prométhée façonna l'homme avec l'argile d'Athéna, puis l'anima à l'aide d'une parcelle du feu céleste dérobé aux Dieux. Puni par Zeus, il est enchaîné et condamné à avoir, pour l'éternité, le foie dévoré par un aigle. Prométhée incarne ainsi la rupture avec l'immobilité des choses, le désir violent de savoir, de transformer et de s'approprier, par l'effort et l'intelligence, ce qui jusque-là était interdit : mais son destin tragique rappelle qu'une telle transgression n'est pas sans risques ni sans contreparties. Le sens du mythe oscille donc entre ces deux pôles, la valorisation et la réprobation. Ainsi, dans *Les Travaux et les jours*, Hésiode voit-il en Prométhée un bienfaiteur désastreux, qui a entraîné le malheur de l'humanité. Mais trois siècles plus tard, dans son *Prométhée enchaîné* (467-458 avant J.-C.), Eschyle célèbre en lui l'initiateur, le libérateur, celui qui a donné aux hommes

l'espoir et le feu, « dont ils apprendront les arts sans nombre ».

Le mythe connaît, très logiquement, une éclipse du IVe au XVe siècle, des grandes invasions aux grandes découvertes, mais il retrouve son éclat à la Renaissance. Pomponazzi fait de Prométhée le symbole de l'effort humain, de sa quête du savoir (*De fato*, 1520) ; un siècle plus tard, Francis Bacon y voit l'incarnation mythique de l'*Homo faber* transformant la nature – le feu dérobé figurant le progrès scientifique et technique. Quant au jeune Goethe, il en fait, dans son drame inachevé *Prometheus* (1773), l'éducateur des hommes, celui qui les arrache à l'état de nature, mais aussi – au-delà du mythe originel et sur un mode plus expressément utopique – le législateur d'une société juste. Il annonce ainsi son prévisible triomphe au XIXe siècle, où le mythe, exprimant la trinité perfectibilité-science-raison, coïncidera exactement avec les idéaux fondateurs de la civilisation industrielle.

RAISON D'ÉTAT

L'usage du terme « raison d'État » remonte au XVIe siècle et fut popularisé par un certain nombre d'auteurs marqués par la pensée machiavélienne. Mais cette expression recouvre deux sens distincts.

Un premier sens, faible et large, apparaît notamment chez G. Botero (*Della ragione di stato*, 1589), qui le définit comme « la connaissance des moyens propres à fonder, conserver et agrandir une domination et seigneurie » (cité par Y.-C. Zarka, in P. Raynaud, S. Rials, *Dictionnaire de philosophie politique*, p. 531) ; ou encore, dans *Les Six Livres de la République* (1576) de Jean Bodin : « Je dis que nécessité en ce cas n'a pas de loi » (cité par J. Freund, in S. Auroux, *Encyclopédie philosophique*, PUF, 1990, t. II, p. 2152). Ici, la raison d'État implique simplement la primauté de l'intérêt collectif sur l'intérêt particulier, et prend ses racines dans le souci médiéval du « bien commun », autant que dans l'adage antique, « *salus populi suprema lex esto* ».

Mais elle est aussi susceptible d'un sens étroit et fort, préfiguré dans les *Discorsi* de Machiavel : « La défense de la patrie est toujours bonne, quelques moyens que l'on y emploie, ignomineux ou honorables, n'importe [...]. S'il s'agit de délibérer sur son salut, il ne doit être arrêté par aucune considération de justice ou d'injustice, d'humanité ou de cruauté, d'ignominie ou de gloire. *Le point essentiel qui doit l'emporter sur tous les autres, c'est d'assurer son salut et sa liberté* » (*Discours*, Livre III, XLI, *Œuvres complètes*, Gallimard, Bibliothèque de la Pléiade, 1952, p. 707-708).

En fait, dans ces deux sens, la raison d'État postule la supériorité du bien public, du tout sur ses parties, elle-même justifiée par l'importance vitale du lien social pour ceux qu'il réunit. Ce qui les distingue, c'est l'affirmation, dans la seconde hypothèse, de la radicale autonomie de l'État. La première reconnaît certes que le salut commun constitue la loi suprême, au-dessus des *autres* règles, justifiant qu'on en suspende momentanément l'application : mais la seconde étend cette suprématie de façon illimitée, le bien de l'État devant prévaloir sur toutes considérations, y compris morales ou religieuses. Le cas échéant, l'État n'a l'obligation de respecter (mieux, il a le *devoir* de ne respecter) ni ses propres lois ni des règles extérieures qui n'ont aucun titre à délimiter sa sphère d'intervention, dans la mesure où elles relèvent d'ordres distincts du politique, intéressant certes la conscience individuelle, mais ne concernant pas l'existence du groupe. Cependant, si dans ce second sens, l'État peut tout faire, ce n'est pas seulement parce que aucune règle valable ne l'en empêche : c'est également en raison de la valeur particulièrement élevée qu'on lui attribue – au sein d'une nature désenchantée, privée de fins propres comme de repères religieux ou traditionnels. Car la mise en œuvre de la raison d'État est toujours le résultat d'un *calcul* d'intérêt, d'une comparaison entre deux valeurs : plus celle que l'on accordera à l'État sera importante, plus sa marge d'action sera étendue – notamment, dans ses rapports avec les particuliers. C'est d'ailleurs pourquoi, figurant une Cité parfaite, l'utopie s'avérera si précocement réceptive aux maximes de la raison d'État : elle qui proclame sa radicale autonomie, son indifférence aux règles qu'elle n'a pas posées, et dont le système est si précieux, qu'il justifierait n'importe quelle mesure de sauvegarde.

Cf. République, Totalitarisme.

RÉPUBLIQUE

Dans son sens premier, République désigne l'*État* en général, la chose publique (*res publica*), en dehors de toute considération relative à la *forme du gouvernement*. C'est ainsi que l'on traduit, par exemple, la *Politeia* de Platon, ou que l'entend Jean Bodin vers la fin du XVIe siècle : « République est un droit gouvernement de plusieurs ménages, et de ce qui leur est commun, avec puissance souveraine » (*Les Six Livres de la République*, 1576, Fayard, Corpus des œuvres de philosophie en langue française, 1986, t. I, livre 1, chap. I, p. 27) ; c'est par la souveraineté qu'elle se définit : et voilà pourquoi, ajoute Bodin, il y a « trois estats, ou trois sortes de République, à savoir la Monarchie, l'Aristocratie et la Démocratie » (*Ibid.*, t. II, livre 2, chap. I, p. 8).

Mais concurremment à cette

première signification, une seconde s'ébauche, notamment dans l'Angleterre révolutionnaire du XVIIe siècle. Montesquieu la consacre, en distinguant trois formes de gouvernement, despotique, monarchique et républicain : ce dernier régime étant « celui où le peuple en corps, ou seulement une partie du peuple, a la souveraine puissance » (*L'Esprit des lois*, 1748, livre II, chap. I, in *Œuvres complètes*, Hachette, 1862, t. I, p. 9) – c'est-à-dire Venise aussi bien qu'Athènes... En septembre 1792, la Révolution française n'aura qu'à prolonger cette logique, confondant monarchie et despotisme pour les opposer à une république désormais identifiée à la souveraineté du peuple et symbolisant, en même temps que la dépersonnalisation du pouvoir, le règne libérateur de la loi. Cette dernière dimension explique l'intérêt de l'utopie pour cette forme de gouvernement.

À tous égards, en effet, la monarchie paraît en opposition formelle avec ses principes : enracinée dans le temps et la tradition, incarnée en une personne – toujours suspecte – et en une famille, irrationnelle dans son mode de dévolution héréditaire, la monarchie représente, dans l'ordre politique, l'irruption de la nature, le poids de la coutume et le risque du hasard. C'est pourquoi les utopies monarchiques sont rares et imparfaitement logiques : tout au plus peut-on y admettre une monarchie élective, liée au mérite de l'élu que les citoyens de l'utopie, vertueux et sages, seront à même de discerner. Mais une royauté élective est déjà républicaine, au sens moderne du mot : c'est à ce terme et à cette solution que l'utopie se ralliera massivement, dès l'origine, manifestant par là aussi sa précoce modernité.

Cf. Loi.

RÉVOLTE, RÉVOLUTION

Selon J. Ellul (*Autopsie de la révolution*, Calmann-Lévy, 1969), la « révolte » se distingue de la « révolution », non tant par son ampleur – il y eut d'immenses révoltes, et des révolutions minuscules – que par le *sentiment* qui l'anime. La révolte, en effet, procède d'une certaine perception de la situation présente, vécue comme intolérable, comme devant être changée ; ce faisant, elle suggère une comparaison entre cet *aujourd'hui*, insupportable, et un *passé*, qui du coup va se trouver idéalisé. Aussi, affirme Ellul, l'avenir va-t-il être envisagé alors sur le mode du *retour*. La révolte est réactionnaire, dans la mesure où elle est essentiellement « contre » (p. 24) – contre un futur envisagé comme innovation, détachement accru d'un passé rassurant, et accentuation des traits caractéristiques d'un présent détesté. La révolte n'entend donc pas faire l'histoire, mais la défaire, la retourner et l'arrêter. Elle s'oppose ainsi à la révolution, du moins au sens moderne donné à ce mot. Au sens premier, suivant l'étymologie, celui-ci vient du latin *revolutio*, *revolutus*, « ce dont le cours est achevé », révolu ; c'est par ce terme que l'astronomie désigne le retour périodique d'un astre sur son orbite, et c'est encore ainsi qu'on l'emploie, dans l'ordre politique, jusqu'au XVIIIe siècle : les *Révolutions romaines* (F. Barois, 1719) de l'abbé Vertot envisagent le phénomène sur un mode cosmique, et la « Glorieuse Révolution » de 1688 se présente comme un « rétablissement » de la monarchie britannique dans sa tradition première. Jusqu'en 1789, la révolution ne se distingue de la révolte que par sa moindre spontanéité, par le côté plus élaboré de la démarche. Après 1789, qui fait en quelque sorte figure de transition, elle entre dans sa période moderne : elle devient un projet global, assorti d'un programme ; elle se situe dans une histoire dotée d'un sens ascendant, dont le mouvement même légitime sa dynamique et garantit sa victoire. Dirigée désormais vers un avenir qu'elle contribuera à rendre radieux, la révolution devient, suivant la formule marxiste, la « locomotive de l'histoire », en même temps que l'acte premier d'une nouvelle histoire, radicalement différente. C'est alors, seulement, qu'elle s'oppose pleinement à l'antique « révolte ».

SOCINIANISME

Cette doctrine religieuse, établie par l'humaniste italien Lelio Sozzini, dit Socin (1525-1562), puis développée et popularisée, notamment en Pologne, par son neveu Fauste (1539-1614), consiste principalement dans l'affirmation que la *raison* humaine est le seul guide de l'exégète. La Bible, dont les sociniens reconnaissent le caractère inspiré, ne saurait rien contenir de contraire à la raison : celle-ci constitue donc « le juge suprême qui décide comment il peut comprendre la vérité inscrite dans l'Écriture », « la norme » (Z. Ogonowski, Introduction à Wissowatius, *Religio rationalis*, Wolfenbüttel, Herzog August Bibliothek, 1982, p. 16), le critère de ce qu'il faut croire et de ce que l'on doit rejeter. Sur cette base, explicitée en particulier dans le *Catéchisme de Rakow* de Fauste Socin, puis dans la *Religio rationalis* de Wissowatius (1685), le socinianisme va effectuer un « tri » dans les dogmes chrétiens, et abandonner un certain nombre d'entre eux. C'est ainsi qu'il condamne le dogme trinitaire, jugé absurde ; et qu'il affirme l'unité de la personne divine, niant du coup la divinité du Christ, qui ne saurait être à la fois Dieu et homme : car selon la « droite raison », « deux essences dont les propriétés sont opposées [...] ne peuvent aucunement être unies en une seule personne » (F. Socin, cité par L. Cristiani, in A. Vacant, *Dictionnaire de théologie catholique*, t. XIV, p. 2330). Si le Christ a sauvé les hommes, c'est seulement par ses préceptes et son exemple, comme éducateur et non comme Rédempteur. Quant à la grâce, elle est purement extérieure et nullement indispensable à l'individu, qui peut très bien, de lui-même, obéir à la volonté divine et mériter son salut par ses œuvres : le socinianisme est, à cet égard, un « pélagianisme radical » (L. Cristiani, p. 2334).

De façon générale, il constitue donc une sorte de christianisme optimiste, vidé de tout mystère, de tout élément tragique, entièrement accessible à une raison promue au rang suprême. C'est du reste ce qui explique son succès, non seulement comme secte organisée (dite des « Frères Polonais »), mais aussi comme « état d'esprit » : le socinianisme représente l'une des principales racines de la religiosité nouvelle qui se répand dans les élites occidentales à partir du milieu du XVIIe siècle, et, par conséquent, de la « crise de conscience » dont va naître l'Europe moderne.

Cf. Pélagianisme.

TOTALITARISME

Le terme de totalitarisme a, semble-t-il, été forgé par Mussolini, d'abord pour caractériser sa « volonté féroce » (IVe congrès du parti fasciste, 1925, cité par J. Verdès-Leroux, « Sociologie des langages et État totalitaire », *Cahiers internationaux de sociologie*, n° 2, 1973, p. 360), avant d'être appliqué à l'État fasciste, défini comme une « organisation intégrale de toutes les forces existantes », « synthèse et unité de toutes les valeurs ». Si l'État fasciste s'en prévaut, l'État national-socialiste paraît en revanche n'avoir utilisé le terme que de manière épisodique : ainsi, lorsque Hitler affirme, en octobre 1933, que l'État *total* « ne tolérera aucune distinction entre le droit et la morale » (*Ibid.*, p. 361).

Cependant, il faut attendre les années cinquante, et notamment le grand ouvrage de Hannah Arendt, *The Origins of Totalitarianism* (1951) [*Le Système totalitaire*, trad. J.-L. Bourget, Seuil, 1972], pour que le terme accède à une vraie consistance conceptuelle. Encore faut-il signaler que celle-ci n'a cessé d'être contestée, en particulier dans les milieux marxistes qui y ont vu une « fausse évidence » (G. Labica, *Dictionnaire critique du marxisme*, p. 1156), dépourvue de « caractère opératoire » et principalement destinée à discréditer l'expérience soviétique, abusivement rangée dans la même catégorie que le système hitlérien...

Pour en revenir au concept de totalitarisme, on peut noter que ses promoteurs, en particulier Hannah Arendt, en ont souligné l'absolue *originalité* : il s'agirait d'un phénomène radicalement inédit, et non d'une simple « surenchère » sur les modes classiques de la tyrannie. Le totalitarisme, ce n'est pas le despotisme, *plus* les techniques modernes de coercition et de communication, un degré supérieur dans la brutalité – hypothèse somme toute rassurante, mais fausse. C'est « autre chose », au point qu'Hannah Arendt refuse (paradoxalement) de juger totalitaire le fascisme italien, qui, malgré ses rodomontades et ses prétentions, ne fut, au fond, qu'une banale dictature : pour elle, le terme doit être réservé au système stalinien dès 1930 et au nazisme à partir de 1938.

Ce qui caractérise alors le totalitarisme, c'est, à la fois, un *projet* total, ou totalisant, et un *appareil* englobant chargé de le réaliser.

Un projet : contrairement aux despotismes ordinaires, manifestations d'appétits ou d'ambitions démesurées, le totalitarisme se fonde essentiellement sur une idéologie, sur une explication totale, pseudo-scientifique, du monde et de l'histoire, en fonction de laquelle il va prétendre transformer le réel. Une idéologie dont on peut ajouter qu'elle est, par définition, volontariste (impliquant que l'on puisse modifier le réel), dynamique (concevant un « âge meilleur », un « Absolu » à venir, dont la réalisation légitime cette transformation) et unifiante. « Le modèle s'impose d'une société qui s'instituerait sans division, disposerait de la maîtrise de son organisation, se rapporterait à elle-même dans toutes ses parties, serait habitée par le même projet » (C. Lefort, cité par A. Enegren, *Dictionnaire de philosophie politique*, PUF, 1996, p. 704).

Pour réaliser ce projet, le totalitarisme va disposer (se construire) un appareil englobant, à la mesure de ce qu'il prétend établir. Là encore, on peut constater sa spécificité. Dans les systèmes traditionnels, la société et l'État demeurent distincts – voire, absolument séparés, dans le cas de certaines formes de despotisme ; avec le totalitarisme, au contraire, les frontières s'effacent : « Est ainsi affirmée, écrit Claude Lefort, l'image d'une totalité sociale sans antagonismes ni altérité » (*Ibid.*). La fusion s'opère par la négation des structures classiques de l'État (où est le pouvoir dans le système soviétique ?), par l'éclatement des repères, des stratifications sociales traditionnelles, et par la naissance d'une masse uniformisée, aisément mobilisable et parfaitement réceptive aux idéaux du système. Quant à ceux qui refusent le message, ou que l'idéologie exclut de la fusion, leur élimination par la force va de soi : et elle sera présentée comme unissant plus étroitement encore la collectivité à elle-même.

Cf. Eugénisme, Progrès.

UTOPIE (CONTRE)

Par le mot utopie, on entend ici la description, sous quelque forme que ce soit, d'un système politique visant à la perfection, instauré par l'homme pour son propre avantage et caractérisé par son organisation minutieuse, sa rationalité intégrale, son unité et sa durée. Une contre-utopie (ou « dystopie ») sera donc une utopie « à l'envers », où l'établissement de la perfection conduit finalement à son contraire : où les moyens, espionnage permanent, suspicion, mise au pas, épuration, etc., prennent le pas sur les fins et tendent à les disqualifier. Ce genre parallèle, dont on découvre des signes avant-coureurs dès le XVIIIe siècle (dans le *Cleveland* de l'abbé Prévost) et quelques exemples indiscutables vers le milieu du XIXe siècle (E. Souvestre, *Le Monde tel qu'il sera*, 1846), ne prend son essor qu'à la fin du siècle suivant, (M. Spronck, *L'An 330 de la République*, 1894 ; P. Mantegazza, *L'Anno 3000*, 1897), puis, surtout, après la Première Guerre mondiale, alors que s'érodent les valeurs et les certitudes de l'Occident moderne (E. Zamiatine, *Nous Autres*, 1920 ; A. Huxley, *Le Meilleur des mondes*, 1932). Il faut toutefois nuancer le propos en signalant un double phénomène : d'abord, l'existence, assez paradoxale, d'un genre intermédiaire, oscillant entre utopie et contre-utopie, entre l'idéal et son contraire (P. Adam, *Lettres de Malaisie*, 1897 ; D. Halévy, *Histoire de quatre ans*, 1903) ; ensuite, la relative perméabilité des frontières entre les genres, certains utopistes se laissant aller à la tentation du désespoir (H. G. Wells, *Quand le dormeur s'éveillera*, 1899), alors que des contre-utopistes peuvent être tentés par les rêves de perfection et de réconciliation (A. Huxley, *Île*, 1962).

Cf. Totalitarisme.

BIBLIOGRAPHIE

SOURCES

Recueils et anthologies

FIORATO A. C. (dir.), *La Cité heureuse. L'Utopie italienne de la Renaissance à l'Âge baroque*, Quai Voltaire, 1992.

LACASSIN F. (dir.), *Voyages aux pays de nulle part*, Robert Laffont, Bouquins, 1990.

CHOAY F., *L'Urbanisme, utopie et réalités*, Seuil, 1965.

VERSINS P., *Outrepart*, Lausanne, La Proue, 1971.

Ouvrages (ne figurant pas dans l'anthologie)

ADAM P., *Lettres de Malaisie*, éd. Revue blanche, 1898.

ANDREAE J. V., *Reipublicae christianopolitanae descriptio*, Strasbourg, 1619.

ARNOUX A., *Le Règne du bonheur*, Fayard, 1924.

BARJAVEL R., *Ravage*, Denoël, 1943.

BENSON R. H., *Le Maître de la terre*, trad. T. de Wyzewa, Perrin, 13e éd., 1909.

BUTLER S., *Erehwon* (1872), trad. V. Larbaud, Gallimard, 1924, et *Nouveaux voyages en Erehwon* (1901), trad. V. Larbaud, Gallimard, 1924.

CHESTERTON G. K., *L'Auberge volante*, trad. P. Boutang, Lausanne, L'Âge d'homme, 1990.

CHESTERTON G. K., *Le Napoléon de Notting Hill*, trad. J. Florence, Gallimard, 1980.

CHESTERTON G. K., *Le Retour de Don Quichotte*, Bloud et Gay, 1928.

CYRANO DE BERGERAC H.-S., *L'Autre Monde* (1657), in F. Lacassin, *Voyages...*, p. 277-477.

CYRIL-BERGER, *La Merveilleuse Aventure de Jim Stappleton*, Crès, 1919.

DAUDET L., *Les Morticoles*, Charpentier, 1895.

DONI A. F., *Monde sage, monde fou* (1552), in A. C. Fiorato, *La Cité...*, p. 53-71.

FOIGNY G. DE, *La Terre australe connue, c'est-à-dire la description de ce pays inconnu jusqu'ici...*, par M. Sadeur, Vannes, J. Verneuil, 1676.

FRANCE A., *Sur la pierre blanche*, Calmann-Lévy, 1907.

GILBERT C., *Histoire de Caléjava, ou l'isle des hommes raisonnables, avec le parallèle de leur monde et du christianisme*, s. l., 1700.

HALÉVY D., *Histoire de quatre ans, 1997-2001*, présenté par F. Rouvillois, Kimé, 1997.

HERZKA T., *Un voyage à Terre-Libre*, L. Chailley, 1894.

HERZL T., *Terre ancienne, Terre nouvelle*, trad. L. Delau, Rieder, 1932.

HESSE H., *Le Jeu des perles de verre*, trad. J. Martin, Calmann-Lévy, 1955.

HUXLEY A., *Le Meilleur des mondes*, trad. J. Castier, Plon, 1933.

HUXLEY A., *Île*, trad. M. Treger, Plon, 1963.

JÜNGER E., *Héliopolis, vue d'une ville disparue*, trad. H. Plard, Plon, 1952.

JÜNGER E., *Sur les falaises de marbre*, trad. H. Thomas, Gallimard, 1942.

KUBIN A., *L'Autre Côté*, trad. R. Valançay, Har Po, 1986.

LESCONVEL P. de, *Idée d'un règne doux et heureux, ou relation du voyage du prince de Montbéraud dans l'île de Naudély*, à Caserès, P. Fortuné, 1703.

LEVIN I., *Un bonheur insoutenable*, trad. F. Straschitz, J'ai lu, 1973.

LONDON J., *Le Talon de fer* (1908), trad. L. Postif, UGE, 1973.

MANTEGAZZA P., *L'Anno 3000. Un sogno...*, Milan, Trèves, 1897.

MERCIER L.-S., *L'An deux mille quatre cent quarante, rêve s'il en fut jamais*, Londres, 1776.

MERCIER DE LA RIVIÈRE P. P., *L'Heureuse Nation, ou relation du gouvernement des Féliciens, peuple souverainement libre sous l'empire absolu des lois*, Creuze et Béhal, 1792.

MORELLY E., *Naufrage des isles flottantes ou Basiliade du célèbre Pilpaï*, Messine, Société des libraires, 1753.

MORRIS W., *Nouvelles de Nulle part, ou une ère de repos, roman d'utopie*, trad. P. G. La Chesnais, Bellais, 1902.

O' NEILL J., *Le Peuple des ténèbres*, trad. J. Gans, Gallimard, 1938.

RENOUVIER C., *L'Uchronie (l'utopie dans l'Histoire), esquisse historique apocryphe du développement de la civilisation européenne [...] tel qu'il aurait pu être*, Bureaux de la critique philosophique, 1876.

RESTIF DE LA BRETONNE N. E., *La Découverte australe* (1781), in F. Lacassin, *Voyages...*, p. 1087-1261.

RUSTAING DE SAINT-JORY, *Les Femmes militaires*, Didot, 1710.

SAINT-PIERRE ABBÉ DE, *Projet pour rendre la paix perpétuelle en Europe*, présenté par S. Goyard-Fabre, Garnier, Classiques de la politique, 1981.

SAINT-SIMON C. de, *De la réorganisation de la société européenne*, éd. A. Pereire, Les Presses françaises, 1925.

SPRONCK M., *L'An 330 de la République*, Chailley, 1894.

SWIFT J., *Œuvres*, éd. E. Pons, Gallimard, Bibliothèque de la Pléiade, 1965.

TYSSOT DE PATOT S., *Voyages et aventures de Jacques Massé*, Bordeaux, J. L'Aveugle, 1710.

VAIRAS D., *Histoire des Sévarambes, peuples qui habitent une partie du troisième continent, communément appelé la Terre australe*, in *Voyages imaginaires*, Amsterdam, 1787, t. V.

WELLS H. G., *Quand le dormeur s'éveillera*, trad. H. D. Davray, Mercure de France, 13e éd., 1916.

WELLS H. G., *Place aux géants*, trad. H. D. Davray, Mercure de France, 12e éd., 1921.

WELLS H. G., *Une utopie moderne*, trad. H. D. Davray, Mercure de France, 1921.

BIBLIOGRAPHIE SECONDAIRE

BACZKO B., *Lumières de l'utopie*, Payot, 1978.

BECKER C. L., *The Heavenly City of the XVIIIth Century Philosophers*, New Haven, Yale University Press, 1932.

BLOCH E., *L'Esprit de l'utopie*, trad. A. M. Lang et C. Piron-Audard, Gallimard, 1977.

BOUGLÉ C., *Socialismes français*, Armand Colin, 2e éd., 1933.

BUBER M., *Utopie et socialisme*, trad. P. Corset et F. Girard, Aubier-Montaigne, 1977.

CIORAN E., *Histoire et Utopie*, Gallimard, 1977.

CIORANESCU A., *L'Avenir du passé, Utopie et littérature*, Gallimard, 1972 [analyse « littéraire » de l'utopie, mais consciente que cette perspective « ne saurait demeurer pure », et qu'elle doit regarder constamment du côté de l'histoire et de la philosophie].

DELAPORTE A., *Le Mythe de l'Âge d'or dans la littérature française du XVIIIe siècle*, Puiseaux, Pardès, 1988.

DESROCHES H., *Les Dieux rêvés, théisme et athéisme en Utopie*, Desclée de Brouwer, 1972.

DESROCHES H., *La Société festive, du fouriérisme écrit aux fouriérismes pratiqués*, Seuil, 1975.

DILAS Y. et *al.*, *Rêver demain*, Éditions Alternatives, 1994.

DUBOIS C. G., *Problèmes de l'utopie*, Minard, 1968.

DUBOS R., *Les Rêves de la raison, science et utopie*, Denoël, 1964.

DUVEAU G., *Sociologie de l'utopie*, PUF, 1961.

ELIAV-FELDON M., *Realistic Utopias, the Ideal Imaginary Societies of the Renaissance*, Oxford, Clarendon Press, 1982.

FRANCASTEL P. (dir.), *Utopie et institutions au XVIIIe siècle*, Mouton, 1963.

GILLET M., *L'Utopie de Condorcet*, Guillaumin, 1889.

GIOCANTI S., *Les Enfants de l'Utopie*, L'Âge d'homme-Les Provinciales, 1998 [essai engagé, contestable, mais brillant et dérangeant sur certains prolongements (paradoxaux ?) de l'utopisme dans le cadre contemporain de la « société du spectacle »].

HANSOT E., *Perfection and Progress. Two Modes of Utopian Thought*, Cambridge, MIT, 1974.

HARTIG I., Soboul A., *Pour une histoire de l'utopie en France au XVIIIe siècle*, Société des études robespierristes, 1977.

HUDDE H., KUON P., *De l'utopie à l'uchronie, formes, significations, fonctions,* Tübingen, G. Narr, 1988 [dans ce collectif de haute tenue, on notera tout particulièrement la contribution essentielle de H.G. Funke, sur « L'évolution sémantique de la notion d'utopie en français », qui suit pas à pas les transformations du sens de ce mot (et de ses corollaires), en soulignant à la fois la rapidité de celles-ci (notamment au XIXe siècle), son extrême sensibilité à l'environnement, ainsi que son aptitude singulière à la polysémie].

IMBROSCIO C. (dir.), *Requiem pour l'utopie ; tendances autodestructrices du paradigme utopique*, Pise, Lib. Goliardica, 1986 [l'un des travaux les plus convaincants sur la « face sombre » de la pensée utopique, sur les contradictions inhérentes à cette tentative désespérée d'établir la perfection parmi les hommes. « Chaque utopie, note R. Trousson dans son introduction, porte en soi les germes de sa ruine [...]. Le ver est dans le fruit », même lorsqu'il en paraît absent].

JOURDE P., *Géographies imaginaires*, José Corti, 1991.

LAPOUGE G., *Le Singe de la montre ; utopie et histoire*, Flammarion, 1982.

LAPOUGE G., *Utopie et civilisations*, Albin Michel, 1991.

LEIBACHER-OUVRARD L., *Libertinage et utopies sous le règne de Louis XIV*, Genève, Droz, 1989.

LICHTENBERGER A., *Le Socialisme et la Révolution française*, F. Alcan, 1899.

LUBAC H. de, *La Postérité spirituelle de Joachim de Flore*, Lethielleux, 1991.

MANNHEIM K., *Idéologie et Utopie*, trad. P. Raullet, M. Rivière, 1956.

MANUEL F. E., MANUEL F. P., *Utopian Thought in the Western World*, Cambridge, Belknop Press, 1979 [dans la tradition américaine de l'histoire des idées, cette somme constitue peut-être le panorama le plus complet à ce jour de la pensée utopique et de ses ramifications. On peut regretter cependant que les auteurs aient négligé ses manifestations contemporaines, et qu'ils aient passé sous silence le phénomène « contre-utopique »].

MANUEL F. E. (dir.), *Utopias and Utopian Thought*, Cambridge, Riverside Press, 1966.

MAROUBY C., *Utopie et primitivisme, essai sur l'imaginaire anthropologique à l'âge classique*, Seuil, 1990 [centré sur l'opposition radicale entre le « primitivisme », nostalgie d'un Âge d'or anomique, et l'utopie, Cité idéale construite contre une nature hostile, l'essai de Marouby souligne la dimension essentiellement technique, volontariste et totalitaire de cette dernière].

MINERVA N. (dir.), *Per una definizione dell' utopia, metodologia e discipline a confronto*, Ravenna, Longo Editore, 1992 [collectif trilingue, qui envisage l'utopie sous trois angles distincts, comme genre littéraire, comme idéologie (utopie et utopisme) et comme pratique (notamment architecturale et urbanistique). Cette perspective originale ainsi que plusieurs contributions remarquables, en particulier sur l'utopisme contemporain, en font un ouvrage de premier plan].

MOLNAR T., *L'Utopie, éternelle hérésie*, Beauchesne, 1973.

MOREAU P.-F., *Le Récit utopique, Droit naturel et roman de l'État*, PUF, 1982 [essai contestable mais tonique, centré sur une étude des grands thèmes de l'utopie, fermeture, différence, rationalisation, travail].

MUCCHIELI R., *Le Mythe de la Cité idéale*, PUF, 1960.

MUMFORD L., *The Story of Utopias*, New York, Viking Press, 1962.

OLSON T., *Millenarism, Utopianism and Progress*, Toronto, Toronto University Press, 1982.

PARAF P., *Les Cités du Bonheur*, Éditions du Myrte, 1945.

POIRIER J. (dir.), *L'Âge d'or*, Dijon, Figures libres, 1996.

RACAULT J.-M., *L'Utopie narrative en France et en Angleterre 1675-1761*, Oxford, Voltaire Foundation, 1991.

REYBAUD L., *Études sur les réformateurs sociaux, ou socialistes modernes* (1849), Genève, Slatkine, 1979.

RICŒUR P., *L'Idéologie et l'utopie*, Seuil, 1997.

RIHS C., *Les Philosophes utopistes, le mythe de la cité communautaire au XVIIIe siècle*, M. Rivière, 1970.

ROUDAUT J., *Les Villes imaginaires dans la littérature française*, Hatier, 1990.

ROUVILLOIS F., *L'Invention du Progrès, aux origines de la pensée totalitaire (1680-1730)*, Kimé, 1996.

RUYER R., *L'Utopie et les utopies*, PUF, 1950 [un grand classique qui envisage l'utopie sous un angle à la fois philosophique, psychologique et sociologique].

SERVIER J., *Histoire de l'utopie*, Gallimard, 1967 [panorama brillant. En revanche, la « thèse » de l'ouvrage – l'opposition entre le millénarisme, aspiration dynamique et prolétarienne au paradis terrestre, et l'utopie, rêve compensatoire et rassurant né des angoisses ou des frustrations de la bourgeoisie – paraît beaucoup plus discutable].

SUDRE A., *Histoire du communisme, ou réfutation historique des utopies socialistes*, Victor Lecou, 1849.

TROUSSON R., *Voyages aux pays de nulle part, Histoire littéraire de la pensée utopique*, 2e éd., Bruxelles, Éditions de l'université de Bruxelles, 1979 [parcours exemplaire, par son sérieux, au sein des méandres de la pensée utopique, des origines à nos jours].

Utopie et réalité, Fribourg, Éditions universitaires, 1985.

« Utopie et terreur », *Cadmos*, n° 9, 1980.

Les Utopies de la Renaissance, Bruxelles, PUF, 1963.

VERSINS P., *Encyclopédie de l'utopie, des voyages extraordinaires et de la science-fiction*, Lausanne, L'Âge d'homme, 2e éd., 1984 [souvent superficielle et scientifiquement contestable, cette encyclopédie unique en son genre demeure néanmoins un passage obligé, tant pour la richesse de son iconographie que pour l'érudition, déroutante et débordante, de son auteur].

YARDENI M., *Utopie et révolte sous Louis XIV*, Nizet, 1980.

LA PHILOSOPHIE DANS LA GF

ANSELME DE CANTORBERY
Proslogion (717)

ARISTOTE
De l'âme (711)
Éthique de Nicomaque (43)
Parties des animaux, livre I (784)
Les Politiques (784)

AUFKLÄRUNG. LES LUMIÈRES ALLEMANDES (793)

SAINT AUGUSTIN
Les Confessions (21)

AVERROÈS
Discours décisif (bilingue) (871)
L'Intelligence et la pensée (Sur le De Anima) (974)

BACON
La Nouvelle Atlantide (770)

BECCARIA
Des délits et des peines (633)

BERKELEY
Principes de la connaissance humaine (637)

BICHAT
Recherches physiologiques sur la vie et la mort (808)

LE BOUDDHA
Dhammapada (849)

COMTE
Leçons de sociologie (864)
Discours sur l'ensemble du positivisme (991)

CONDORCET
Cinq mémoires sur l'instruction publique (783)
Esquisse d'un tableau historique des progrès de l'esprit humain (484)

CONFUCIUS
Entretiens avec ses disciples (799)

CONSTANT
De l'esprit de conquête et de l'usurpation dans leurs rapports avec la civilisation européenne (456)

CUVIER
Recherches sur les ossements fossiles de quadrupèdes (631)

DARWIN
L'Origine des espèces (685)

DESCARTES
Correspondance avec Élisabeth et autres lettres (513)
Discours de la méthode (109)
Lettre-préface des Principes de la philosophie (975)
Méditations métaphysiques (328)
Les Passions de l'âme (865)

DIDEROT
Entretien entre d'Alembert et Diderot. Le Rêve de d'Alembert. Suite de l'entretien (53)
Supplément au voyage de Bougainville. Pensées philosophiques. Addition aux Pensées philosophiques. Lettre sur les aveugles. Additions à la Lettre sur les aveugles (252)

DIDEROT/D'ALEMBERT
Encyclopédie ou Dictionnaire raisonné des Sciences, des Arts et des Métiers (2 vol., 426 et 448)

DIOGÈNE LAËRCE
Vie, doctrines et sentences des philosophes illustres (2 vol., 56 et 77)

MAÎTRE ECKHART
Traités et sermons (703)

ÉPICTÈTE
Manuel (797)

ÉRASME
Éloge de la folie (36)

FICHTE
La Destination de l'homme (869)

GOETHE
Écrits sur l'art (893)

GRADUS PHILOSOPHIQUE (773)

HEGEL
Préface de la Phénoménologie de l'esprit (bilingue) (953)

HOBBES
Le Citoyen (385)

HUME
Enquête sur l'entendement humain (343)
Enquête sur les principes de la morale (654)
L'Entendement. Traité de la nature humaine, livre I (701)
Les Passions. Traité de la nature humaine, livre II (557)

La Morale. Traité de la nature humaine, livre III (702)

KANT

Anthropologie (665)
Critique de la raison pure (257)
Essai sur les maladies de la tête. Observations sur le sentiment du Beau et du Sublime (571)
Métaphysique des mœurs (2 vol., 715 et 716)
Opuscules sur l'histoire (522)
Théorie et Pratique (689)
Vers la paix perpétuelle. Qu'est-ce que les Lumières ? Que signifie s'orienter dans la pensée ? (573)

KIERKEGAARD

La Reprise (512)

LA BOÉTIE

Discours de la servitude volontaire (394)

LAMARCK

Philosophie zoologique (707)

LA ROCHEFOUCAULD

Maximes et réflexions diverses (288)

LEIBNIZ

Essais de Théodicée (209)
Nouveaux Essais sur l'entendement humain (582)
Principes de la nature et de la grâce. Monadologie et autres textes (863)
Système nouveau de la nature et de la communication des substances (774)

LOCKE

Lettre sur la tolérance et autres textes (686)
Traité du gouvernement civil (408)

LUCRÈCE

De la nature (30)
De la nature (bilingue) (993)

MACHIAVEL

L'Art de la guerre (615)
Le Prince (317)

MALEBRANCHE

Traité de morale (837)

MALTHUS

Essai sur le principe de population (2 vol., 708 et 722)

MARC AURÈLE

Pensées pour moi-même suivies du Manuel d'Épictète (16)

MARX

Manuscrits de 1844 (784)

MARX ET ENGELS

Manifeste du parti communiste (1002)

MONTAIGNE

Essais (3 vol., 210, 211 et 212)

MONTESQUIEU

Considérations sur les causes de la grandeur des Romains et de leur décadence (186)
De l'esprit des lois (2 vol., 325 et 326)
Lettres persanes (19)

MORE

L'Utopie (460)

NIETZSCHE

Ainsi parlait Zarathoustra (881)
L'Antéchrist (753)
Le Crépuscule des idoles. Le Cas Wagner (421)
Ecce Homo. Nietzsche contre Wagner (572)
Le Gai Savoir (718)
Généalogie de la morale (754)
Le Livre du philosophe (660)
Seconde considération intempestive (483)

PASCAL

Pensées (266)
De l'esprit géométrique. Écrits sur la grâce et autres textes (436)

PASTEUR

Écrits scientifiques et médicaux (825)

PENSEURS GRECS AVANT SOCRATE (31)

PLATON

Apologie de Socrate. Criton (848)
Le Banquet. Phèdre (4)
Cratyle (954)
Euthydème (492)
Gorgias (465)
Ion (529)
Lachès. Euthyphron (652)
Lettres (466)
Ménon (491)
Parménide (688)
Phédon (489)
Phèdre (488)
Platon par lui-même (785)
Premiers dialogues : Second Alcibiade. Hippias mineur. Euthyphron. Lachès. Charmide. Lysis. Hippias majeur. Ion (129)

Protagoras (761)
Protagoras. Euthydème. Gorgias. Ménexène. Ménon. Cratyle (146)
La République (90)
Sophiste (687)
Sophiste. Politique. Philèbe. Timée. Critias (203)
Théétête (493)
Théétête. Parménide (163)
Timée. Critias (618)

QUESNAY

Physiocratie (655)

RICARDO

Principes de l'économie politique et de l'impôt (663)

ROUSSEAU

Considérations sur le gouvernement de Pologne. L'Économie politique. Projet de constitution pour la Corse (574)
Du contrat social (94)
Discours sur l'origine et les fondements de l'inégalité parmi les hommes. Discours sur les sciences et les arts (243)
Émile ou de l'éducation (117)
Essai sur l'origine des langues et autres textes sur la musique (682)
Lettre à M. d'Alembert sur son article Genève (160)
Profession de foi du vicaire savoyard (883)

SAY

Cours d'économie politique (879)

SCHOPENHAUER

Sur la religion (794)

SÉNÈQUE

Lettres à Lucilius (1-29) (599)

SMITH

La Richesse des nations (2. vol., 598 et 626)

SPINOZA

Œuvres : I - Court traité. Traité de la réforme de l'entendement. Principes de la philosophie de Descartes. Pensées métaphysiques (34)
II - Traité théologico-politique (50)
III - Éthique (57)
IV - Traité politique. Lettres (108)

THOMAS D'AQUIN

Contre Averroès (bilingue) (713)

TOCQUEVILLE

De la démocratie en Amérique (2 vol., 353 et 354)
L'Ancien Régime et la Révolution (500)

TURGOT

Formation et distribution des richesses (983)

VICO

De l'antique sagesse de l'Italie (742)

VOLTAIRE

Dictionnaire philosophique (28)
Lettres philosophiques (15)
Traité sur la tolérance (552)

GF-CORPUS

L'Âme (3001)
Le Désir (3015)
L'État (3003)
L'Histoire (3021)
Le Langage (3027)
Le Libéralisme (3016)
La Nature (3009)
Le Nihilisme (3011)
La Paix (3026)
Le Pouvoir (3002)
Le Scepticisme (3014)
La Sensation (3005)

GF Flammarion

98/08/65970-IX-1998 – Impr. MAURY Eurolivres, 45300 Manchecourt.
N° d'édition FG302901. – Septembre 1998. – Printed in France.